中等职业学校财经类专业规划教材

财经应用文写作

钟文斌　赵乾坤　编著

张中伟　主审

北京工业大学出版社

内容提要

本书是中等职业学校会计专业的基础课教材。全书以财经应用文写作教学大纲为指导，分别介绍了公文、财经事务文书、计划和总结、财经专用文书、经济信息文书、财经法规文书、经济诉讼文书、毕业论文等方面的知识。

本书在体例结构上设计了小知识、小提示等栏目，可引导学生更好地理解、学习相关知识内容；本书各章节均有例文，可帮助学生了解写作的得失，从而提高财经应用文的实际写作能力。

本书可作为中等职业学校财经类专业的基础课教材，也可作为在职财会人员的岗位培训教材或自学用书。

图书在版编目（CIP）数据

财经应用文写作/钟文斌，赵乾坤编著．—北京：北京工业大学出版社，2008.6重印

ISBN 978-7-5639-1762-4

I．财... II．①钟... ②赵... III．经济—应用文—写作—专业学校—教材 IV．H152.3

中国版本图书馆 CIP 数据核字（2007）第 032744 号

财经应用文写作

钟文斌　赵乾坤　编著

张中伟　主审

北京工业大学出版社出版发行

邮编：100022　电话：(010)67392308

各地新华书店经销

徐水宏远印刷有限公司印刷

*

2007年4月第1版　2008年6月第2次印刷

787mm×1092mm　16开本　印张：13　字数：317千字

ISBN 978-7-5639-1762-4/G·874

定价：18.00元

目　录

前　言

为了贯彻《中共中央国务院关于深化教育改革推进素质教育的决定》的精神，落实《面向21世纪教育振兴行动计划》所提出的职业教育课程改革和教材建设规划，我们本着素质教育的思想，同时依据教育部2001年颁布的《中等职业学校会计专业教学指导方案》的要求，从社会发展对初、中级会计人才的实际需求出发，组织了一批工作在职教一线经验丰富的教师，编写了这套中等职业学校会计专业的教材。

本书立足中等职业学校学生写作能力的实际情况，为切实提高他们财经应用文的写作水平而编写。在编写中，本书突出了例文教学和能力训练的特色，对学生财经应用文写作能力的培养作了有益的探索。同时，本书也是编者们长期职业教育的经验总结。

全书共九章，“绪论”部分是本书的一大特色，重点介绍了财经应用文写作的基本理论和方法，为学习后八章打下良好的基础。其后各章依次介绍了公文、财经事务文书、计划和总结、财经专用文书、经济信息文书、财经法规文书、经济诉讼文书、毕业论文等文体。教师可根据实际授课的需要对内容进行取舍。

本书各章节均有例文，编者根据例文的难易程度，对其中一些例文作了分析，以帮助学生了解写作的得失；有些例文由于较浅显或写法介绍较具体，因而未作评析。同时，各章后均有练习，其形式除了巩固基础知识的简单题型外，还设计了模拟性的写作训练，以期达到培养实际写作能力的目的。

本书第一、第二、第三章由钟文斌编写，第四、第五、第六章由赵乾坤编写，第七章由徐伟编写，第八章由钟运霞编写，第九章由杨继编写。全书由钟文斌统稿，并特请张中伟副教授主审。

在本书的编写过程中，参考了很多专家学者的著述、有关刊物、文献和网上资料，从中引用了大量的优秀例文。同时，武汉财政学校的刘康乐、福建泉州慈山财经学校的黄秋瑞也为本书提供了资料，并作了具体的指导。在此，我们对各位专家学者和例文的作者表示深深的感谢。

由于编者的水平和时间有限，疏漏与不妥之处在所难免，敬请读者批评指正。

编　者

2007年3月

第一章　绪　　论

第一节　财经应用文概述

一、应用文和财经应用文的概念

应用文是一种源于社会实践的实用文体，相对于“美文”而言，这种文体重在“应用”。它是国家机关、企事业单位、社会团体以及个人用以办理公私事务、传递信息、解决实际问题时常用的一种具有惯用格式的文体的总称。

财经应用文是应用文历史发展的产物。严格说来，在20世纪80年代，财经应用文才从应用文大家族里分立出来，成为一种独立的文体。它特指在财经活动中形成、发展起来的并在财经工作中经常使用的应用文。

小资料

应用文的沿革

财经应用文作为一种独立的文体虽然只有短短二三十年的时间，但它却和应用文一起，从产生、发展至今，经历了漫长的历史时期。在原始社会，由于生产力水平低下，对于生产过程的管理，人们只能凭头脑记忆。当生产活动增多，记忆已不能满足需要，又没有文字记述时，先民们只好“结绳记事”。今天，我们很难将“结绳记事”称为应用文或财经应用文，但应用文的萌芽却是在这里产生的。3500年前的殷墟甲骨文，其中的一部分已经是较完整的初级阶段的应用文了。先秦时期的《尚书》可以看做是我国最早的应用文专集，从现存的20多篇文章来看，此书记载了虞、夏、商、周四代的部分文件、训令，类似于我们今天公文中的指示、命令、公告等。秦、汉两代是应用文发展、成熟的重要时期。秦统一中国后，规定了文书制度，如嬴政将“令”改为“诏”。后世虽有革新之举，但应用文的固定成法却沿袭至今。汉承秦制，在此之后，三国、魏晋、南北朝是应用文继续发展的时期。对包括应用文在内的各种文体的研究最早见于曹丕的《典论·论文》和刘勰的《文心雕龙》之中。魏主曹丕是最早讨论应用文功能的人，他在《典论·论文》中说，文章乃“经国之大业，不朽之盛事”。刘勰进一步发挥了曹丕的这一思想，认为“章表奏议，经国之枢机”、“虽艺文之末品，而政事之先务也。”清代桐城派的姚鼐更是对诸般应用文体作了更加详细的考源、分类和品评。应用文的崛起是在新中国成立、特别是改革开放之后。这一时期，由于社会发展与需求的多元化，社会分工的行业化、专业化，使应用文的发展获得了新的机遇。同时，社会的急剧变革、发展迫切需要有与之相适应的应用文种，应用文从内容到形式都发生了质的变化。如今，应用文已经形成为一个门类齐全的大家庭，财经应用文就是这个大家庭中的一员。

二、财经应用文的特点和种类

财经应用文作为应用文的一个分支，除了具有应用文的所有特点外，其自身还具有以下几个特点。

（1）鲜明的政策性。财经应用文产生于财经活动的实践需要，受到财经活动的制约。一切组织和个人的财经活动都受到国家相关法律、法规的约束，都只能在有关法律法规允许的范围内进行。因此，财经应用文必然具有鲜明的政策性。有些财经应用文，如经济合同、招标书、投标书等，其本身就是相关财经政策的载体。

（2）突出的效用性。财经应用文的主要任务是解决财经工作中的实际问题。为了办理某项事务，解决某个问题，交流某项经验，达成某种协议，都必须选择适合表达的具体文种，而且，每一文种的读者对象往往是固定的。可以说，这些文种都体现出很强的实用价值，它不是供人审美、供人欣赏玩味，更不是供文人骚客比试才学高下的文体，而是供人在实践中运用，达成一定功利目的的文体。它的写作完全是为了财经活动的实践需要，必须抓住时机及时成文、及时处理、及时归档。

（3）严肃的求实性。财经工作关系国计民生，因而财经工作无小事。在写作时，作者必须严格按照客观事物的本来面目进行，决不允许虚构和凭空想象。每一个数据、每一个环节、每一次过程都必须绝对准确无误；每一个字词的表达都必须清晰精到；整篇文章的形式都必须合乎法定的程序要求。否则，就不能真实地传递各种信息，它的文体价值就不能有效地实现，从而给财经工作带来不利影响甚至造成危害。

关于财经应用文的种类，不同的教材有着不同的分法。从现实工作的实际需要出发，本书将财经应用文的种类分为通用类财经应用文和专用类财经应用文两大类。

通用类财经应用文，包括财经工作常用的法定公文、财经工作计划、财经工作总结、经济论文、经济信息等文种。这一类财经应用文的文种样式在其他各行各业都有应用，因而其性质是通用型的。

专用类财经应用文，包括经济活动分析报告、经济合同、商品广告等文种。这一类财经应用文的文种样式是财经行业专用，因而其性质是专用型的。

三、学习财经应用文的意义

财经应用文是人类社会交流思想情感、总结生产实践和社会实践经验、记录科学技术研究成果的重要手段。自古以来，人们就很重视它。现代社会经济和社会生活丰富多彩，瞬息万变，各种信息纷至沓来，使得财经应用文已经成为人们生活、学习、工作中不可缺少的一部分，从而相应地促使财经应用文写作在现代经济社会生活中也占有非常重要的地位，因此，人们都把它当做必须具备的基本技能。但是，由于多种原因，许多人对财经应用文并不了解，有的人把它看得很神秘；有的人却把它看成是雕虫小技，认为只要能熟练地掌握语言文字技巧，便能无师自通，不必专门去学。

进入21世纪，随着我国社会主义市场经济的确立及其市场发展的国际化、财经管理工作的现代化、书写工具的计算机化以及知识经济时代的到来，使财经应用文的写作面临着与时俱进的变革。社会主义市场经济的建立，对财经应用文写作提出了新的要求。因此，为了提高经济工作的管理效率，加强重要信息的双向交流，社会各行各业在广泛使用更加规范、更高质量的财经应用文的同时，将更加需要具有高素质、高水平的财经应用文写作水准的人员。与此同时，学习和熟练掌握各类财经应用文的写作技能，既是对21世纪各类型的学生提高其综合技能的重要要求，也是对其将来进入社会求得生存与发展的基本技能的具体表现。

正因为如此，许多国家都把财经应用文写作作为现代教育的一项重要内容。在我国，财经应用文写作也已经作为现代教育的一项重要内容，并引起社会广泛重视。

为了适应目前和将来学习、生活与工作的需要，我们必须重视财经应用文的写作，学会写常用的财经应用文。财经应用文的写作能力是学生必须具备的语文基本能力之一。

四、财经应用文的学习方法

财经应用文写作与其他技能一样，不是一朝一夕就能学好和达到高水平的，而是要有长期积累、磨炼的过程。

（一）提高政治理论修养

政治理论指马克思列宁主义、毛泽东思想、邓小平理论和“三个代表”重要思想，它们是我们党和国家的指导思想，是党和国家制定各项方针政策的理论依据。我们只有不断加强这方面的学习和修养，才能撰写出合乎党和国家方针政策的财经应用文。否则，将无法胜任财经管理工作。

（二）加强自身修养，积极参加社会实践

人们常说“文如其人”，没有好的品德，就不会写出好的文章。尤其是财经应用文写作必须以实际需要为出发点，以解决生活、学习、工作中出现的问题为目的，没有较强的责任心和实事求是的工作态度，是很难做好的。因此，认真负责的工作作风和良好的职业道德是财经应用文写作者必备的基本素质，也是学好财经应用文写作的根本保证。同时，财经应用文写作和社会生活有密切的关系，只有积极参加社会实践活动，才能真正了解社会生活，才能正确地反映社会生活，从而在写作时做到有的放矢，写出合乎时代要求的财经应用文。

（三）掌握财经应用文写作的基本知识

财经应用文写作是一门应用性课程。财经应用文写作的基本知识是人们长期写作此类文章的经验总结，它对学习写作财经应用文具有指导意义。这些基本知识包括财经应用文的主旨、材料、结构、语言表达以及财经应用文各文种的写作知识，只有系统地学习和掌握这些知识，才能提高学习财经应用文写作的水准。首先，必须掌握基本格式。财经应用文大都有约定俗成的格式，行文者应当遵循。其次，必须加强基本功训练。例如，财经应用文要求语言准确简明，因此平时要加强语言训练，提高运用语言的能力。有些财经应用文不仅要叙述，还要进行说明、议论等，这就要求大家学会多种表达方法。第三，掌握有关业务知识。财经应用文写作广泛涉及社会各行各业各部门，因此，如果缺乏专业训练，不懂业务知识，就很难把握实际情况，写出一篇好的专业财经应用文。

（四）多读多写，通过阅读和写作训练掌握语言表达技能

学会写作财经应用文的主要途径就是多读多练。学习写作财经应用文要十分注重分析、借鉴各文种的写作实例，多读一些优秀的范文，吸取其中有用的写作方法和技巧。这包括两方面的含义：一是将有关的写作理论应用到实际，用理论知识来分析具体的财经应用文范文，同时，用具体的财经应用文范文来说明、印证所学的理论，以加深认识；二是多写、多练。勤于动笔，勇于实践，是把理论知识转化为实际写作能力的必要途径。

以上几个方面的学习方法需要综合运用，才能不断提高财经应用文的写作水平，如果偏废其中的任何一方面，都是达不到目的的。在实际工作中，如果光看不练就会“眼高手低”，而光练不看则会“眼低手也低”。“看”和“练”是缺一不可的。

第二节　财经应用文的主旨和材料

在同学们的学习生活中，所接触的文章大多都是记叙文、议论文和说明文三类，所训练的也是这些文章的阅读和写作。长期的读写实践，同学们无论在遣词造句的基本功、还是在阅读理解力上应该说都已经具备了一定的能力，这对学习财经应用文十分有利。但是，由于财经应用文无论是在思维方式上、对材料的使用处理上、在结构安排上，还是在表达方式和用语上，与一般性文章的写作都有不同的要求和标准，从而增加了学习这类文章的难度。在此，我们改变以前学习一般性文章所形成的思维定式，从财经应用文的主旨、材料、结构、语言和表达方式的学习入手进行讲解，为学好财经应用文打下良好的基础。

一、主旨

（一）什么是主旨

任何一篇文章都是由内容和形式两个方面构成的。内容指主旨和材料，形式指结构和语言，只不过不同的文体对其有不同的称谓而已。主旨在记叙文中称作中心或主题，即文中所表达的主要的思想情感；在议论文中称作论点或观点，即文章的思想意识、看法理念。财经应用文除了要有明确的中心之外，更重要的是还必须有非常明确、具体的写作目的或写作意图，这是财经应用文写作与一般文章写作的区别，也是财经应用文写作的特殊之处。因此，以中心、论点等这些称谓来指代财经应用文的核心思想就不适合了。

在财经应用文中，与记叙文或议论文等其他文章一样，对其核心思想和中心论点也必须有自己最合适的称谓，这个称谓即“主旨”。

主旨指财经应用文行文的目的、用意和主张。

（二）主旨的分类

正如记叙文有中心思想和段落大意，议论文有中心论点和分论点一样，财经应用文的主旨也可分为基本主旨和从属主旨。

所谓基本主旨，是指在整篇文章中居于“统领”地位的观点和主题。

所谓从属主旨，是指从属并服务于基本主旨，统领基本主旨的各个侧面、各个局部的观点和议题。基本主旨和从属主旨之间的关系是主从关系。

具体来说，基本主旨统领从属主旨，从属主旨说明基本主旨，两者是统领和被统领的关系。从属主旨与从属主旨之间，如果是并列、递进关系，它们之间必须互相联系，互相补充，而不能互相矛盾，互相排斥；如果是从正反两方面来说明基本问题，则必须互相对照，互相印证。

（三）主旨的特点

记叙文的中心承载的是作者的思想感情，议论文的论点集中反映的是作者的思想认识或看法。例如，孟子在 2000 多年前所提出的“老吾老以及人之老，幼吾幼以及人之幼”的思想，现代文明也提倡；同时，不仅中国提倡，外国也提倡。苏东坡《水调歌头》一词中的“但愿人长久，千里共婵娟”的思想情感，现在的人也有；同时，不仅中国人有，外国人也有。财经应用文则不然，它体现的是财经文书写作者满足社会需要，实现文章的社会功能所作的不懈努力，因而要求作者具有对社会、对人民高度的责任感、使命感，养成尊重事实、实事求是的科学态度和工作作风。

与记叙文、议论文的中心和论点相比，财经应用文的主旨具有以下几个特点。

1．客观性

主旨的客观性，从财经文书主旨确立的角度来看，有所谓“意在笔先”与“主旨先行”之说；从财经文书写作的目的来看，主旨要符合党的方针政策，符合实际情况，符合客观经济规律；从主旨的表述来看，首先，表达主旨的判断应该是真实的。真实的判断就是符合实际的判断。例如我们要判断某厂是否超额完成了生产任务，那么，只有根据该厂完成的生产指标是否大于计划指标而作出的判断，才是符合实际情况的判断，才是真实的判断。其次，主旨要有较强的针对性和现实意义，有特色、有新意。这就要求从认识上把握住事物的本质，从写法上区别清楚不同文种的不同特点和要求，这对于主旨的明确、突出、深化都是十分必要的。

2．单一性

一篇财经应用文只能有一个中心，只表达一个主旨，即主旨必须单一、突出。一篇财经应用文只集中解决一个问题，一文一事，一事一议，一文一个主旨。财经应用文要做到主旨集中，写作前就应该有明确的写作目的，目标始终如一，把要解决的问题讲透彻。

3．鲜明性

文学作品的主题讲求含蓄，需要读者通过作品的内容自己提炼和感悟出来，而不是由作者在文中直接讲出来。财经应用文为了有效地保证主旨的统领作用，其主旨必须要鲜明。一篇财经应用文要求做什么，不准做什么，提出应该怎样做，不应该怎样做，肯定什么，否定什么，或者要说明什么问题，都要十分明确，并且毫不含糊地表达出来。财经应用文主旨的鲜明性还包括财经应用文的主旨要在文中直截了当，明白显露，使读者一目了然，易于领会和接受。财经应用文要根据财经工作直接下判断、作说明，使读者一旦明白了其主旨，就能领会该文的实质内容，随即就可以采取相应的行动，从而迅速产生实际效用。

理解财经应用文主旨的特点，对于学习和写作财经应用文有着至关重要的意义和作用。当你有了明确而敏锐的自觉意识，在具体财经应用文的写作中才会对相关的内容有最为周到和妥当的考虑。

（四）主旨的作用

主旨是财经应用文写作的核心。财经应用文写作必须为主旨服务，围绕主旨而展开。具体来说，主旨的核心作用有以下三点。

（1）统摄材料。写作财经应用文时，在动笔之前收集材料，需多多益善；而主旨确立之后，则应依据主旨的需要来精选材料。

（2）决定结构。在财经应用文中，结构是根据主旨形成的，段落和各段所要表达的意思又都是围绕主旨而提出的。

（3）决定语言风格。财经应用文（尤其是公文）具有严肃、庄重的法定效用，一旦发出，就将成为人们行动的依据和准绳。因此，遣词造句必须依据主旨的需要而确定。例如，命令、决定的语气宜坚决、确定，不可动摇；指示须讲明意图，要求具体、明确，不能模棱两可；通知须将时间、地点、要求、做法等明白地写清楚，不可含糊不清；公函的语气要平和，互相商量，不能口吻生硬、颐指气使。

（五）主旨的表达

记叙文中心的表达是依附于具体的形象（人、物、景和事）；议论文论点的表达是形成于逻辑推理过程中（用论据来证明论点的论述过程）。由于财经应用文的主旨有着与中心、论点完全不同的特点，因而在写作中，主旨的表达也有不同的途径和要求。

主旨的表达要体现在对具体事务的直接判断、总结、要求或请求上。

主旨在财经应用文中具体的表现形式有以下几种。

（1）标题现旨。即用文章的标题概括出主旨，使阅读者一目了然。例如，国务院办公厅“关于减轻农民负担、取消多项收费的通知”，其标题的事由就是该通知的主旨。很显然，阅读者在阅读之初就可以通过标题了解和掌握该文件的主旨。

（2）开头明旨。即在篇首写明主旨，开门见山，以主旨统领全文。例如，××省人民政府关于工业生产情况的报告的开头：“今年上半年，我省工业出现了经济效益与发展速度同步增长、经济效益增长高于产值增长的好势头。到6月末，工业总产值完成××亿元，比去年同期增长××，完成年计划的××，工业企业利润比去年同期增长××，是近十年利润最高的一年。……”该文一开篇，就直接、明确地揭示了主旨：“今年上半年，我省工业出现了经济效益与发展速度同步增长、经济效益增长高于产值增长的好势头。”

（3）文中显旨。即在行文过程中，在适当之处写明主旨，使主旨与文章的内容紧密结合起来。例如，有的财经应用文为了使文章各部分的从属主旨突出醒目，将各部分的从属主旨放在每一部分的段首——每一部分中最为显要的位置来表达。通过这样的方式来表达主旨，自然就能使读者在最短的时间内清楚、准确地了解和掌握该文的主旨和主要内容，并能获得明晰而深刻的印象。

（4）篇末点旨。即在文章结尾时提示全文主旨，以主旨归纳全文，使主旨的表现有水到渠成、画龙点睛之妙。篇末点旨有两种基本方式：一是在开头埋下伏笔，提出问题，阐述问题，待行文至结尾时才点明主旨，说出文章的关键所在，表明态度，作出决定；二是在结尾处再次强调文章主旨，与开头相呼应，达到深化主旨的目的。例如，中国农业银行××省分行向中国农业银行总行报告的《关于解决救灾贷款规模和救灾资金的紧急请示》一文，在正文的前三段详细地陈述了请示的理由，介绍了受灾情况后，说明严重的洪涝灾害给工农业生产和人民的生命财产造成的巨大损失，接着又陈述本行现在救灾资金确实无法解决的原因，在此基础上，文末提出了请示的事项："为了支持灾区灾民和企业尽快恢复生产、生活，恳请总行解决我省年度救灾贷款规模 6 亿元，救灾资金 3 亿元，其中：银行救灾规模 2 亿元；信用社救灾规模 4 亿元。"文章用"为了……恳请……"句式，篇末结旨，把所需资金及项目说得清楚明白。

二、材料

（一）什么是材料

写作领域中的材料是指能构成文章内容的一切客观世界和主观世界的事物或现象。例如，千奇百怪的人情世故、丰富多变的情绪感受、各具形态的自然景观、睿智深刻的思想火花以及科学定理、公理、数据和图表，这些都可以作为写作的材料。

由于财经应用文写作是写作领域中的一个特殊门类，因此，财经应用文中的材料与一般写作的材料相比，有自己特定的领域和范围。它不是一切客观世界和主观世界的事物或现象（如丰富多变的情绪感受、各具形态的自然景观等），而是能够形成和表现财经应用文主旨的事实或依据。材料是财经应用文写作的基础。

（二）材料的类型和使用

财经应用文的材料分为两类：一类是事实性材料，主要包括财经实践活动中的事实、典型事例、统计数据和图表等；一类是理论性材料，主要包括国家制定的财经工作方针、政策，各级财经工作主管部门颁布的政策、法规、文件、条文，财经科学论著的有关论述等。

在财经应用文中使用事实性材料时要注意：不写或少写事件的具体经过和细节，重点应放在事件的起因、性质、结果等上；不写人物言谈举止、音容笑貌、心态情绪等，重点应放在对人物的是非评价上。

理论性材料的使用，以党和国家的方针政策、法规法律为理论依据。以适量为原则，少而精，不旁征博引、大量铺陈。

（三）材料的收集

材料是使文章做到言之有物、言之有据的根本保证，观点需要材料来证明，问题要靠材料来说明。材料是确立主旨的基础。主旨不是凭空产生的，不是冥思苦想得到的，而是在充分占有材料的基础上，并用正确的指导思想和政策标准衡量、分析后得出的。写作财经应用文时，如果没有材料，再高明的人也写不出内容充实的文章。很多人拿起笔来搜肠刮肚，费尽脑筋，仍无处下笔，其中的重要原因，就是没有丰富和有价值的材料。可见，收集和积累材料对财经应用文写作是非常重要的。

收集材料的途径有两种，一是深入实际调查研究，获取第一手材料；二是通过阅读有关文件资料，获取第二手材料。写作者可采用实地考察和调查采访的形式获得第一手资料，但由于条件的限制，写作者不可能事事实地去调查，事事亲历亲知，这就需要通过查阅一些可靠的有价值的资料，如统计资料、文件档案、报刊书籍、音像资料、网上信息等，间接地获取一些需要的材料。

收集材料要讲究原则：一是要详尽；二是要有一定的范围和方向；三是要经常分类整理。虽然说收集材料要尽量多，但人的精力和视野毕竟有限，谁也不可能详尽地掌握所有的知识和信息，因而在收集材料时要有一定的方向和范围。由于材料都是个别的、分散的，因此，在收集的过程中要随时进行归类、整理和分析。

（四）材料的选择

在材料的选择上需注意以下几点。

（1）切题。要按主旨和文种的需要来选择材料。与主旨有关、适合文种的材料就应该选用，否则就不用。从整体上来说，选用的材料必须能从不同的方面、不同的角度来说明主旨，所用的材料都要围绕主旨、紧扣主旨。

（2）真实。真实有两层意思，实有其事和准确无误。

材料的绝对真实是对财经应用文写作的起码要求，如果材料不真实，就会使人对整篇财经应用文产生不信任感；准确是真实在细枝末节上的具体显现。

真实和准确是相联系的。由于在写作财经应用文的过程中，既不能凭空捏造、虚报夸大，追求轰动效应，也不能隐瞒疏漏或张冠李戴，这就要求选择第二手材料时，必须注意考察其可靠性、核实其真实性。第二手材料由于各种原因可能会存在某些局限性和失实之处，选用时要认真辨别，注意核实，避免所用的材料失实或出现误差。

（3）典型。典型材料就是具有代表性的、能反映财经应用文主旨的本质和事物规律性的材料。财经应用文中的典型材料指典型的事、典型的经验、典型的问题、典型的数据等。财经活动中能说明问题的材料有很多，而各个材料说明问题的程度是有差别的，我们应在同类材料中选取最有特点、最富有说服力的材料为表达主旨服务。

（4）新颖。材料新颖指材料要能说明客观事物的最新面貌，反映客观事物的发展变化趋势。财经应用文本身有很强的时效性，因而选用的材料一定要新颖，要选择时间最近、思想最新的材料，以便能及时反映新成果、新经验、新问题。

第三节　财经应用文的结构、语言和表达方式

一、结构

（一）什么是结构

结构好比文章的骨骼，是指文章整体与部分、部分与部分之间的关系的总和。从文章内部有机联系的角度来看，结构是客观现实事物按照自身规律的发展过程，在作者头脑中有条不紊地反映后，得到的序列化的文字产物；从文章外在形式的角度来看，结构是材料通过语言文字的规范化表达。总之，结构就是客观现实事物的发展规律通过作者有序思路的合乎逻辑的文字再现。结构主要包括：确定各类材料在文章中的位置和表达顺序；文章分几大部分，每部分又分成几个自然段；主要材料放在何处，次要材料放在何处；哪些内容详写，哪些内容略写；如何开头，怎样结尾等。

（二）结构的特点

1．定型化

财经应用文结构的定型化具体体现为以下几点。

（1）程式化。即财经应用文行文的格式、内容的安排顺序都有相应的规范化要求，并且较为固定，不能随意改变或调整（尤其是公文的标题、发文字号、受文单位等，其结构安排是不允许任何人随意改变的）。

（2）条款化。即用表示顺序的各种符号，按照一定标准把所要表达的内容分条分款地列举出来。

（3）表格化。即把具体内容以框格图表的形式进行表述。

2．单一化

财经应用文结构的单一化具体体现为以下几点。

（1）结构安排一般须前后保持一致。如果一篇财经应用文的开头是以先说事后说理的顺序进行表述的，那么以后的内容都应当按照这样的顺序来写，不能中途变更。这样才能保证文章条理清楚，便于阅读和理解。

（2）一篇财经应用文只能采用一种结构形式。一般而言，财经应用文的结构都是以逻辑关系来安排的，当然也有以时间的先后、空间的转换等顺序来安排的。采用何种方式应该根据文章写作目的和内容的需要来选择，但在同一篇文章中只能采用一种结构形式。例如，文章一开头是按事情发生的先后顺序来写的，那么这篇文章无论多长，内容无论多复杂，以后的内容都必须以这样的结构方式来安排。

（三）结构的类型

财经应用文一般都由标题、正文和落款三部分组成。其中正文的结构形式有以下几种类型。

（1）总分式。总分式结构是总说和分说相结合的一种结构方式，文章各层次之间为总分式领属关系。总分式具体又分为先总后分、先分后总和先总后分再总三种形式。

先总后分式结构是先总说，后分说。一般是开头点明全文主旨以统领全文，成为一个层次，再分别围绕主旨从不同的方面、不同的角度分别论述或说明，这时的一个方面或一个角度就是一个层次；先分后总式结构是先分说，后总说。一般是开头先分述情况、原因等，然后再总述概括出主旨；先总后分再总式结构是先总说，后分说，最后再加以总结归纳。一般是开头用一段文字总领全篇，可点明主旨，也可总述概况，然后进行分述，最后再进行归纳总结。

采用总分式结构方式可使文章的条理清楚，既能对论述或说明的问题从各方面深入地分析、周全地说明，又便于对全文进行总结归纳，做到有分有合，从而增强读者对论述或说明的问题的全面认识。

（2）并列式。并列式结构的文章各层次之间的关系是平行并列的，各层次在内容上相对独立，同时彼此之间又有一定的联系。这种结构的思路是横向铺排的，或按事物的各个组成部分展开，或按事物的性质类别展开。并列式结构可以多角度地对事物加以论述说明，充分地揭示事物的全貌。这种结构多用在一篇财经应用文的局部。

（3）条款式。条款式结构是财经应用文特有的一种并列式结构。它是采用条款的形式对事物进行逐条逐项说明的一种结构方式。在财经应用文中，这种结构形式用于内容多、篇幅长的文章。它是将具体内容按一定的标准或从不同的角度整合处理后，以数字或数字加概括化的文字等形式来分隔各部分，每一个部分可以只有一段，也可以有若干段。条款式结构在写作上比以上所讲的其他结构形式在逻辑上的要求更高，对内容的整合难度也更大。但对于比较大型的财经应用文而言，条款式是最能让文章内容条理清楚、脉络分明的结构形式。

分条款标序号是条款式结构的主要特征，以条款式结构安排材料显得醒目、简洁、清晰，易读易记，也便于引用。

（4）递进式。递进式结构是将材料按照一定的顺序，一步一步深入推进的结构方式。采用递进式结构的财经应用文中，各层次之间是层层递进、步步深入的关系，层次与层次之间为纵向展开。有的是按照事物发生、发展或变化的过程组织材料，有的是按照提出问题、分析问题、解决问题的次序组织材料，即先摆情况，再作分析，然后提出解决问题的办法和措施。递进式结构可以由浅入深地阐明事理，从而把问题讲透。

（5）综合式。如果一篇财经应用文的内容过于复杂、问题繁多，一般的结构已经不能满足写作的需要，这时就可以综合运用几种结构形式来安排段落和层次，如先以时间为序划分大的层次，再以其中的问题为序划分大层次中的各段，形成第二层次。需要说明的是，这种结构方式较为复杂，一般财经应用文很少用到。

（6）图表条款混合式。很多大型的财经应用文，如市场调查报告、经济活动分析报告等，除了内容庞杂外，还有较多的数据需要罗列，而这些数据的引用，确实能非常简明、有效地从某一个角度或某一方面说明某些变化或某些规律，这时，就需要从一定的角度把一系列具体数据放入与设计的角度相对应的框格图表中。这样处理文字和数据，一是使表达简明扼要，二是使内容更加清晰明朗。这种由图表和条款相结合的结构形式，就是图表条款混合式。采用这种结构方式来安排文章内容，即使内容再多、涉及面再广，也能够达到层次清楚、连贯流畅的效果。

（四）安排结构的原则

安排结构是作者通过精心构思而进行的布局谋篇。一般来说，就是根据阐述主旨的需要，把零散的、庞杂的材料经过精心筛选组成有条理的、有规律性的段落，最终形成有系统的、完整和谐的文字统一体。为此，在安排财经应用文结构时，应遵循以下基本原则。

（1）作者主观的认识过程要与客观事物的内部联系相一致。因为个人对客观事物的认识往往受制于主观，其过程能否与客观事物的内部联系与发展相一致，取决于能否对以下四个方面的问题进行认真的思考和研究：一是基本观点和从属观点之间的联系；二是从属观点之间的联系；三是从属观点和材料之间的联系；四是材料和材料之间的联系。如果把这四个问题综合起来进行考察，就会发现，它们既是客观事物内部联系的反映，也是财经应用文作者的主观认识过程。在写作时，要从客观事物入手，最大限度地把握其内部联系，然后再根据作者对文章布局谋篇的构想，把客观事物的内部联系有序、合理地纳入具体文种的结构之中，这是写作者在安排财经应用文结构时，必须遵循的第一个原则。

（2）结构要服从主旨的需要。一般来说，财经应用文各文种均有自己独特的结构方式，而不同的结构方式正是形成不同文种结构程式化的重要依据。换言之，各文种之间表达程式的差异，在很大程度上是由结构的繁简或结构方式的不同而决定的。作者有必要掌握各文种的结构和结构方式，以便按照现代通用的规范表达程式去写作。

（五）结构的形成

1．列提纲

提纲是文章的基本思路和写作纲要。提纲没有特定的样式，一般只要求搭建出文章的框架，写清每部分、各层次的安排和内容要点即可。

2．拟稿

拟稿是文章的正式写作过程。它不是提纲的再现和扩展，而是思想观点的继续深化，表达逐步完善的过程。拟稿包括对标题、开头、主体和结尾等几个方面的确立。

标题是文章的题目，是文章最引人注目的地方。好的标题既能显示财经应用文的内容，引发读者的阅读兴趣，起到提示和画龙点睛的作用。财经应用文的标题要求准确、醒目、简洁和规范。

通常情况下，财经应用文的标题有以下三种形式。

（1）公文式标题。由发文单位、事由和文种三部分组成。如《四川省人民政府关于认真学习贯彻党的十六大的通知》。

（2）新闻式标题。包括三行标题、双行标题和单行标题三种形式。

（3）基本式标题。这是一般标题的拟订方式，在这种方式下，标题或直陈，或引用，或对举，或提问，形式活泼，巧妙新颖。如《加快发展是富民强国的第一要务》、《呼唤“平常心”》、《凭本事吃饭，靠政绩晋升》。

文章的开头在全文中起着“定调”的作用。“调”定好了，全文就会顺利展开。写好开头，一要注意“开门见山”，避免背景交代过繁、虚语套话过多、引据过多或缺乏概括的毛病；二要紧扣全文；三要概括凝练。

财经应用文的开头一般具有起句发意，下笔入题，文风朴实的特点，有助于主体部分的自然展开。常用的开头有以下几种形式。

（1）概述式。即用叙述的方法，概括地写出基本情况、问题，或叙述简要过程。这种形式多用于报告、总结、简报、经济信息等。

（2）目的式。这种开头通常以简明的语言说明行文的目的或概述情况，而后引出主旨。这种形式多用于通知、通告、计划等。

（3）缘由式。即以上级文件、领导指示或有关法规、规定等作为行文的依据和出发点。这种形式多用于通知、通告等。

（4）直述式。即开宗明义，直接切入正题。这种形式大都用于复函等。

（5）结论式。即先对情况或工作进行总结，作出评价，提出看法，然后再分别加以论述。这种开头多见于总结、报告等。

（6）提问式。即先提出问题，然后引出下文。这种开头方式易引起读者的注意和思考，常见于市场调查报告的写作。

（7）寒暄式。即开头以问候、祝贺的方式传情达意，然后再转入正题。这种开头常见于信函类文书。

主体是财经应用文的核心部分，是写作的重点。文章在开头部分提出的问题后，在主体部分要依照科学的方法，运用材料对所提出的问题和观点进行阐述和分析。主体部分的写作要注意段落层次的安排和文章各个部分的过渡与照应。

过渡与照应是使文章承前启后、前后呼应、脉络清晰、文气贯通的一种手段。过渡指层次之间、段落之间的转换、衔接，以起到承上启下的作用。一般的过渡方式有：用关联词、过渡句、过渡段和序列自然过渡等。

常用的照应方式有以下几种。

（1）题文照应。即财经应用文的内容，特别是开头，要照应标题；标题则要照应主要内容，做到题文一致。

（2）首尾照应。即开头和结尾要关联密切，相互呼应，做到有什么样的开头就应有什么样的结尾。

（3）前后照应。即文章后面的内容要与前面的内容彼此照应，如果前面提到的问题在后面断了线，文章就不严密了。

结尾是全文的收尾部分。结尾一般应根据行文需要，有话则说，无话则止。财经应用文的结尾一般要与开头相呼应。常用的方式有以下几种。

（1）以专用词语来结束全文。如“特此报告”、“此复”等。

（2）以简要的文字再次强调行文的目的。如“上述报告，如无不妥，请批转……”、“上述要求，请予以批准”或“请尽快函复为盼”。

（3）再次点明与深化全文主旨，使读者印象深刻。

（4）发出号召，提出希望。

结尾要精练实在，有针对性、有新意，要避免喊口号、唱高调的“豪言壮语”式或一般口号式的结尾。

二、语言

（一）语言的特点

财经应用文的主旨、材料、结构都要通过语言来实现，财经应用文写作的成败、好坏，最终在于写作者个人的语言表达能力和语言修养水平的高低。财经应用文的语言应该做到平实、准确、简练和得体。

1．平实

记叙文的语言要讲究文采，以绘声绘色、生动传神为佳；议论文的语言要讲究力度，以犀利、尖锐、深刻为佳；财经应用文的语言则要讲求浅显畅达，以简明扼要、准确平实为佳。平实指财经应用文用语要朴素切实，通俗易懂，不矫揉造作，不故弄玄虚，便于阅读理解。同时，财经应用文还要讲究语言朴实，注意实事求是，不夸大、不拔高，不文过饰非，坚决摒弃一切假话、大话、空话、套话，保持语言的纯洁性。

试比较下面两段文字。

①葫芦庙内寄居的一个穷儒——姓贾名化、表字时飞、别号雨村者走了出来。这贾雨村原系胡州人氏，也是诗书仕宦之族，因他生于末世，父母祖宗根基已尽，人口衰丧，只剩得他一身一口，在家乡无益，因进京求取功名，再整基业。自前岁来此，又淹蹇住了，暂寄庙中安身，每日卖字作文为生，故士隐常与他交接。

②张××，男，现年四十二岁，一九六二年清华大学机械系毕业，可阅读英、日外语专业资料，工作勤勤恳恳，积极努力。近年来，工厂的几项重大技术课题，都有他参与或是在他主持下攻克的，被公认为“全厂一号技术尖子”。他从一九五七年起便申请入党，但因出身于地主家庭，哥哥曾被错划“右派”，工厂一些领导认为，对他只能在技术上使用，不能在政治上重用。因此至今仍被关在党组织的大门之外。

前一段文字是《红楼梦》中写贾雨村的，作者先写其总貌为“穷儒”，再报姓名字号，然后讲出身、追求，最后写现状。用语是动静结合，动中写静，笔调曲折，有起有伏；后一段文字是调查报告写张××，则是直接介绍其姓名、性别、年龄、经历，平铺直叙，语言平实。

由于财经应用文是为了解决实际问题而说服读者的，不是用形象化的描绘去感染读者，因而，它的语言风格正如上述对比中的第二段文字一样，不包含欣赏的因素。它不用烘托、渲染等手法，而是实实在在地写下去。同时，要做到语言平实，需注意以下三点。

（1）运用易识、易读和易懂的词语。

（2）忌用大话、空话和套话。

（3）少用溢美之词。溢美之词指过分夸张、藻饰的词语。

2．准确

准确指写作财经应用文时要选用恰当的词语，组织通顺的句子，明白、准确地表达客观事物，表述财经活动中的各种现象，贴切地表达作者的观点、意图，在表述各种事物和现象的性质、数量、范围、程度等情况时力求做到字斟句酌、精确恰当、不出偏差。

要做到语言准确，需注意以下两点。

（1）语义的确定性，避免产生歧义。

（2）用词要恰如其分。记事、状物、论理要有根有据、确实可靠、恰如其分。要特别注意区别同义词、近义词的细微差别和词的感情色彩。

3．简练

简练指语句要简明扼要、精练不繁，用最简约的文字表达最丰富的内容。如果语言啰嗦，篇幅冗长，就会影响表达的效果。因此，要使财经应用文的语言简洁，除使用具有高度概括力的词语外，还必须有敢于删繁就简的决心和忍痛割爱的勇气，尽量把可有可无的字、词、句、段删去。

要做到语言简练，需注意以下四点。

（1）概括地交代人和事。在财经应用文的写作过程中，如果涉及具体的人和事，不必对其细节进行详尽描述。即便需要进行描述，一般也不应完整、细致地介绍其全貌、全过程，而是在对其所涉及的内容进行了轻重主次地鉴别筛选后，有针对性地进行比较概括的介绍、交代，而细节过程则一笔带过。

（2）避免重复。

（3）用短句。短句言简意赅、干脆利落、易读易记，能给人留下较深的印象，甚至会过目不忘。

（4）使用惯用语词、文言词语和专业术语。语言简练并不是说要一味求简，而是应该根据思想内容、读者对象、社会条件、实际情况和文体特征来安排语言文字的繁简长短，否则就会妨碍语言的明确性。

4. 得体

得体指财经应用文的语言运用要更好地为特定的目的、特定的对象、特定的需要服务。在写作中，该说什么，不该说什么，怎样措辞，用什么语言进行表达等，都要认真推敲，反复琢磨。例如，上级对下级作指示、提要求时，在用词、语气方面应体现出对下级的严格要求，因此，既要使用严肃庄重的文风，又要注意平和透彻、深入浅出的笔法，让人心悦诚服；下级向上级反映情况、请示工作时，在用词、语气方面既要有礼貌、讲尊重，又要注意言简意赅；兄弟单位互通情况、协商事宜时，在用词、语气方面既要以诚相待，又要互相尊重，不卑不亢。同时，不同文种的财经应用文，如法律文书和党政公文在用语上也各有个性和特色，需要写作者采用相应得体的语言来表达。

（二）常用的词语、句式

1. 常用词语

在财经应用文写作中，选词、用词要切合财经应用文的文体特点，同时需要熟练、准确地运用以下几种词语。

（1）专业词语。财经应用文反映的是财经行业的内容，因而专业词语用得很多。专业词语包括专业术语和行业用语两类。

专业术语是各门学科的工作者为完成工作和进行研究所必需的专用词汇，是准确地表达科学概念的专门用语，每个专业术语的内涵都很确切。只有牢固掌握专业知识，准确理解专业知识概念，才能运用好专业术语。财经专业的专业术语很多，如财务、预算、价格、商品、货币、汇率等。

行业用语是各行各业的人从事职业活动时所用的一些词语，是各行业为适应内部业务的需要而使用的词汇。不同的行业有不同的用语，如商业用语有畅销、脱销、滞销、旺季、淡季、毛利、纯利等。

（2）惯用词语。惯用词语是财经应用文在反映各种财经事务活动时使用的各种定型的习惯用语，主要有以下几种。

①开头用语。如据查、据反映、遵照、依照、为（了）、由于等。

②引叙用语。如接、前接、现接、现经、收悉、敬悉、悉等。

③称谓用语。如本（我）部、贵（您）校、该同志、该单位等。称谓词语第一人称用本（我），第二人称用你（贵），第三人称用该。

④表态用语。如同意、照此办理、可、不可、准予、不予等。

⑤综述用语。如为此、据此、鉴此、综上所述等。

⑥询问用语。如当否、是否妥当、是否可行、意见如何、请批示等。

⑦结尾用语。如特此报告、现予以公布、为要、为盼、为荷、贯彻执行等。

⑧祈请用语。如请、特请、务请、希、希望等。

⑨敬谦用语。如您、阁下、恭候、惠顾、承蒙、敬告等。

（3）节缩词语。把一个常用的多音节词语或专门词语经过精简压缩之后变成的词语就是节缩词语，其特点是精练、简短、明快。如调研、伪劣产品等。

节缩词语都是采用一定的节缩方式，把原词语加以概括重组之后形成的，节缩方式有以下几种。

①双变单式。即对双音节词摘取其中一个字作单音节词使用，如应（应该）、经（经过）、据（根据）、将（将要）等。

②缩合式。即抽出原词组中每个词中的一个词素，再联合组成一个词，如基建（基本建设）、公关（公共关系）、环保（环境保护）、传媒（传播媒体）等。

③省同存异式。即保留两个并列词语的不同部分，抽出相同的部分组合成一个简短的词语，如进出口（进口出口）、高低档（高档低档）等。

④概括式。即把两个或多个并列词语的共同成分提取出来，再与并列词语的项数组合，形成一个专用词，如“三无”产品（无商标、无生产厂家、无生产日期产品）、“三通”（通水、通气、通电）等。

⑤删除式。即只保留原词组的主干部分（或保留有代表性的成分），删除其他部分形成简称，如《宪法》（《中华人民共和国宪法》）、入世（加入世界贸易组织）等。

节缩词语比原词语的意思更加鲜明突出，同时也更加便于记忆，有利于提高信息传递的效率。但采用节缩方式的时候要注意，节缩是把复杂的东西变得简短明了，但不能简化得让人看不懂或产生歧义。节缩词语形式上虽简，但内容上要明，并且必须符合语言使用的社会习惯，遵守约定俗成的原则，以使人们都能接受。

2．常用句式

在财经应用文的写作中，需要使用多种类型的句子，而在这方面用得较多的是陈述句和祈使句，一般不用疑问句和感叹句。

（1）陈述句。陈述句是用来叙述客观事实，表达判断的句子。陈述句可用于陈述说明事物或事理，向别人作表述或介绍。在财经应用文中，陈述句常用来叙说财经活动的客观事实、情况、问题或阐述理由。财经应用文写作中陈述句有以下几种形式。

①带助词“了”的陈述句，表“已然”之意。

②带判断词“是”的陈述句，表肯定判断。

③不带判断词“是”的陈述句，表肯定判断。

④带否定词的陈述句，表否定判断。

（2）祈使句。祈使句是向别人提出请求，表示命令、禁止等语气的句子。祈使句的语气有强有弱，语气强烈而坚定的表示命令、禁止、要求，语气弱而委婉的表示请求、劝阻。

用在公文和法规类财经应用文中的祈使句，通常表示命令、禁止和要求等语气，言辞坚决、肯定，带有强制性；用在如条据、书信等一般性的财经应用文中，通常表示请求的语气，言辞委婉、缓和。

（三）语言的锤炼

语言的锤炼是指对所用语言的选择、加工。在财经应用文写作的过程中，一词一语，如果选得准、用得好，往往使全文生辉。财经应用文语言的锤炼有以下几种方式。

（1）确切义和模糊义的运用。确切义是符合客观事物原貌或情况的语义。人们用语言进行交际，首先要求表义确切，这是交际的基础，应用语体亦是如此。一般来说，科学术语、政治术语、专用名词和一部分外来词、古词语等大都表义确切，如国家、法律、改革、批示、原子、北京等。

模糊义是只表某种意向，不够十分明确、具体的语义。由于客观世界存在着大量模糊或相对模糊的事物，加之人们对某些问题的认识还处于模糊状态之中，从而导致对很多概念或事物只能用模糊义来表现。正确运用模糊义词语是人们实际交际时的需要。有的时候在某些场合，人们运用模糊义词语完全可以达到表意准确的目的，如果使用确切义词语反而显得不真实或累赘。如：

①一月份，该车间工人成立了一个老中青相结合的技术攻关小组。

②1月2日8时30分，该车间成立了一个由50岁到65岁的老年工人、40岁到50岁的中年工人、20岁到40岁的青年工人相结合的技术攻关小组。

显然，第一段中的“老中青”是模糊概念，但人们懂得其含意，因此不要求必须把年龄界限说清楚。第二段把年龄界限加进去后，无论是说者还是听者都感到麻烦，反而增加了不确切感。

另一方面，在特定情况下或有特殊要求，必须用确切义词语而用了模糊义词语也是不行的。

（2）词语的搭配。选词造句时，要注意选用的词语在意义上互相搭配。如：

第二次全国环境保护会议总结了十年来环境保护工作的基本经验，提出了到2000年的环境保护的奋斗目标，明确了环境保护是我国的一项基本国策，制定了“经济建设、城乡建设和环境建设同步规划、同步实施、同步发展”，实现“经济效益、社会效益和环境效益的统一”的总的战略方针，初步摸索出了一些适合我国国情的环境保护的路子。

上段文字中五个动宾词组，动词和宾语的选词、搭配都非常得当，作者分别从几个方面说明了会议取得的成绩，有较强的概括力。且用词灵活多变，形成较为整齐的句式，语言明快有力。

（3）同义词的选用。现代汉语的同义词丰富多彩，恰当地选用同义词可以准确鲜明地叙事议理。选用同义词要注意表义程度的深浅、范围的大小、语气的轻重等。如：

他居然（竟然）把自己所处的重要职位，当做谋取私利的条件……因而严重违反（违犯）了党的纪律，败坏（破坏）了党风……

“居然”和“竟然”均有出乎意料的意思，但“居然”是从叙述对象的角度出发，含有明知不可为而为之这层意思，语气较重；而“竟然”是从他人的角度出发，语气较轻，文件不选用“竟然”是恰当的。“违犯”和“违反”均有违背的意思。“违犯”是违背、触犯，多用于法律方面；“违反”是不符合的意思，多用规划、规程或原理等方面。两者的应用范围不同，文件选用“违反”是恰当的。“败坏”和“破坏”均有损坏的意思，但“败坏”多用于名誉、风气等抽象事物，而“破坏”多用于实体事物。两者的应用范围不同，文件选用“败坏”是恰当的。

（4）反义词的选用。反义词的词义是客观事物和现象矛盾、对立的反映。恰当地选用反义词，具有正反对照、观点鲜明的作用，并富有较强的哲理性。有些词如果孤立地去看，彼此并没有明显的相反意义，但在一定语境中相互对比时，就形成了反义关系。

三、表达方式

表达方式是指撰写文章所采用的具体表述方法。表达方式有叙述、描写、抒情、说明和议论五种。财经应用文常见的表达方式有叙述、说明和议论，描写和抒情很少使用。

1. 叙述

叙述是用来交代人物、时间、地点、事件、原因、过程、结果的一种表达方式。财经应用文写作中采用叙述的表达方式来介绍财经活动的基本情况和客观事实以及有关事件的成因、背景、经过、结果、工作进程等。

财经应用文的叙述具有以下几个特点。

（1）一般用第三人称叙述。

（2）叙述时使用概述。概述就是概括的叙述。概述是用精练的笔墨对所叙写的对象作简要的表述，把时间和空间跨度较大的财经活动内容用浓缩的语言表达出来，一般不涉及细节，文字要少，篇幅要短，传达出的信息量要大。财经应用文写作中的概述是对财经活动的整体材料的概括，是为表明观点、看法而提出事实依据。即使需要详细叙述，也不必像一般的记叙文那样为追求文字的表达效果而大肆铺张笔墨。

概述的重点为人或事的性质、状况、结果、影响等；不写或少写人的言谈举止、音容笑貌、心态情绪以及事情的过程、细节等。

以下两篇为不同类型的关于受灾情况的文章叙述。

洪水围困中的××

“淹水了！”××县的老百姓用这样简洁的语言来描述被洪水包围的县城。实际情况比“淹水”严重得多。13日中午，我们乘坐的汽车接近县城××时，公路上水深及膝，汽车在水中行驶犹如汽艇一般。记者11时45分驱车进入县城时，县长×××说，××地区已有4万多亩庄稼和约1万户居民被淹。

下午1点50分，记者随×××副市长和市防汛指挥部的同志察看水情。此时，雨仍然时大时小地下着，×江的流量已达4 500立方米/秒，大大超过了3 500立方米/秒的警戒水位。通往××市的平安桥，路边的庄稼地已变成泽国，稍微低矮的房子都半没入水。韩滩桥下县体委的一幢漂亮的楼房已淹至二楼。处于河心的岛上的河新村则已全部被洪水吞没，所幸营救及时，无人员伤亡。

××县12日到13日上午降水量共达203毫米，属特大暴雨级。再加上上游的大暴风，致使×江水位猛涨。××县17个乡镇被淹。据初步统计，受灾人数5.7万多人，庄稼被淹没11.9万亩、房屋损坏4 200余间，商店被淹210间，粮食损失575万公斤，经济损失达1 150万元。县城××被淹房屋达60%，低洼处房屋进水深达2米。面对洪水肆虐，这个县的干部奋起抗灾。由于县防洪指挥部事前制定了周密的抗洪抢险方案，各级干部身体力行，因此人心稳定，秩序井然，县委书记×××、县长×××等县领导和县级机关负责人彻夜调查灾情，落实自救措施，……（省略部分为救灾过程的介绍）

至下午6时，洪水达到最高流量4 830立方米/秒后，开始消退。

××县财政局关于我县“八·一三”洪灾的情况报告

2000年8月13日，××县遭受严重洪灾袭击，现将灾情报告于下：

一、洪灾经过

××县地处川西水网汇集之处，县城××位于×江起点。8月12日至13日，×江河××段及其上游地区普降大暴雨，致使××县江河水位陡涨，形成了我县的严重洪灾。

我县12日晚×江河水已平河床。13日凌晨河水流量超过3 500立方米/秒的警戒水位。上午9点流量达4 200立方米/秒，下午6时洪峰到达4 830立方米/秒的流量，县城除正街和县政府街外，大部分街面已被淹没，地处沿河的17个乡的部分农田、机关、学校、工厂、商店遭洪水淹没达18个小时以上，14日凌晨2点，洪水才逐渐退回河床。

二、受灾损失

这次洪灾来势迅猛，加之山洪暴发、大风危害，使我县沿河大片农田被淹，一些水利设施冲毁，部分学校、机关、企业、农房被淹塌或淹成危房。据不完全统计，造成直接经济损失1 184万元。主要体现为以下几个方面：

（一）淹没农田。这次洪灾淹没的农田危及沿河17个乡镇，109个村，57 000余人，11.9万亩农作物。其中：淹没红苕4.3万亩，玉米3万亩，水稻2.6万亩，损失粮食600余万公斤，经济损失575万元；棉花、花生、柑橘等经济作物2.4万亩，经济损失400万元。

（二）淹没房屋。县城××淹没街道15条，房屋被淹达60%，据初步统计，全县房屋被冲走3间，损坏4 200余间，多数已成严重危房，经济损失达144万元。

（三）毁坏水利工程、道路。淹没公路计52处，9 000余米路面遭受不同程度损坏；水利工程120处，合计经济损失65万元。

第一篇是引自报纸上的一篇通讯中的灾情报道。叙述有点有面，有总的情况介绍，也有细节的详尽描绘。内容既具体真实，又生动形象，给人以耳闻目睹的印象；第二篇是向上级汇报灾情的报告，报告关于受灾情况的陈述，全部采用概括叙述的方式，没有细节的描述，也没有受灾的详细经过的陈述，这样表达言简意赅，便于上级领导部门及时、准确、全面地掌握情况，制定相应的救援措施。

（3）叙述的线索采用单线。财经应用文结构的单一性决定了财经应用文的写作要一文一事，因而叙事时所依据的线索必须采用单线。

（4）叙述的顺序一般只采用顺叙和平叙。顺叙是按客观事物发生、发展的先后次序进行叙述，其特点是条理清楚，自然成序。这种叙述方式易于组织材料，最能反映事物的本来面貌，便于读者理解。顺叙时可以按工作的开始、发展、结束的先后时序来写，也可以事情的因果联系为序来写。平叙是平行叙述，也叫分叙。它是分别叙述发生在同一时间里的两件或两件以上的事情。平叙可以把头绪较多、涉及面较广的事情写得条理清楚。

（5）叙述要来龙去脉清楚，详略处理得当。

2．议论

议论就是评论客观事物，表明作者的观点和态度。财经应用文的大部分文种，特别是财经工作总结和各种财经报告类文章（如经济活动分析报告、资产评估报告等），都是以观点、看法、意见来统领全篇内容，有的是先提看法、意见，有的是先作结论。总之，财经应用文不能缺少议论。

与一般的议论文相比，财经应用文的议论具有以下特点。

（1）直接表明某一行文的目的、主张，不再诉诸理，以理服人。

（2）财经应用文大量地引用数字作论据。

（3）财经应用文的议论往往是通过对客观事物直接表明态度和意见加以体现，一般是简单论证，很多只包括一个论证，而不需要构成完整的论证系统。

（4）议论的要求有二，一是就事论事，就事论理，且一事一议，忌节外生枝、不着边际；二是抓住要害，直截了当，忌引经据典、旁征博引（如果需要，也只能是少而精）。

例如，下面两段议论的文字，由于文体不同，议论的方式也不同。

“浅水大鲨鱼”生存条件析

广东省吴川县农业银行浅水营业所会计李竞芳，在短短两年多时间内即贪污巨款近百万元。一个办公面积不过12平方米，工作人员不过6名的小单位里，竟出了这样大的贪污盗窃犯，难怪人们说：“浅水中出了大鲨鱼！”

如今，在经济领域里，在一个看来微不足道的小单位，出了这样的“大鲨鱼”，人们能不认真想一想吗？

“鱼儿离不开水”。让我们把目光从“大鲨鱼”身上转向赖以生存的“浅水”仔细观察一番，就会发现，这不是普通的一池“浅水”。

首先，这“浅水”里面有“油水”。没有“油水”，“大鲨鱼”得不到“营养”，自然难以生存。所谓“油水”，就是国家的资金、物资。李竞芳在营业所搞的是会计工作，天天同钱打交道，他就是利用工作之便，把大量的“油水”吞噬掉的。

其次，这“浅水”与别的“浅水”以至“深水”是通着的。一池“浅水”里“油水”毕竟有限，与别的“浅水”和“深水”相通，更多的“油水”便会源源而来。李竞芳深知此道，他活动的一个重要诀窍就是“沟通银行，打通工商；行贿邮电，收买交通”，以保“生意兴隆通四海，财源茂盛达三江”。

第三，这“浅水”不是“清水”，而是“浑水”。一池“浅水”，如果清澈见底，偌大的“鲨鱼”断难藏匿。“浅水”之所以变浑，外因邪风吹，内因“鲨鱼”搅。凡是“鲨鱼”，莫不熟悉水情，莫不精于把水搅浑之道。李竞芳或易名贷款，贪大还小；或假汇入，真窃取；或伪造票据，制造假账；或打着“办货栈”的旗号，大肆盗卖国家物资，牟取暴利。搅浑水的本领可谓大矣！

第四，这“浅水”是得到上司庇佑的“福水”。如果当地的有关领导早就看到这“浅水”之“浑”，并把它看成祸水，治理起来并不难，“鲨鱼”不至于安然坐大，兴风作浪。然而，李竞芳早就懂得上司的庇佑对他生死攸关，因而他把所得的“油水”分出一份来孝敬公社主要领导，又把一份献给营业所主任，换来他们的庇护和支持，使小小营业所成了对他来说“水”虽“浅”却很安全，很难得的“福水”，大有“处涸辙以犹欢”之慨。

前面所说产生“大鲨鱼”的“浅水”的四个特点，其中有“油水”和与别的“浅水”相通这两点不足为怪，由于工作关系，许多小单位总得经手钱或物，总要和其他单位打交道，这是社会经济生活的正常现象，问题是要注意不要为大大小小的“鲨鱼”所利用。此外，“浑水”和“福水”这两条非根治不可。被搅浑的水必须澄清，财务制度与物资制度必须健全，并实行严格的监督和检查；使“浅水”成为“大鲨鱼”怡然自得的“福水”的有关领导，必须按照党纪国法给以严厉的制裁。

国务院关于制止滥发各种奖券的通知

最近一个时期，不少工商企业、事业单位滥发各种彩票、奖券，已经形成一股不正之风。有的大搞有奖销售，推销残次积压商品，变相涨价，欺骗顾客，扰乱市场；有的发行各种彩票、奖券，为一些人借机牟利，搞不正之风创造了条件；有的大量印刷并发售礼品券，为一些单位滥发奖金、实物大开方便之门；有的竟采取行政手段强行摊派彩票、奖券，引起群众强烈不满。这些做法，严重损害了群众利益，腐蚀了人民的思想，已经造成不良后果。这股歪风如果继续发展下去，不仅不利于改善企业经营管理，提高服务质量，而且有损于精神文明建设，败坏社会风气，干扰当前的经济体制改革。（注：文中下画线为本书编者所加。）

《“浅水大鲨鱼”生存条件析》是一篇议论文，通过分析论证，阐明了当前经济领域存在的严重问题，揭示了“浅水”产生“大鲨鱼”的原因，得出了必须健全财务制度与物资制度，并实行严格的监督和检查，必须按照党纪国法严厉制裁那些贪赃枉法的有关领导的结论。该文结论正确，组成判断的前提条件（即理由）充分、真实，整个论证过程严密完整；而《国务院关于制止滥发各种奖券的通知》是一篇公文，文中加下画线的部分就是议论。议论直截了当地指出了这股不正之风已经造成、并还将继续造成的危害。像这样就事论理、一事一议、直接判断和下结论的议论方式在财经应用文中随处可见。

3．说明

说明是以言简意赅的文字，将事物的形状、性质、特征、功用等解说清楚，或将事理的含义予以诠释的一种表达方式。说明的对象可以是具体的事物，也可以是抽象的事理。

说明文是以说明为主要表达方式，目的是给人以知识，扩大人们的知识面，因此，要多侧面、多角度、全方位、深入细致地介绍、阐释。财经应用文为了务实办事，为了实用，它的说明要根据行文的目的，对事物的某一方面作简洁的说明。

财经应用文的说明具有以下特点。

（1）针对性较强。财经应用文中的说明，一般不会像说明文那样对事物进行多侧面、多角度、全方位、深入细致地介绍或阐释。财经应用文中的说明针对性极强，有相当确定的范围和角度，往往根据具体的行文目的，对某一事情、事务的某一个侧面进行介绍说明。

（2）较简略。即使是在相当确定的范围内或角度上进行说明，财经应用文的说明文字都要求简明扼要。

（3）较平实。财经应用文的说明只求平实简朴，给人一种简明、实在、可信度强的感觉。

财经应用文常用的说明方法有定义说明法、诠释说明法、引用说明法、分类说明法、举例说明法、图表说明法和数字说明法。其中定义说明法、引用说明法、图表说明法和数字说明法是用得最多的几种说明方法。

财经应用文写作中很多时候需要对事情、事务进行定性表述，这时就需要用定义说明法来表述，这种用简明扼要的文字说明事情、事务的内涵的方法称作定义说明法。如建设部颁布的《商品房销售管理办法》第一章第三条中关于什么是商品房现售和商品房预售所作的说明的方法就是定义说明法：

本办法所称商品房现售，是指房地产开发企业将竣工验收合格的商品房出售给买受人，并由买受人支付房价款的行为。

在文章中引取有关文件、文献、言论、资料、典籍等来阐明或佐证自己的观点、充实说明的内容或作为说明的依据，这种说明方法就是引用说明法。引用说明法对于说明事理、阐述观点有令人信服的力量。引用说明法是财经应用文写作最有特点的、也是用得最普遍的说明方法之一。

财经应用文中的引用说明可分为两种。一种是引用有关政策法规条文或引用上级文件精神。在引用这方面的内容时，具体又有两种引法：一是引用有关政策法规文件的标题和发文字号以节省全文篇幅；二是引用有关规定、文件的原文，直接用到要写的财经应用文中去。另一种是引用典型材料。引用时可以明引，即引用典型材料的原文，加引号标注并详细说明引文出处，便于读者查对。明引的目的是为了增强权威性。另外，引用时也可以暗引，即不注明引文出处，而是把引用的原文直接融进自己的话中。

使用引用说明法要做到引用贴切、精当。应注意引文的权威性和必要性，引用原文时首先要弄清所引内容的含义，不能断章取义、歪曲原意或随意改动。引用还要注意掌握分寸。行文时，引文与作者对引文的解说要界限分明。

图表说明法是借助表格、统计图、示意图等对文字内容进行辅助说明的说明方法。图表说明能使读者对文章的某些内容一目了然，增强文章的直观性、清晰性和简明性，既节省篇幅，又能提高工作效率。

经济分析类财经应用文几乎每一篇都有表格加以辅助说明，读者在阅读这一类财经应用文时，一面看文字一面总希望能看到有关表格，以便尽快了解全部内容。采用图表说明法可以充分调动视觉手段来传达和接受信息。一份设计得好的表格可以把用非常复杂的语言都难以表达清楚的问题直接展现给读者。

图表是文章内容的有机组成部分，运用图表时，应从文章表达的实际需要出发，要选择有代表性的、能帮助文字表达来说明事物特点的材料绘制成图表。同时，运用图表要恰当，做到图文和谐一体。随着财经管理工作日益趋向规范化、标准化、科学化，图表说明法在财经应用文写作中将用得更多。

数字说明法指用数字来说明问题，是财经应用文写作中最常用的说明方法之一。它能精确、具体、直接、直观地把文章的主旨表达出来，且表达效果简洁明了。如四川省××质量监督检验站《关于二〇〇五年越年蚕种成品微粒子病卵率检疫、杂交率、纯度检验的情况通报》中关于检验结果的说明采用的就是数字说明法：

一、检验结果：

1. 成品微粒子病卵率检疫：全省共检疫越年春、夏用桑蚕一代杂交种 1 799 个批次，1 389 913 盒蚕种，检出不合格蚕种 53 个批次，26 428 盒，占 1.9%，与 2004 年同期相比不合格蚕种比例上升了 1.17 个百分点。原种共抽检 16 个批次，15 261 张，全部合格。检出不合格蚕种批次见附表一。

2. 杂交率检验：全省共抽检 178 个批次，168 664 盒，合格批次数 176 个，合格率 98.88%，与去年基本持平。检出不合格蚕种批次见附表二。

3. 原种纯度检验：共抽检 16 个批次，15 261 张，检验合格率 100%。

（注：“附表一”、“附表二”及标题“二”以下的内容略。——编者）

在财经应用文写作中，运用数字说明的总的要求是：所用的数据要源于实事求是的调查统计，数据要准确无误，来源要可靠，数字涉及的有关背景要交代。

第四节　数字和图表

一、数字

财经工作离不开数字。在财经活动领域，人们最关心的是各种数字，最能说明问题的也是数字，因此，数字说明在财经应用文写作中有着特别重要的、不可替代的作用。

数字语言是客观实际的体现和总和。财经应用文写作常使用数字反映事物的数量指标和数量关系，揭示客观规律。因此，数字语言也是应用文写作的一种重要表达工具。

（一）数字的用法

使用数字语言有助于增强说服力。在财经应用文写作中，除了要求数字准确外，还要有一定的表达技巧。数字语言常用的表达方法有以下几种。

（1）直用法。直接使用数字来反映事物总体数量和在一定条件下的规模；或者直接使用平均数反映事物基本单位的数量指标。如：

国内生产总值2000年达89 404亿元，平均增长8.3％。人均国民生产总值比1980年翻两番的任务，已经超额完成。在经济持续增长和经济效益改善的基础上，2000年国家财政收入13 380亿元，平均每年增长16.5％。主要工农产品居世界前列，商品短缺情况基本结束。

（2）比较法。财经应用文写作中常把两个具有可比性的数据进行对比，以显示优劣、找出差距、揭示矛盾。如下面一段文字，作者就是用数字进行比较：

据有关资料计算，集团公司上半年的产品销售收入已达31 369万元，比去年上半年的25 691万元，增长22.1％；实现利润总额7 497万元，比去年同期的5 446万元净增2 051万元，增长37.7％。集团公司的财务状况进一步好转，企业的经济实力正在逐步增强。

（3）换算法。为增强数字的真实感，把要说明的某一事物的数量，同另一事物的相对数量加以换算，这种数字表示法可称为换算法。换算能增强数字的形象性，便于读者捕捉和理解。

换算的具体方法有两种：平均法和借用法。

平均法是把大的数字平均换算成较小的数字来表述。如：

××汽车制造公司日产小轿车600余辆，平均每2.5分钟就有一辆车出厂。

借用法指借用不同类事物作大致的换算。如：

森林能涵养水源……，据有关资料介绍，每亩林地比无林地最少能多蓄水20立方米。这样，5万亩森林所含蓄的水量就相当于两个容量为100万立方米的水库。所以，人们称森林为绿色水库。

（4）证明法。财经应用文写作中可以用数据证明观点、看法。用数据证明时多用绝对数和典型数据。如：

出口产品的质量在国际竞争中居于首要地位，我国有的出口产品在国外市场上沦为“地摊货”的原因就是因为存在某些质量缺陷。19××年我国出口陶瓷产品近7亿件，居世界第一位，而换汇金额却排在第7位。我国出口陶瓷产品每件平均卖价0.2美元，而日本每件为1~1.5美元，德国为2.5~3美元。

数字虽然能够突出地、形象化地显示数字意义，但不能脱离特定的语言环境。只有语言表达适当，才能使数字起到说明事物、证明观点的作用。而且，有时为了说明某一个事物，证明某一观点，往往连用几个或几组数字，兼用几种数字表达方法，以增强说服力。

（二）运用数字要注意的问题

1.“二”和“两”的区别

这两个数词在意义上没有什么区别，但用法却有所不同。它们在与度量衡单位相结合，作为数量词时一般可以通用。序数、分数只能用“二”，不能用“两”；表示概数和一位数的基数用“两”，不用“二”。

例如：二万三千元可以写成两万三千元；第二、二分之一、零点二中的“二”就不能用“两”代替；过两天、两种产品中的“两”就不能用“二”代替。

2．倍数的用法

倍数只能用于增加，不能用于减少。

例如：可以说“增加了一倍”，而不能说“减少了一倍”。

3．定数和约数不能同时使用

如果在同一个句子里同时使用定数和约数的话，就会使句子的表述产生矛盾。

例如：9月份整整开支了600 元左右。

4.“增加”的不同表述

（1）“增加”+“到”、“至”、“为”表示原数与增加数之和。

例如：增加为（到、至）过去的两倍，表示过去为1，现在为2。

（2）“增加”或“增加”+“了”，表示除原数外的增加数。

例如：增加（或增加了）两倍，表示过去为1，现在为3，增加了2。

5.“减少”的不同表述

（1）“减少（下降、缩小）”+“到”、“至”、“为”，表示原数减去减少之差。

例如：减少（下降、缩小）到（至、为）80%，表示原来是100，减少了20，现在是80。

（2）“减少（下降、缩小）”或“减少（下降、缩小）”+“了”，表示减少数。

例如：减少（下降、缩小）、减少了（下降了、缩小了）80%，表示原来是100，现在是20，减少了80。

6.“以上”和“以下”的用法

“以上”和“以下”一般都包括了本数在内，不能把本数排除在外。

例如：50%以上或50%以下指50～100之间的全部数字或1～50之间的全部数字。

7．年份不能简写

年份可用阿拉伯数字，也可用汉字，但一般使用阿拉伯数字（星期×除外）。

例如：2006年、二〇〇六年、星期三。

8．中文数字的运用

数字作为词素构成定型词、词组、惯用词、缩写词等书写时，应当用汉字。

例如：一律不准通行、十滴水（药名）、三叶虫（昆虫名）、“七五”计划（缩写词）。

两个数字连用，表示概数的，书写时应当用汉字。

例如：三五天、二三米、十三四吨、十七八岁。

9．多位阿拉伯数字的使用

5 位以上的阿拉伯数字（即万以上），可以用万、亿作单位来表述。一般不能用十、百、千、十万、百万、千万、十亿、百亿、千亿等作单位。

例如：345 000 000 元可以表述为 3.45 亿元，不能写成 3 亿 4500 万元或 3 亿 4 千 5 百万元。

二、图表

图表是财经应用文写作中，简洁而有效地表示所研究材料和方法及实验结果等必不可少的手段。一般来讲，好的图表可以把用非常复杂的语言难以表达清楚的问题透彻地揭示给读者。

（一）图

财经应用文有时要利用图形来表示事物的结构、分布、发展趋势或事物间的依存关系。这种表达方式形象具体、通俗易懂，使人一看就能理解，并留下深刻的印象。

图的类型很多，主要有以下六种。

（1）曲线图。曲线图是用曲线来表达两个可变因素之间的关系，以及表达某种因素在一定时间或时期内变化的趋势。它一般是用两个坐标轴表示两个可变量，自变量用横坐标表示，因变量用纵坐标表示。时间和不具有误差的量一般都用横坐标表示。曲线表示某种因素的状态或变化趋势。其中，有的是用来表示事物在时间上的变动趋势；有的是用来表示计划完成的情况；有的是用来表示量、本、利的关系等。

（2）示意图。示意图有两类：一是用来表达较抽象的概念和理论，常见的有分类图、属性图和概念模型图；二是显示事物的形象、结构、过程、关系等，如结构图、流程图、方框图、网络图等。

（3）圆比例图。圆比例图是用圆内各个扇面所占比例表示内部构成情况的图式。一般用来显示各种数字的比例关系。

（4）流程图。流程图能把较复杂的理论体系和逻辑过程，用图式简明、清晰地表示出来。

（5）形象图。形象图是用图像直接把要表述的内容表示出来，使文字要表现的内容更具体化、形象化，给人以深刻的印象。形象图实际上也是一种示意图，只不过它的绘制方法比较灵活，没有固定的格式要求罢了。

（6）记录图谱。记录图谱是用来说明事物随时间的发展而变化的图示。如股价指数变动图。

图易于进行比较、说明问题。使用时应少而精，要绘制得清晰、简明、大方、美观，要能帮助阅读者对内容的理解。图的设计和制作比较复杂，且要求很高，是综合运用形象思维和逻辑思维的过程，也是科学与艺术的结合；图应有自明性，即看图、图题和图例，不阅读正文，就可以理解图意。图应编排序号，每个图都应有简短的图题名。

（二）表

财经应用文中的表有两类：一类是属于统计数字资料的统计表；一类是属于非数字资料的其他表。

（1）数字表。凡是以数值表达资料内容的表都称作数字表。数字表大致分为四类：一是收集原始数据的数字表，如原始统计表、会计的各种原始凭证表等；二是各种汇总分析表，是对原始数据进行初步整理后的各种总量指标的数字表，如分类汇总表；三是为特定目的而采用专门方法对数值进行分析计算的数字表，如计算表；四是为备查而整理的各种常数的数字表。

（2）文字表。凡是以文字表达资料内容的表称作文字表。它大体可分为两类：一是问卷式调查表；二是分析表，主要用来说明事物的种类、属性、关系、本质、规律等。

表的设计要根据不同目的的要求，找出对象的外部和内部特征或标志，弄清对象的结构和规律。表的内容要单一、简明、突出。

【习题】

一、填空题

1. 与一般应用文不同，财经应用文主旨的表达途径既不允许委婉含蓄，也无须旁征博引，而是通过__________来表达。

2. 财经应用文写作对事实型材料的使用处理，一般要求不写或少写__________，把重点放在事情的______、________和__________等上。

3. 财经应用文语言的主要特点是________、________、________、________。

4. 财经应用文写作常用的表达方式有________、________、________三种。

5. 财经应用文议论的要求有二，一是__________________，忌节外生枝、不着边际；二是__________________，忌引经据典、旁征博引。

6. 财经应用文常用的说明方法有______________________________。

二、简答题

1. 财经应用文的特点有哪些？为什么要学习财经应用文？

2. 通用类财经应用文有哪些文种？专用类财经应用文有哪些文种？分别举例并加以说明。

3. 学习财经应用文写作为什么要多读多写？

三、按照正确运用数字的要求，修改病句

1. 美国全国有近千个电视台、有近一亿多台电视机。

2. 某分行共有定期存单三十三万多张，其中三年期和五年期的长期储户超过了百分之五十以上。

3. 某商店二月份销售额完成九万元，一月份完成十五万元，二月份与一月份相比，销售额降低为百分之四十。

4. 某工厂去年亏损十二万元，今年减少了一倍，只亏损了六万元。

5. 某工厂整顿了劳动纪律后，使劳动出勤率从原来的百分之八十提高了百分之九十四，缺勤率比原来降低了近一倍。

6. 某厂长在职工大会上宣布，从今年六月份起，凡是超产百分之二十以上者，可得一等奖；凡是超产百分之二十以下的，可得二等奖。

四、写作题

1. 下面这段文字的主旨是什么？请用最简明扼要的文字概括出来。

发达国家与发展中国家进行国际贸易的原因，除了成本上的比较优势外，就是培养各国的动态比较优势。在发展中国家方面，为了培养动态比较优势，或者说利用“后发优势”，就必须进口发达国家的先进技术、设备、管理方式、中介服务技能和市场经济相关的其他知识和诀窍。如果发达国家愿意积极推动这些方面的产品和服务的出口，把这些领域当做重要贸易行业来做，那么这些行业的各个环节可以容纳大量的工作者就业。但是，实际情况却往往相反。许多发达国家非但没有积极推进这些行业的发展，反而以“技术保密”、“防范竞争对手”、“知识产权保护”、“主权风险”、“维护战略利益”等多方面理由，严格设定种种条件，限制这些产品和服务的出口。这就意味着，发达国家的这些行业中本来存在着的大量就业机会，在无形中被扼杀了。由此造成发达国家和发展中国家在贸易中就业的矛盾更为突出。

2. ××大型超市人事管理部门，就职工××在工作过程中违反规定的事宜作出通报批评。以下是初稿中涉及这件事的部分。请分析其问题所在，并根据财经应用文写作对材料使用的要求来改写。

星期天下午六点过，购物的人特别多，商场里人声鼎沸，非常热闹、拥挤。每一处收银机前都排起了长龙。顾客们有的提篮子，有的推着购物车等待付款。突然从十三号收银台传来争吵声。在此负责收银工作的李××和一个大约六十岁的妇女发生冲突，两人面红耳赤、怒目相视，并且互相指责。李××不顾旁人的劝说和后面顾客的提醒，停下手中的工作，与这位妇女吵起了架。

“我凶神恶煞了，你又能怎么样，我告诉你，我出钱是来买东西的，不是来买气受的。你站在这里，就是为我服务的，我怎么着，你都得受！”

“你凶了又怎么样，我看你是活得不耐烦了！买东西，哼哼，你是闲得无聊，专门来找碴的吧，买东西，哼，就买了一块肥皂，你明明有零钱，偏偏要拿一百元，你这明摆着是故意刁难我。我告诉你，我可以伺候任何人，就是不伺候你！这儿没找补的零钱了，你自己看着办吧!”。

当楼层管理人员赶到，将那名妇女劝到另一收银台后，李××仍在自己工作的柜台旁继续斥骂。李××的行为引起了其他顾客的强烈不满和纷纷议论。李××的行为严重影响了当时的营业秩序，损害了商场的形象。

第二章　公　文

第一节　公文概述

一、公文的概念、特点和分类

（一）公文的概念

为使国家行政机关、社会团体、企事业单位的公务处理制度化、规范化和科学化，提高公文处理的效率和公文质量，国务院于2000年8月24日颁布并于2001年1月1日起施行的《国家行政机关公文处理办法》（以下简称《办法》）第二条明确规定：行政机关公文是行政机关在行政管理过程中形成的具有法定效力和规范体式的文书，是依法行政和进行公务活动的重要工具。

（二）公文的特点

行政公文是用来传递政策法令、处理公务的特殊文书，它除了具有财经应用文的一般特点外，还有自己鲜明的特点。

1．作者、制发对象的法定性

公文不是任何人都可以制发的，公文的作者是法定的作者。所谓法定的作者，是指依法成立并能以自己的名义行使权力和承担义务的组织及领导人。国家行政机关、社会团体、企事业单位都是依法成立并合法存在的组织（法人团体），都是法定作者。各级机关的领导人是依法任命或选举产生的，他们也是法定的作者。他们是以领导身份签署发布公文，并非以私人身份进行的，同时，按照机关内部分工而从事公文撰写的人员，也不能视为公文的法定作者。由此可见，公文作者的概念与一般文章作者的概念是完全不同的。一般文章的写作是作者的个人劳动，是自由行为，文责由作者自负。行政公文的制发是机关集体意志的体现。

行政公文制发对象的法定性主要是指行政公文有法定的主送、抄送机关，有的公文还规定了阅读、传达范围；法定的制发对象有义务、有责任对行政公文进行认真阅读、研究、贯彻执行。

2．制发的被动性

公文是依法行政和进行公务活动的重要工具。这一基本属性决定了公文写作的被动性或受命性。公文写作是行政机关公务活动的需要，受领导的命令进行的。因此，作者必须按照机关领导的要求，通过写作来表达领导意志，体现领导意愿，反映公务活动的内容。其所表达的主旨、使用的材料、运用的数据、作出的决策、告知的事项等不能由作者自行、自由决定，作者必须要在受命写作的背景和原则下，在积极服从中明确和培养写作动机，实施主动写作。

3．客体的定向性

公文客体的定向性指公文的读者有明确的定向性和专一性。在公文写作之前一般就已经规定了该文的主送机关、抄送机关和阅读范围，因此在写作时就要根据其自身的性质、特征，准确确定不同的受文对象、文种、结构方式、表达方法和惯用语言，才能发挥公文的效用，同时便于贯彻、执行，商洽或请示工作。

4．体式的规范性

公文具有特殊的规范体式，这一点不同于一般文章。公文的内容受政策、法规制约，具有社会化和理性特征。公文的名称、种类、行文格式、项目结构、行文关系、使用范围、习惯用语、排版、用纸以及装订，国家都有严格的规定和要求，任何人不得滥造乱写。

（三）公文的分类

根据《办法》的规定，我国现行公文有13种：命令（令）、决定、公告、通告、通知、通报、议案、报告、请示、批复、意见、函和会议纪要。

13种公文按照不同的标准，可以分为不同的类别。

按公文来源，公文可分为对内公文和对外公文。

按行文方向，公文可分为上行文、下行文和平行文。上行文指具有隶属关系的下级机关呈报给上级机关的公文，如报告，请示等。下行文指具有隶属关系的上级机关颁发给下级机关的公文，如决定、指示、通知、批复等。平行文指平级单位或不相隶属的单位之间往来的公文，如函。部分议案、通知等有时也可用作平行文。行文方向指发文和收文的传递方向。隶属关系指上下级机关之间具有直接管辖和被管辖的关系、领导和被领导的关系。

按内容的特点和作用，公文可分为指挥性公文、知照性公文、报告批复性公文、商洽传达性公文。指挥性公文是用来领导和指挥工作，并具有一定的指示性、法规性和约束力的公文。知照性公文是用来通知事项、通报情况、公布要求的公文。报告批复性公文是用来报告工作、请求批准、答复要求的公文。商洽传达性公文是用来联系商洽工作，记录、传达会议精神的公文。

按秘密等级，公文可分为一般公文、秘密公文、机密公文和绝密公文。

按紧急程度，公文可分为平件公文、急件公文和特急公文。

小资料

公文的历史

公文是伴随着文字的出现、阶级的出现和国家的产生应运而生的。斯大林曾经说过："生产的继续发展，阶级的出现，国家的产生，国家进行管理工作，需要比较有条理的文书……"就是说，公文是因国家管理工作的需要而产生的。

初始的公文种类较少。西周、春秋时期，下行的王命文书主要有"诰"、"誓"、"命"几种，各诸侯国及其官吏之间的平行文书也只有"檄文"和"移书"等，而臣下向国君陈述自己见解的则用"上书"。后来，由于国事的繁杂、礼仪的周全，加之封建等级观念的森严，公文的种类逐渐多了起来。上对下的公文发展成为"制"、"诏"、"策"、"册"、"敕"、"教"、"令"、"谕"、"符"、"檄"、"旨"等多种；下对上的文书，秦时尚只有"奏"（上书）一种，两汉时期又增加了“章”、“表”和“驳议”三种，后来又有了“牒”、“申”、“启”、“呈”、“笺”、“题”、“状”等；平行文则增加了“关”、“敕”、“咨”、“照会”等多种。这些文种名目虽多，但不少是大同小异的，有的则可互相代替。如“启”就是和“表”、“奏”同类的文种。

辛亥革命后，南京国民临时政府颁布了第一个公文程式条例，废除了几千年来封建王朝使用的各种公文名目，明令规定采用“令”、“咨”、“呈”、“示”、“状”五种公文名称（另有“公函”和“布告”），并指明用途，这就使公文向简化、适用方面迈进了一步。但是，由于辛亥革命反封建并不彻底，因而在公文的确定和使用中，仍免不了封建主义的糟粕，如虚伪欺诈、媚上骄下的恶习以及形式主义、文牍主义等。袁世凯准备复辟帝制期间，更是变本加厉，公文程式一度出现向封建帝制时期倒退的现象。1914 年 5 月 26 日，北洋政府第二次修改的公文程式规定，大总统的公文有“策令”、“申令”、“告令”、“批令”等，这些名称都是仿照古代的称谓。袁世凯称帝失败后，公文程式于 1916 年 7 月进行了第三次修改，恢复南京临时政府原定的公文程式，并细化了公文种类，由原来的 7 种增加到 13 种：大总统令、国务院令、各部院令、任命状、委任令、训令、指令、布告、咨、咨呈、呈、公函、批。1927 年 8 月 13 日，公文程式进行了第四次修改，明文规定公文的种类有：令、通告、训令、指令、委任状、呈、咨、咨呈、公函、批答，共 10 种。1928 年 6 月 11 日，公文程式第五次修改，取消了“咨呈”，将“通告”改为“布告”。1928 年 11 月 15 日，公文程式第六次修改，又基本恢复了南京国民临时政府首倡的公文程式，只是把国民依法对政府陈述意见的“状”，从公文种类中取消，其他依旧。此后，国民党政府机关的公文，大体沿袭了国民临时政府首倡的公文程式。

新中国成立后，人民政府十分重视公文建设。1951 年 9 月 2 日，政务院发布《公文处理暂行办法》，规定公文种类为 7 类 12 种：1. 报告、签报；2. 命令；3. 指示；4. 批复；5. 通报、通知；6. 布告、公告、通告；7. 公函、便函。1957 年 10 月 3 日，国务院秘书厅发出《国务院秘书厅关于公文名称和体式问题的几点意见（稿）》。这次修订和调整后的公文种类仍为 7 类 12 种：1. 命令、令；2. 指示；3. 报告、请示；4. 批复、批示；5. 通知、通报；6. 布告、通告；7. 函。这次增加了请示和批示，去掉了签报、公告和便函。

1981 年 2 月 27 日，国务院办公厅颁发《国家行政机关公文处理暂行办法》，规定公文种类为 9 类 15 种，即：1. 命令、令、指令；2. 决定、决议；3. 指示；4. 布告、公告、通告；5. 通知；6. 通报；7. 报告、请示；8. 批复；9. 函。这次调整增加了决定、决议，将通报从通知类划出，单独成一类，增加了指令、公告，去掉了批示。

1987 年 2 月 18 日，国务院办公厅发布《国家行政机关公文处理办法》，规定公文种类为 10 类 15 种：1. 命令（令）、指令；2. 决定、决议；3. 指示；4. 布告、公告、通告；5. 通知；6. 通报；7. 报告、请示；8. 批复；9. 函；10. 会议纪要。这次调整主要是增加了会议纪要。这个《处理办法》于 1993 年 11 月 21 日进行了修订，规定公文种类为 12 类 13 种：1. 命令（令）；2. 议案；3. 决定；4. 指示；5. 公告、通告；6. 通知；7. 通报；8. 报告；9. 请示；10. 批复；11. 函；12. 会议纪要。这次修订减去了指令、决议和布告三种，增加了议案，并将请示、报告分开，各自独立。

2000年8月20日，国务院发布《国家行政机关公文处理办法》，并于2001年1月1日起施行。新《办法》在公文种类上主要是取消了“指示”、增加了“意见”，同时将“公告”和“通告”分开，各自独立，因而使文种成为13类13种。

目前，行政机关公文处理就遵照新《办法》施行。

二、公文的结构和写作格式

公文的结构和写作格式具有规范性和确定性。为方便公文的办理、存档、管理和使用，提高工作效率，撰写公文时，只有严格遵守统一、科学的格式规范，才能保证公文的合法性、完整性和准确性，

公文的结构指公文的构成项目，即公文的各个组成部分，包括公文的内容项目和附加标记。公文的内容项目指公文内容的组成部分，包括发文机关标志、签发人、标题、主送机关、正文、附件、印章、成文时间、主题词、抄送机关等。公文的附加标记指表明公文的性质和要求的项目，以便于公文的传递和管理，包括份数序号、秘密等级、紧急程度、发文字号、附注、印发时间等。

公文的格式指公文的构成项目在文面上排列的规格样式，是公文的外部结构形态。公文的书面格式由眉首、主体和版记三部分组成。

（一）眉首

眉首部分包括公文首页红色反线以上各要素，主要由公文份数序号、秘密等级和保密期限、紧急程度、发文机关标志、发文字号、签发人、红色反线组成。眉首的特点是有相对固定的位置，掌握眉首各要素对于设计规范的公文“文头”部分十分重要。

1．公文份数序号

公文份数序号是同一公文的份数次序号，标注份号有利于文件的登记、分发和核查。份数序号标注在版心的左上角第一行，铅印或用号码机打印。如某文件共印1 000份，其中第5份为“№ 0005”，依次编号。

2．秘密等级

秘密等级简称密级，是公文秘密程度的等级。需要标注秘密等级的公文是涉及国家机密的公文。标注秘密等级是为了确保密件递送、处理和使用的安全。秘密等级分为秘密、机密和绝密。如需标注秘密等级，用三号黑体字，顶格标注在首页右上角第一行，两字间空一格；如需同时标注秘密等级和保密期限，秘密等级和保密期限间用“★”隔开，保密期限用文字表述，无密级的不标注。

3．紧急程度

紧急程度是对公文送达和办理的时间限度。需要标注紧急程度的公文是有时限要求的急件。标注紧急程度是为了维护公文时限，保证优先送达和办理，避免延误。紧急程度分为急件和特急，要根据公文内容和实际需要正确选用。紧急程度标注在版心右上角第一行；若需同时标注秘密等级和紧急程度的，则将紧急程度标注在第二行。

4. 发文机关标志

发文机关标志，又称作文件版头或文件名称，是眉首的核心部分。发文机关标识由发文机关全称或规范性简称加“文件”二字组成，如四川省人民政府文件、四川财经职业学院文件等。用大字套红标注于版头的正中央。

发文机关标志推荐使用小标宋体字，字号由发文机关以醒目、美观为原则，一般不小于22mm（高）×15mm（宽）。

联合行文应把主办机关名称放在前，“文件”二字置于发文机关名称右侧，上下居中排布；如果联合行文机关过多，也必须要保证公文首页显示正文。

5. 发文字号

发文字号简称文号，指发文机关一年中所发不同文件的顺序编号。编制发文字号，便于公文的办理、归档、查找和引用。发文字号由机关代字、年份、序号组成。如“×政〔2005〕10号”，意即××人民政府2005年发出的第10号文件。

机关代字一般由两个层次组成，第一层是发文机关代字，第二层是该发文机关主办此文件的部门的代字。如电力文件，机关代字有“电预”、“电人”等，“电”代电力部，“预”、“人”分别代主办这份电力部文件的预算司、人事教育司。

年份要标全称，不能简化，如把“2006”标注成“06”就不正确；年份应用六角括号“〔 〕”括入，而不能用“[ ]”或“( )”括入。

序号是发文的流水号。一般都是按文件的形式统一编流水号，序号不编虚位，如“15号”不能编成“015号”；不能加“字”、“第”等虚字，如 “川财预〔2006〕189号”不能编成“川财预字〔2006〕第189号”。

发文字号应标在发文机关标志下空两行，发文字号下 4mm 处即有一条与版心同宽的红色反线。下行文的发文字号应居中排列，上行文的发文字号应置于红色反线的左侧，左空 1个字，与签发人成平排排列。

6. 签发人

签发人指上行文中发文机关负责人签署的姓名，表示同意该文件发出并生效。签发人姓名平行排列于发文字号同一行右侧。签发人姓名居右空1个字。如“川财办〔2005〕号签发人：×××”。

7. 红色反线

公文的眉首与主体部分之间用一条宽为 1mm 的红色横线分开，该线称为红色反线或间隔线。红色反线印在发文字号之下4mm处，长度为156mm，与版心等宽。

（二）主体

主体部分是公文的核心部分，包括红色反线（不含）以下到主题词（不含）之间的各要素，由公文标题、正文、附件、成文日期、公文生效标识、附注组成。主体部分各要素的位置因文种不同而有所变化。

1. 标题

标题是公文的名称或眉目。公文标题在红色反线下空两行，用二号小标宋体字。公文标题是对公文内容的高度概括和提炼，由发文机关名称、事由和文种三部分构成。从语法结构看，标题是以文种为中心词，以发文机关名称、事由为修饰限定成分组成的偏正短语。其中事由前用介词“关于”或“对”与其组成介词词组限定中心词，表示事物涉及的范围或包含的内容。事由是公文主要内容的简明概括。文种依据发文的内容、目的、发文机关权限以及发文机关与主送机关之间的关系而定。公文标题有以下三种形式。

（1）标准式标题。即为三个部分构成。如“国务院关于加强水土保持工作的通知”，其中“国务院”是发文机关名称，“关于加强水土保持工作的”是事由，“通知”是文种。

（2）双项式标题。即有条件的省略发文机关名称或事由，由事由或发文机关名称加文种组成的标题。省略发文机关名称的条件是有文件版头的某些平行文和上行文。省略事由的条件有二：一是内容比较简单的，多为公布性的公文，如《××市人民政府令》；二是内容特别复杂的，难以用少量文字进行概括的。需要注意的是，无论有无文件版头，下行文标题一律不能省略发文机关名称。

（3）单项式标题。即只由文种构成的标题，多见于公布性公文。如公告、通告、通知等。

拟制公文标题要注意几个问题：一是公文标题应当准确、鲜明、简要；二是发文机关名称要写全称，特殊情况要写简称的，必须用规范化简称；三是标题中除法规、规章名称加书名号外，一般不用标点符号；四是书写公文标题应视具体情况单行或分行排列，回行时要做到词意完整、排列对称、间距恰当，要匀称、美观、醒目。标题文字排列的原则：一要居中，两边等距；二是双音节、多音节词不能拆开分行书写。

有的公文标题还要加题注，用来表明法规性文件或经会议讨论通过的文件产生的法定程序和产生的时间、地点。题注加圆括号标注在标题之下的中间。

2．主送机关

主送机关是行文的主要对象或受文对象，位于标题下空 1 行，左侧顶格书写，回行时仍顶格，最后一个主送机关名称后标全角冒号。标识主送机关时应标明主送机关的名称、规范化简称或统称，要力求明确、具体。如果主送机关名称过多而使公文首页不能显示正文时，应将主送机关名称移至版记中的主题词之下。

直接向社会和群众发布的公文，由于它的承办或执行、知照的对象是全社会或广大群众，可以不写主送机关，如公告、通告。

3．正文

正文是公文的主体部分，用来表达公文的内容。在主送机关之下另起一行空两格写。数字、年份不能回行书写。公文的正文由于内容、文种的不同，写法也不尽相同。

由于公文具有显著的规范化体式的特点，就必然存在着与其规范体式相对应的基本构成成分，每一个基本构成成分，必然包含有相对固定的构成内容，而这种包含有相对固定构成内容的基本构成成分，我们可以将其视为模块。

对公文正文基本内容构成模块的认识，唯有通过分析、研究大量的公文实例，方可概括、提炼出公文正文基本内容的构成模块。

下面是能说明公文正文基本内容模块的典型例子。

关于表彰袁汉辉同学和华师大附中等单位的决定

各市、县、自治县人民政府，省府直属单位：

袁汉辉同学在第34届国际数学奥林匹克竞赛中获得金牌，为广东省争了光。① 为表彰袁汉辉同学及华师大附中等单位的突出成绩，为促进我省的数学奥林匹克竞赛活动，培养青少年热爱科学、勇于进取的精神，②省人民政府决定：③

（一）给予袁汉辉同学颁发奖状和奖金一万元；

（二）给予华师大附中和中山市教委颁发奖状和奖金各五千元；

（三）给予省数学学会和广东省数学奥林匹克业余学校颁发奖状和奖金各五千元。④

希望袁汉辉同学和受表彰的单位，戒骄戒躁，再接再厉，争取更大成绩。⑤

广东省人民政府

××××年八月十五日

（注：例文中的圈号数字为本书编著者所加。）

公文正文的基本内容模块一般来说有五个，即依据、目的、文种承启语、事项和要求。在上例中，①所标的内容为依据；②所标的内容为目的；③所标的内容为文种承启语；④所标的内容为事项；⑤所标的内容为要求。根据例文来说明公文正文基本内容模块的内涵，就比较方便。

一般来说，所谓依据，在此是指公文制作的缘由、现实根据或法律根据，以及有关事件的情况交代等公文制作的出发点。每一篇公文的制作皆有依据。在例文中，袁汉辉同学获奖是发文的依据。依据体现了制发公文的根据、必要性、适时性和针对性。

目的指制发公文的目的。目的通常表现为惯用语，即目的句或主旨句。目的句常以带“为”、“为了”等介词的提示语句表达。每一篇公文皆有发文目的。目的其实也包括了发文的意义。目的句的作用主要是开宗明义，提示发文的目的、意义或动机，以提起、集中受文者的注意力。

文种承启语是一种承上启下、启示事项的过渡句子。之所以称作文种承启语，还由于这个句子包含着对所发公文属于何种文种的提示。如上例的公文形式为“决定”，因而文种承启语便是“省人民政府决定”。

事项是一篇公文的重点，是公文写作者围绕或根据主旨而展开的内容、叙述的情况、分析的问题、提出的作法、措施或执行的方案等内容。事项集中体现了行政机关对某项工作具体的政务行为和态度措施。在例文中，事项表现为受表彰的对象、奖状和奖金。

要求是文末针对或围绕事项而提出（或补充）的希望、号召、倾向、强调的问题以及面向全局而作的指示等。在例文中，要求表现为对袁汉辉同学和受表彰单位的希望。

公文正文的基本内容模块之所以能构成一篇公文，其中必定存在特定的、内在的逻辑关系，这种逻辑关系的外在形式表现为一定的排列顺序。

依据既然是写一篇公文的理由、根据，是公文制作的出发点，那么，按逻辑关系，应排首位。目的是在特定的背景之下制作公文的考虑或动机，必须以依据为前提，因此自然与依据紧邻，且必须在依据之后。为启示达到目的而采取哪些具体措施、方法或意见的文种承启语，必然位于目的之后、事项之前。在事项之后，需要进一步强调、提示或为落实具体的作法而发出的希望、号召等，这些针对事项而发的意见性要求，只能排在事项之后的文末。上述例文所呈现的实际上便是这种排序。

根据以上分析，可将公文正文的基本内容模块的排序构成图例，如图 2-1 所示。

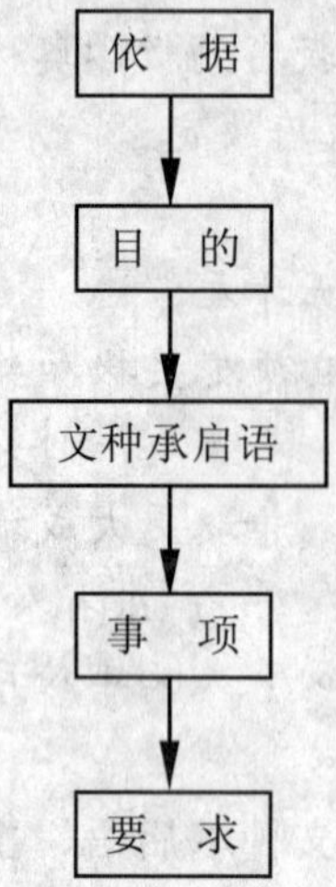

图 2-1　公文正文的基本内容模块的排序

图 2-1 所示的是完全式或标准式公文正文基本内容模块的排列格式，属于最规范的格式。凡是规范的格式强化到极致，都可成为模式。模式可以来自对客观规律的认识，也可以是带有一定的人为性、理想化的规定。由于上述模式明显构成了公文正文内容基本的、完全的模块及其排序，因而可将其定义为公文正文基本内容显性结构模式。

在现行的公文中，公文正文基本内容显性结构模式是一种完全式模式。而实际流通的公文常常可省略部分结构模块。被省略的结构模块是一种隐性模块。隐去了部分结构模块的公文正文的结构模式，可以定义为公文正文基本内容隐性结构模式。

公文正文的基本内容结构模块能否隐去，须遵循四个原则：一是利于突出主旨的原则；二是适应文种特点的原则；三是服从内容表达需要的原则；四是简明精练的原则。

在公文正文中五个基本内容模块之中，事项是核心，因而绝对不能省略，也无法省略。

4．附件

附件是正文的重要补充和参考材料，是附属于主件发送的文字材料，也是公文的重要组成部分。附件不是每份公文都有，而是应根据公文的内容需要来定。通常是图表、数据、规章等被批转或转发的文字材料。

附件位于正文之下空 1 行，落款之上的左侧。左空两格标明“附件”二字，并加全角冒号，同时注明附件的标题和件数。附件的原文附在公文的版记部分之后。附件说明不能简单地标作“附件随文”、“附件见后”、“附件×份”。

常见的附件有两类：一是公文所转发、发布的文件，这类附件是整个公文的核心内容，起主要作用，而公文的正文很简短，只起批准、转发、发布的作用；二是补充说明公文正文某一方面内容的附件，如有关的图表、统计数字及其他材料。

5．落款和成文时间

落款即公文法定作者的署名。写在正文或附件右下方位置。单一机关在落款处只盖公章不署发文机关名称，联合行文则先署名再加盖公章。

成文时间是公文的制成时间，它是公文生效和查考的重要依据之一。成文时间位于落款处下方，无落款的写在正文或附件的右下方。年月日用汉字数字书写，“零”写为“〇”，年份不得省略或用缩写形式。

确定公文成文时间的办法：一是以领导人签发的日期为准；二是经会议讨论通过的公文，以通过日期为准；三是事务性通知、函等，以实际印发时间为准。

6．附注

附注是对公文的发放范围、使用时需要注意的事项加以说明，如“此件发至××级”、“此件可自行翻印”等，而不是对公文的内容作解释或注释。一般用圆括号括入，左空两字，标注在成文时间的下一行。

（三）版记

版记部分包括主题词、抄送机关、印发说明和版记中的反线。版记要根据公文主体的内容构成来确定其位置。

1．主题词

主题词是反映公文主要内容的规范化名词或名词性词组，是对公文主题内容的最为集中、最为概括的表述。标注主题词要根据公文内容和特点，在主题词表中选 3～5 个最能确切地表达公文主要内容的名词或名词性词组，按一定的顺序标注在文尾部分。

一篇公文至少选两个主题词，最多不超过 7 个。每个词不超过 5 个字，最后一个词表示公文的文种。

标引顺序是先标类别词，再标类属词。在标类属词时，先标反映公文内容的词，最后标反映公文形式（文种）的词，如《国务院关于加强水土保持工作的通知》，其主题词应标为“农业水土保持通知”。其中“农业”是类别词，“水土保持”是类属词，“通知”是文种。主题词位于文尾部分抄送机关之上，左侧顶格书写“主题词”三字并加全角冒号。词目之间空一格，不加标点。

主题词和标题既有联系又有区别。虽然二者都要提示公文的主题内容，标题用的是自然语言，要考虑词语搭配和语法结构。而主题词是用主题词表中的规范化名词或名词性词组按一定的规则顺序进行的简单组合，它不需考虑词语搭配和语法结构。选取主题词词目时，既不能完全脱离标题去拟写，又不能机械照搬标题的词语，而要选择能提示公文主旨、内容的关键词、核心词作词目。

2．抄送机关

抄送机关指需要了解公文内容或要协助办理有关事项的受文机关。抄送机关位于主题词下方，左侧空一格写“抄送”二字并加全角冒号，后面依机关性质、职责、隶属关系等依次标注抄送机关的全称或规范化简称，移行时与上一行平行书写。

3．印发说明

印发说明是公文印制情况的说明，包括印制单位、印制日期和印制份数。位于抄送机关之下（无抄送机关，则在主题词之下），占 1 行位置，印发机关左空 1 字，印发日期右空 1 字。印制日期用阿拉伯数字。

4．版记中的反线

版记中各要素之下均要加一条反线隔开，既显示区别，又显得美观。印刷版记的位置，应置于公文最后一页，版记的最后一个要素置于最后一行，以保证公文的完整性。

以下分别是公文中下行文和上行文的样式。

下行文样式

№ 001　　　　　　　　　　　　　　　　　　　　　　　　　　机 密
　　　　　　　　　　　　　　　　　　　　　　　　　　　　　特 急

× × × × × × 文 件

××发〔××××〕××号

××关于××××的通知

×××××××××××
××××：

××××××××××××××××××××××××××××××××
××××××××××××××××××××××××××××××××××
××××××××××××××××××××××××××××××××××
××××××××××××××××××××××××××××××××××
××××××××××××××××××××××××××××××××××
××××××××××××。

××××。

附件：1. ××××
　　　2. ××××

××××年×月×日

主题词：××　××　××

抄送：××××，××××。

××××印制　　　　　　　　　　××××年×月×日印发

上行文样式

№ 001

机 密★一 年
特 急

× × × × × × 文 件

××发〔××××〕××号　　签发人：×××

××××关于××××的请示

××××××××：
　　×××××××××××××××××××××××××××××××
×××××××××××××××××××××××××××××××××
×××××××××××××××××××××××××××××××××
×××××××××××××××××××××××××××××××××
×××××××××××××××××××××××××××××××××
××××××××××××。
　　××××。

　　附件：1. ××××
　　　　　2. ××××

××××年×月×日

主题词：××　××　××　××

抄送：××××，××××。

××××印制　　××××年×月×日印发

三、公文的行文规则

公文的行文规则指根据行文关系而制定的行文规定和要求。它是公文行文时必须遵守的一些基本原则。国家行政机关的行文规则从大的方面划分为允许性规则和限制性规则，允许性规则主要指规定允许建立的行文关系，限制性规则主要指规定不允许建立的行文规则，根据《办法》第十三条至二十三条规定，行文规则包括上行文规则、下行文规则、联合行文规则和其他行文规则。

（一）上行文规则

上行文规则包括以下几点。

（1）请示应当一文一事，一般只写一个主送机关，需要同时送其他机关的，应当用抄送形式，但不得抄送其下级机关。

（2）报告不得夹带请示事项。

（3）一般不得越级请示和报告。

（4）除上级机关负责人直接交办的事项外，不得以机关名义向上级机关负责人报送请示、意见和报告。

（5）受双重领导的机关向上级机关行文，应当写明主送机关和抄送机关。

（二）下行文规则

下行文规则包括以下几点。

（1）政府各部门依据职权可以互相行文，向下一级政府的相关业务部门行文，除以函的形式商洽工作、询问和答复问题、审批事项外，一般不得向下一级政府正式行文。

（2）部门之间对有关问题未经协商一致，不得各自向下行文。如擅自行文，上级机关应当责令纠正或撤销。

（3）上级机关向受双重领导的下级机关行文，必要时应当抄送另一上级机关。

（4）向下级机关或者本系统的重要行文，应当同时抄送直接的上级机关。

（三）联合行文规则

联合行文规则包括以下几点。

（1）同级政府、同级政府各部门、上级政府部门与下一级政府可以联合行文。

（2）政府与同级党委和军队机关可以联合行文。

（3）政府部门与相应的党组织和军队机关可以联合行文。

（4）政府部门与同级人民团体和具有行政职能的事业单位可以联合行文。

（四）其他行文规则

其他行文规则包括以下几点。

（1）属于部门职权范围的事务，应当由部门自行行文或联合行文。联合行文应明确主办部门。须经政府审批的事项，经政府同意也可以由部门行文，文中应当注明经政府同意。

（2）属于主管部门职权范围内的具体问题，应当直接报送主管部门处理。

第二节　通告和通知

一、通告

（一）通告的概念和种类

通告的使用比较普遍。对于现实生活中或工作中已经出现或可能出现的问题，如果机关团体、企事业单位认为需要让一定范围的人员明白或遵守，都可以用通告。如《××市人民政府关于公共场所禁止吸烟的通告》、《××市供电局关于严禁窃电的通告》等。

通告适用于在一定范围内公布应当遵守或者周知的事项。

通告的种类可分为周知类通告和执行类通告。

周知类通告主要是使受文者了解重要情况、重要消息。因而文中不提直接的执行要求。

执行类通告主要向受文者交代需要遵守、执行的政策、措施以及其他行为规范，具有一定的强制力。

（二）通告的写作格式

通告由标题和正文组成。

通告的标题有三种形式：发文机关＋事由＋文种；发文机关＋文种；只标明文种名称，落款写发文机关全称，加盖印章。

通告的正文的语气一般应比较平缓，语句平实，有时需要带上恳切要求协助或办理的口吻。在结构上，通常由以下三部分构成。

（1）开头。说明发布通告的原因和目的。这部分提出的根据要充分，目的要明确，为下文提出应该遵守和执行的事项奠定基础。

（2）通告的事项。如果通告事项涉及的要求、措施较多，应该分项予以说明。分项说明宜采取递减法，由主及次，由大到小，以便读者或听众能够迅速、正确地领会文件的精神实质。通告的事项是要面向公众，要求公众周知和执行的。因此，要力戒表述上的主次不分或忽轻忽重，否则就会使人产生繁杂无序的感觉，不利于读者或听众迅速地、准确地理解文件的精神实质。

（3）结尾。写执行的具体要求（包括时间、程度、范围等）。

最后以“特此通告”收束，根据具体情况也可以省略。

（三）例文评析

例文一

××市人民政府
关于××地区电话号码启用八位制的通告

为适应社会发展的需要，经邮电部批准，××地区的电话号码定于××××年×月×日北京时间零时起启用八位制，即由现在的七位数升为八位数。升位方法是：原“8”字头的电话号码首位后加“1”；原“2”至“7”字头的电话号码在首位前加“8”。如原号码为888××××的电话，升位后的号码为8188××××；原号码为312××××的电话，升位后的号码为8312××××。

在电话号码升位过程中，凡有电话小交换机（即小总机）和经营自动寻呼及声讯台的单位，应积极配合××市电信部门做好有关试验工作。

电话号码升位后，使用电话请按八位制号码拨号。

特此通告。

××市人民政府（印章）
××××年×月×日

评析：本通告是市人民政府向全体市民发出的周知性公文，目的是让市民明确政府这样做的目的、具体做法和要求，便于市民操作和办理。因此，要运用简洁的文字把事情说清楚，做到人人都会操作与使用，一看就懂。

本通告的正文由四个层次构成：第一层写发布本通告的目的、依据、事项。目的虽只用了一句话："为适应社会发展的需要"，但准确、贴切，体现了长远的战略发展眼光；第二层对特殊单位进行了说明。即"在电话号码升位过程中，凡有电话小交换机（即小总机）和经营自动寻呼及声讯台的单位，应积极配合××市电信部门做好有关试验工作"，体现了公文的周密性；第三层强调电话号码升位后的作法，并进行了特别提示；第四层以"特此通告"结尾。

例文二

关于加强交通管理的通告

为整顿治安秩序，加强交通管理，经市政府批准，对市区车辆行驶实行统一管理，特通告如下：

1. 除公交车及小轿车外，其他机动车辆白天一律不得驶入市区。

2. 轻骑、摩托车行驶一律要有安全措施，严禁自行车带人。

3. 非残疾人不得骑乘残疾车。

4. 凡在市区行驶的车辆一定按交通部门规定的时速行驶；严禁酒后驾车或无证驾驶。

5. 严禁在道路两侧摆摊设点，不得在道路上晒谷扬场，不准设置路障。

6. 车辆停放一定要在指定地点，途中临时停车不得超过5分钟。

7. 服从交通值勤人员管理。

以上通告望遵照执行，对违反上述通告者由公安、交通部门依照有关规定进行处理。

××市公安局（印章）
××市交通局（印章）
××××年××月××日

评析：这是一篇有问题的通告，其主要问题有以下几点。

（1）缺少发文机关，事由与通告事项不一致。从通告事项看，此通告是针对市区交通管理而制定的，因此事由应改为"关于加强市区交通管理"。

（2）缘由不够具体，内容重复。应改为"为加强市区交通管理，整顿治安秩序，经市人民政府批准，特通告如下"。

（3）有些事项不具体、不明确。如"白天"，时间不具体，要明确起止时间；"安全措施"较笼统，应突出强调要"戴安全帽"；"道路两侧"范围不确定，应改为"道路两侧人行道上"；"途中临时停车"应明确为"如遇特殊情况，途中临时停车"。

（4）语言不简洁、不顺畅。第三项可并入第二项；第四项"……一定按交通部门规定的时速行驶"可删去"交通部门"，"一定"改为"必须"；第五项中"不得在道路上晒谷扬场，不准设置路障"应改为"不得在公路上设置路障、晒谷扬场"。

（5）结尾内容杂糅。应将处罚规定与执行要求分开写。

拟写通告的注意事项有以下两点。

（1）由于通告采用张贴或登报等形式向公民公布，因此，不必写收文机关或读者对象。

（2）通告要写得层次清晰，要求具体，既能引起人们的重视，又便于实施操作。

二、通知

（一）通知的概念和种类

通知适应于批转下级机关的公文；转发上级机关、同级机关和不相隶属机关的公文；传达要求下级机关办理和需要有关单位周知或者执行的事项及任免人员。通知一般为下行文或平行文。

通知按其用法可以分为以下几种。

（1）印发、批转、转发性通知。用于批转下级机关；转发上级机关、同级机关和不相隶属机关的公文以及发布某些行政法规等。

（2）指示性通知。上级机关对下级机关某一项工作作出指示和安排，而根据公文内容又不必用命令或指示时，可使用这类通知。

（3）事务性通知。用于上级机关对下级就某一具体事项布置工作、交代任务；同级机关及不相隶属的单位之间就某一项具体工作的进行或某一具体问题的解决要求对方配合、协助办理等。

（4）任免、聘用通知。用于任免或聘用国家机关工作人员职务等。

（二）通知的写作格式

通知的写作形式多样、方法灵活，不同类型的通知使用不同的写作方法。

印发、批转、转发性通知的标题由发文机关名称和被印发、批转、转发的公文标题以及文种组成，也可省去发文机关名称。正文须把握三点：对印发、批转、转发的文件提出意见，表明态度，如“同意”、“原则同意”、“要认真贯彻执行”、“望遵照执行”、“参照执行”等；写明所印发、批转、转发文件的目的和意义；提出希望和要求。

指示性通知的标题由发文机关名称、事由和文种组成，也可省去发文机关名称。正文由缘由、内容和要求组成。缘由要简洁明了，说理充分。内容要具体明确、条理清楚、详略得当，充分体现指示性通知的政策性、权威性和原则性。要求要切实可行，便于受文单位具体操作。

事务性通知通常由发文缘由、具体任务、执行要求等组成。会议通知也属事务性通知的一种，但写法又与一般事务性通知有所不同。会议通知的内容一般应写明召开会议的原因、目的、名称、通知对象、会议的时间和地点、需准备的材料等。

任免、聘用通知一般只写决定任免、聘用的机关、依据，以及任免、聘用人员的具体职务。

（三）例文评析

例文一

国务院关于发布《国家行政机关公文处理办法》的通知

各省、自治区、直辖市人民政府，国务院各部委、各直属机构：

现发布《国家行政机关公文处理办法》，自 2001 年 1 月 1 日起施行。1993 年 11 月 21 日国务院办公厅发布，1994 年 1 月 1 日起施行的《国家行政机关公文处理办法》同时废止。

中华人民共和国国务院（印章）

二〇〇〇年八月二十四日

评析：本文是发布性通知。通常在事由中标出“颁发”、“发布”或“印发”字样及法规和规章的名称，名称要加书名号。

在正文中，发布规章，告之施行时间，宣告原规章废止。此类通知也可先说明制定所发布的规章的目的，然后写明发布事项，最后提出执行要求。

例文二

国务院批转财政部关于加强国有企业财务监督的意见的通知

各省、自治区、直辖市人民政府，国务院各部委、各直属机构：

国务院同意财政部《关于加强国有企业财务监督的意见》，现转发给你们，请认真贯彻执行。

加强国有企业财务监督，完善企业财务约束机制，是落实和规范企业财务自主权，促进企业依法理财，维护国有权益，提高企业财务管理水平的一项重要工作。近几年来，随着财务管理权限的逐步下放，出现了一些企业国有权益被侵蚀，国家收入大量流失等不容忽视的问题，严重妨碍了经济发展和企业改革的顺利进行。各地区、各部门对此必须予以高度重视，要通过不断深化改革，建立健全企业外部财务监督与企业内部财务约束相结合的监督机制，把国有企业各项财务活动纳入法制化轨道。各级财政、审计、监察、税务等部门要在当地政府的领导下，按照既各行其责，又避免重复监督的要求，通过切实有效的财务监督工作，把企业财务管理提高到一个新水平。

中华人民共和国国务院（印章）

××××年××月××日

评析：财政部起草了《关于加强国有企业财务监督的意见》，报上级主管机关国务院批准，国务院同意将此文件转发到与财政部同级的各省、自治区、直辖市人民政府和国务院各部门执行。这样财政部的意见就变成了国务院的指示，国务院直属的下级政府和部门必须认真执行，这就是批转性通知作用的体现。

正文由开头和主体两部分构成。开头部分表明态度，提出原则要求；主体部分概述工作意义，指明问题及其危害性，提出工作要求。

例文三

关于推荐观看故事片《人命关天》的通知

各省、自治区、直辖市、计划单列市安全生产监督管理机构，公安厅（局）、总工会：

由珠江电影制片厂拍摄的公益影片《人命关天》是一部用血的教训唤醒人们珍惜生命，杜绝人为灾难，牢记“安全第一”思想的安全教育警示影片。影片以触目惊心的安全生产事故案例和饱含深情的笔触，讴歌了以主人公陈天雄为代表的一批从事公安消防和安全生产监管工作的干部、公安干警，从国家和人民的根本利益出发，吸取安全生产事故教训，忍辱负重，义无返顾，重视安全防范，依法实施安全监管工作的高尚情怀和动人事迹。同时，又对地方政府、企业一些领导人片面追求经济效益，忽视安全的行为进行了批评，对少数违法违纪分子为了赚钱而根本不顾人民群众生命财产安全的现象作了有力的揭露和鞭挞。影片主题鲜明，入情入理，具有一定的思想性、艺术性和观赏性，是当前落实“安全第一，预防为主”的方针，推动安全生产五项整治深入开展，营造全社会关注安全、关爱生命舆论氛围的好教材。对于这部影片，国务院有关部门都给予了充分肯定。现就推荐观看故事片《人命关天》的有关事项通知如下：

一、各级政府安全生产监管机构和工会组织要认真组织广大干部职工及家属观看此片，特别是处（基层科级）以上领导干部、企业（包括非公有制企业）厂长、经理都要观看此片。将影片作为本单位加强安全生产宣传教育和作风建设，切实消除安全隐患，防患于未然的重要教材，使广大干部职工及其家属充分认识到新形势下强化安全生产管理和安全监察工作的重大意义，正确把握和处理好安全与生产、安全与改革、安全与效益、安全与稳定的关系，建立健全和严格实行安全生产责任制，落实各项安全防范措施，坚决遏制重大、特大事故的发生。

二、请各地报刊、电台、电视台配合影片公映和将在全国开展的“11·9”消防安全教育活动，加强宣传力度，营造舆论声势，积极引导广大群众观看此片。

三、请各地电影发行中心做好该片的宣传、发行、放映工作。各地电影院、放映单位要做好放映服务工作，与所在地区工会和安全生产监管部一道，共同做好影片的放映工作，努力满足观众的看片要求。

从11月9日开始该片在全国上映。

国家安全生产监督管理局

中华人民共和国公安部

中华全国总工会

二○○一年十月十六日

评析：本文是一份指示性通知，由国家安全生产监督管理局、中华人民共和国公安部、中华全国总工会联合发文，通知介绍了影片的主要内容，评价了它的现实教育意义，并就推荐观看故事片《人命关天》的有关意义、要求、作用作了明确、具体的要求。对下属部门在实际的操作有明确的指导性。用语中肯、简洁。

例文四

××市教育局关于召开先进制造业技能型人才培养培训示范基地命名大会暨美国职业教育发展学术报告会的通知

各县（市、区）教育局，有关职业院校：

为了进一步推进先进制造业技能型人才培养培训示范基地的建设，进一步加强我市职业教育的对外国际交流，学习和借鉴发达国家职业教育改革的先进经验，市教育局决定召开先进制造业技能型人才培养培训示范基地命名大会暨美国职业教育发展学术报告会。现将有关事项通知如下：

一、会议时间、地点

定于2005年7月14日上午8∶30在××中学行政楼三楼会议室召开，会期一天。

二、参加对象

各县（市、区）教育局分管职教局长、职教科长，全市中职学校校长、中层干部，“示范基地”院校负责人。

三、会议内容

（一）请美国加利福尼亚州立大学职教研究部教授Dr · Linda Jama作“美国中等职业教育的现状、改革和发展”的学术报告。

（二）××市首批先进制造业技能型人才培养培训示范基地命名。

四、有关要求

（一）各县（市、区）教育局接到通知后，立即传达到与会人员，并以县为单位做好参加会议的组织工作。

（二）与会人员中午一律在××中学食堂用餐。

（三）会议重要，望与会人员安排好工作，准时到会。

××市教育局（印章）

二〇〇五年六月二十九日

评析：本文是一份会议通知。除了一些小型或紧急会议采用口头或电话通知外，召开会议一般都采用书面通知的方法。写作会议通知时，要写明会议召开的背景、时间、地点、会议内容、日程安排、参加人员及要求等，有时还需具体提出准备的材料，与会者赴会所乘车、船、飞机班次及联系方式等。

正文包括召开会议的背景和会议注意事项两个部分。召开会议的背景主要写了召开会议的目的和决定事项，用“现将有关事项通知如下”过渡到下文。会议注意事项写明了会议召开的时间、地点、参加对象、会议内容和有关要求。

例文五

××市人民政府关于施××等同志职务任免的通知

各县（市、区）人民政府，市直属各单位：

经200×年×月××日市人民政府第三十六次常务会议决定：

任命施××为××市人民政府副秘书长，免去其××市科技局局长职务；

任命徐××为××市财政局局长，免去其××市审计局局长职务。

××市人民政府（印章）

二〇〇×年××月××日

评析：任命或免去官员职务，必须把任免情况告之其下属各单位，同时抄送有关部门备案，以作为官员任命或免职的依据，方便单位和有关部门之间工作联系，这就需要运用任免性通知。

正文由开头和主体两个部分构成。开头用一句话写明任免的依据，即“经 200×年×月××日市人民政府第三十六次常务会议决定”。主体写明被任命人员的姓名、职务，免去其原来的什么职务。如有两人或两人以上的职务任免，应把级别高、职务重要的放在前面，依次排列。既然有任，就会有免，在任命职务时，要写上免去原来职务（如继续兼任原职务，也应注明）。

例文六

关于××市××区教育局召开勤工俭学工作会议的通知

为了深入贯彻教育部教发〔××××〕××号及××市人民政府×政〔××××〕××号文件精神，全面推进素质教育，不断提高勤工俭学服务于教育的水平和质量，区教育局决定召开××区勤工俭学工作会议。

一、会议时间

200×年3月17日。

二、会议地点

区教育局七楼会议室。

三、参加对象

各乡镇中心学校、直属高中、民办学校有关领导，校办企业负责人。

四、会议内容

（一）总结××区200×年勤工俭学工作，部署200×年工作任务。

（二）签订200×年校办企业安全生产综合目标管理责任书。

（三）表彰先进。

五、差旅费自备，回单位报销

请各与会人员安排好工作，按时参加会议。

二〇〇×年三月十四日

评析：这是一篇有问题的通知，其主要问题有以下几点。

（1）发文机关应放在介词“关于”的前面。

（2）缺少主送机关，即参加会议的单位。

（3）开头部分与主体部分之间缺少过渡，应在“……工作会议”之后加上“现将有关事项通知如下”。

（4）会议时间不够具体；参加对象不够明确；落款处要加盖发文机关印章。

第三节　通报和报告

一、通报

（一）通报的概念和种类

通报适用于表彰先进、批评错误、传达重要精神或者情况。通报属下行公文。

通报的种类可分为表彰性通报、批评性通报和传达性通报。

表彰性通报用以表彰先进，主要包括的内容有：表扬先进集体和个人、表彰先进事迹、评价典型经验、宣传先进思想、树立学习榜样等。如《国务院关于表彰国家科委等单位长年深入基层开展扶贫工作的通报》。

批评性通报用以批评错误，主要包括的内容有：批评严重违法违纪事件、总结事故教训等。如《国务院办公厅关于少数地方和单位违反国家规定集资问题的通报》。在批评性通报中，事故通报使用较多。

传达性通报用以传达重要精神或者情况，主要包括的内容有：传达上级重要指示精神或重要的会议精神，指出工作的重点或必须关注的问题，某些地区或某些方面的重要情况，一个时期带有倾向性的问题等。

（二）通报的写作格式

通报由标题、主送单位、正文、发文机关和日期组成。

标题由发文机关、事由和文种或事由和文种构成。如《国务院关于一份国务院文件周转情况的通报》、《关于人大提案办理情况的通报》等。

表彰性通报和批评性通报的正文一般由以下三部分构成。

（1）主要事实。表彰性通报要突出主要先进事迹，批评性通报要抓住主要错误事实。

（2）分析、指出事件的教育意义。表彰性通报要在叙述先进事迹之后，提炼出主要经验、意义和值得学习与发扬的精神。批评性通报要分析错误的性质、危害以及产生的根源和责任，指出应吸取的主要教训。

（3）决定、要求。无论是表彰性通报还是批评性通报，应写明组织结论与予以表彰或处理的决定，同时提出对表彰或批评对象与读者的希望、要求。为了防范和杜绝类似错误发生，批评性通报的结尾处，通常要有针对性地提出防范的措施或规定。

传达性通报的正文有两种形式：一种只对有关事实作客观叙述；另一种是对有关情况加以分析说明，有时还针对具体问题提出应采取何种对策的指导性意见。

（三）例文评析

例文一

关于授予黄××、肖××“××信用金融卫士”光荣称号的通报

市信用联社各分理处、储蓄所：

黄××、肖××系我信用联社××储蓄所员工。二人于2001年×月×日当班时，突遇蒙面劫匪持利刃抢劫。在此危急时刻，二人不顾个人安危，挺身而出，一面机智地报警，一面勇敢地与劫匪展开搏斗。后在群众和警察的协助下，擒获劫匪。

他们的行为充分体现了我信用社员工良好的职业素养，保护了储户的利益，维护了我信用社荣誉，更体现了中华民族见义勇为的好品德。

为此，经研究决定，授予黄××、肖××“××信用金融卫士”的光荣称号，并奖励黄××人民币10 000元，晋升二级工资，奖励肖××人民币6 000元，晋升一级工资。

望我信用联社全体员工向二人学习，做好本职工作。

特此通报

××信用联社（印章）

二〇〇一年×月×日

简析：这是一份表彰性通报。在简要叙述了事件的主要经过之后，用“他们的行为充分体现了我信用社员工良好的职业素养，保护了储户的利益，维护了我信用社荣誉，更体现了中华民族见义勇为的好品德”一语，高度赞扬了黄××、肖××行为的意义，最后表明对二人给予精神和物质的奖励。通报事实清楚，语言流畅，评价准确恰当。

例文二

国务院办公厅关于××省××县××玻璃钢厂
擅自制作和出售国徽的通报

各省、自治区、直辖市人民政府办公厅：

据反映，××省××县××玻璃钢厂××××年×月向各地函称：本厂采用玻璃钢材料制作中华人民共和国国徽，自去年生产直径67厘米的国徽以来，已有25个省市县区数百个单位订货。还根据一些单位的需要，试生产了直径一米的国徽，欢迎订购等等。国徽是中华人民共和国的象征，国徽的制发是一件非常严肃的事情。前中央人民政府办公厅和国务院办公厅都曾规定，县以上各级人民政府悬挂的国徽由中央人民政府、国务院统一制发，并对悬挂国徽的机关和各级政府悬挂的国徽尺寸作了具体规定。××省××县××玻璃钢厂未经授权，自定规格，擅自制作和出售国徽是错误的。请××省人民政府办公厅立即制止，对已售出的不合规格的国徽应当全部销毁。

请各省、自治区、直辖市人民政府办公厅认真检查一下本地区有关类似情况，一经发现，应立即纠正。

国务院办公厅（印章）

××××年×月×日

评析：本文是批评性通报，批评的依据是前中央人民政府办公厅和国务院办公厅的有关规定。批评性通报先要通报错误性事项发生的单位、时间和事情的主要情况，然后加以评述，作出处理决定。

正文部分首先介绍错误事项的主要情况，让人很快明白了事件的基本情况，然后引用中央有关规定指出错误事实，在此基础上提出处理决定，措辞准确、态度坚决。

例文三

浙江省人民政府办公厅关于2004年1月份收文情况的通报

各市、县（市、区）人民政府办公厅（室），省政府直属各单位办公室：

1月份，省政府办公厅共收到各类主送省政府、省政府办公厅文件331件。其中，各市、县（市、区）政府文件54件，省级有关单位文件191件。从收文情况看，总体是好的，大多数单位能够按照公文处理的有关规定，做好公文的办理和报送工作，但也有部分单位公文处理和报送工作不够规范。为落实《浙江省人民政府办公厅关于进一步规范公文报送和领导批示件办理工作的通知》（浙政办发〔2003〕96号）精神，现就有关问题通报如下：

一、格式不规范。一是上行文无签发人或签发人非本单位主要负责人且未说明理由，如省国土资源厅报送的《关于军转干部及有关人员军地两处住房清退情况的报告》（浙土资办〔2003〕169号）。二是请示件缺少联系人及联系电话，如杭州萧山机场工程建设指挥部报送的《关于要求协调解决杭州萧山国际机场查验单位办公用房工程建设超支资金问题的请示》（杭萧机建〔2004〕1号）。三是发文机关标识不规范及标识位置印刷错误。按照公文处理的有关规定，发文机关标识由发文机关全称或规范化简称加"文件"组成，但在1月份的收文中，仍出现了"中国国际贸易促进委员会浙江省分会（请示）"、"杭州市萧山区人民政府（请示）"等字样的发文机关标识。上报公文的发文机关标识上边缘应为80mm，但是，有31件上报的公文没有按照这一要求制发公文。四是印章使用不规范。如原省计生委报送的《关于要求在省"两会"期间召开省委省政府人口和计划生育工作座谈会的请示》（浙计生委〔2004〕8号）无单位印章。五是版记不规范。版记应包括主题词、抄送、印发机关的印发时间、版记中的反线、版记的位置等五要素，但在上报的公文中，有的要素不全，有的将"打字"、"校对"、"印刷份数"等放到版记中，有的甚至将版记置于附件之前。六是公文的字号、字体、字间距等不规范。

二、行文关系不当。如原省林业局报送的《关于我省果子狸灭杀处置工作情况的报告》（浙林〔2004〕10号），该文用报告文种，主送单位应为"省政府"，而不是"省政府办公厅"。

三、文种不当。一是请示、意见、报告文种混用，如省外经贸厅报送的《关于申请表彰2003年度外贸、外资先进县（市、区）及开发区工作优秀单位的报告》（浙外经贸办〔2004〕46号），应用"请示"文种。二是报告中夹带请示事项，如省农业厅报送的《关于2003年浙江农业展会工作情况及今后设想的报告》（浙农〔2004〕32号），在向省政府报告工作的同时，夹带要求补助经费缺口事项。三是不使用规范文种，如省科技厅报送的《关于全省农业与农村科技工作会议情况的汇报》（浙科农〔2004〕2号）、省农技推广基金会报送的《关于大力推广稻鸭共育新技术帮助粮农增收的建议》（浙农推基〔2004〕1号），未使用"报告"、"意见"等规范性文种。

四、内设处室对外行文。如省外办2004年1月19日《关于韩国三星电子公司社长及日航社长来访的事宜》，以亚洲处的名义对外邀请省政府主要领导出席外事活动。

五、缺少电子文件。1月份省政府办公厅共收省级有关单位来文191件，其中无电子文件的102件，占总数的53.4%。共收各市、县（市、区）政府来文54件，其中无电子文件的13件，占总数的24.1%。

此外，在公文处理过程中，还存在着请示性事项未经部门协商径报省政府、擅自以单位名义向省政府领导个人报送请示性公文等问题。

希望各市、县（市、区）政府办公厅（室）、省级各单位办公室引以为戒，高度重视公文报送工作，按照《浙江省人民政府关于贯彻执行〈国家行政机关公文处理办法〉的意见》和省政府办公厅有关公文报送的规定，严格把好公文拟制、审核、印刷、报送的质量关，进一步提高政府系统的公文质量，确保公文的规范、高效运转。

附件：1. 2004年1月报送公文不规范情况统计表（略）

2. 2004年1月报送公文无电子文件情况统计表（略）

浙江省人民政府办公厅（印章）

二○○四年三月一日

评析：这是一份情况通报，内容是浙江省人民政府办公厅2004年1月份的收文情况。正文由三个部分构成：开头部分概述情况，指明问题，说明发文的缘由，用“现就有关问题通报如下”引起下文；主体部分分条指出公文处理和报送工作中存在的六种不规范现象；结尾提出希望和要求。

例文四

××市人民政府办公室通报

全体市民：

据反映得知，近日来本市部分地区有一种令人人心惶惶的传说，称原流行于某国的恶性传染病××热已传入本市，并已造成十几个人死亡。经本市防疫部门证实，这是完全没有任何事实根据的，本市至今从未发生过一起××热的病例。经核查现已查明，这一消息源于本市《晨报》××年4月1日的一则“愚人节特快报道”。《晨报》这种不顾国情，照搬西方文化的极不严肃的做法是非常错误的，已经给全市人民的稳定生活带来了极其恶劣的影响。目前有关部门已对本报作出停刊整顿并令其主要负责人深刻检查、等待纪律处分的处理。有关单位应汲取这一教训，采取措施以予杜绝。

××市人民政府启

20××年5月7日

评析：这是一篇有问题的通报，其主要问题有四点：一是标题缺少事由，应在“××市人民政府办公室”后加上“关于《晨报》妖言惑众的”；二是主送机关不应是“全体市民”；三是用语不严谨，如“传说”、“本报”、“以予”等。四是落款署名与标题中的发文机关名称不一致，还要去掉“启”字，成文日期应当用汉字书写。

通报要及时，如果时过境迁，则失去了意义。在写通报之前，要做好材料的检查工作，尽量准确无误，有关材料最好与当事人见过面；通报的事项必须带有典型性，具有普遍指导意义和教育意义；撰写事例应扼要，文字要简练，朴实无华；表扬或批评的用语要掌握分寸；转发其他机关、单位通报时，要加以评论，提出要求，并将被转发的通报作为附件附上。

二、报告

（一）报告的概念和种类

报告适用于向上级机关汇报工作、反映情况、提出意见或者建议、答复上级机关的询问。报告属上行文，一般产生于事后和事情过程中。

报告可分为综合性报告、专题性报告和答复性报告。

综合性报告是将全面工作或一个阶段许多方面的工作综合起来写成的报告，具有综合性、广泛性，写作难度较大，要求较高。

专题性报告是针对某项工作、某一问题、某一事件或某一活动写成的报告，在内容上具有专一性。

答复性报告是根据上级机关或领导人的查询、提问而写的报告。

（二）报告的特点

1．单向性

报告是下级机关向上级机关汇报工作、反映情况、提出建议时使用的上行文，不需要上级机关答复。

2．陈述性

报告在汇报工作、反映情况时，所表达的内容和使用的语言都是陈述性的。下级机关遵照上级的指示，做了什么工作、怎样做的、取得了哪些成绩、存在哪些不足，要一一向上级机关报告。报告在反映情况时，也要把时间、地点、人物、事件、原因、结果叙述清楚，向上级机关提供准确的信息。即便是提出建议的报告，也要在汇报情况的基础上，才能深入地提出建议。

3．事后性

机关工作素有“事前请示，事后报告”的说法。多数报告都是在开展了一段时间的工作之后，或是在某种情况发生之后向上级作出的汇报。但建议报告没有明显的事后性特点，应该尽量超前一些。

（三）报告的写作格式

报告一般由标题、正文和结尾三部分构成。

标题一般由发文机关、事由和文种构成。

正文包括以下两部分内容。

（1）开头。概括说明全文主旨，开门见山，起句立意。将一定时间内各方面工作的总情况以及对整个工作的估计、评价等作概述，以点明主旨。

（2）主体。主体作为正文的核心，将工作的主要情况、主要作法以及取得的经验或效果等，分段加以表述，要以数据和材料说话，内容力求既翔实又概括。

结尾要具体切实。写工作上存在的问题，提出下一步工作的具体意见。最后可写“请审阅”或“特此报告”等语作结。

（四）例文评析

例文一

××市人民政府关于20××年工作总结和20××年工作安排的报告

省人民政府：

现将××市人民政府20××年工作总结和20××年工作安排报告如下：

一、20××年工作回顾

20××年，我们在省委、省政府的直接领导下，认真贯彻落实中央和全省经济工作会议精神，主要做了以下工作：

进一步调整了国民经济。（略）

进一步落实农业生产责任制，积极发展多种经营，全市农业生产获得了持续丰收。（略）

狠抓了工交、财贸的整顿提高工作。（略）

加强了文教、科技工作。（略）

回顾一年的工作，我们所取得的经验和教训是深刻的，主要有以下几点：

（一）必须从积极方面正确理解和执行调整方针。（略）

（二）必须十分讲究经济效益，坚持实行责任制。（略）

（三）必须把思想政治工作放到应有的位置上。（略）

二、20××年工作安排

20××年，要坚持以“三个代表”重要思想为指针，继续贯彻落实党的十六大和十六届四中全会精神，振奋精神，争取物质文明、精神文明和政治文明的新胜利。农业的粮食总产要比去年计划增长3.5%，林、牧、副、渔都要有较大发展。工业总产值增长9.2%。坚决完成财政包干任务，力争有所突破。要努力使党风有一个决定性的好转，以此带动社会治安和社会风尚的决定性好转。为了实现上述目标，要重点抓好以下几个环节：

（一）继续坚持一靠政策、二靠科学的思路，使农业生产有一个更大的发展。（略）

（二）狠抓企业整顿，努力提高生产、建设、流通领域的经济效益。（略）

（三）加强思想政治工作，使社会风尚、社会治安有个决定性的好转。（略）

（四）采取坚决有力措施，使文教卫生工作迈上新台阶。（略）

以上报告，如有不当，请指出。

××市人民政府（印章）

二〇××年一月二十日

评析：这是一篇综合性工作报告。报告内容全面，带有工作总结的特征。

正文有开头、主体和结尾三个部分：开头只有短短的一句话，主要用以提起下文；主体有两个层次部分，第一层按问题讲述过去一年的工作成绩，指明在工作中取得的经验和教训，第二层说明下一年的工作打算；结尾用祈使句，请求上级机关指出报告中存在的问题。

例文二

××税务所关于个体专业户杨××抗税砍伤税务干部一案处理情况的报告

××县税务局：

我县楠竹场运输专业户杨××，从20××年5月从事汽车运输业务以来，三个月累计应交营业税共计2 110元，但该人分文未交。我所税务专管员何××同志多次上门催收，杨总是以欺骗手段一拖再拖。20××年8月19日下午6点钟，何再次上门催收时，杨不但不交税，反而破口骂说："老子没钱交税，看你把我怎么样?"何说："你不交税，我们一同到你场部领导那里去说理。"杨又骂道："你给我滚开，不然我一铁锹杀死你!"何说："你敢!"杨说到做到，顺手拿起钢锹将何的腹部砍伤，当即鲜血直流，经医生抢救治疗才脱险，经医生鉴定伤口长达10厘米，深有5厘米。

此案发生后，我们立即向××派出所报了案。派出所领导非常重视，第二天组织了联合调查组，到现场找了有关领导和人员进行了详细调查，调查的情况与何反映的完全相符。在证据确凿的情况下，杨被传讯到派出所，进行反省交代，并承认了上述事实。

为了严肃税收法纪，维护社会治安秩序，我们根据《中华人民共和国税收征管暂行条例》和《中华人民共和国治安管理处罚条例》的有关规定，对杨××进行了严肃处理。其处理办法是：

一、责成杨××在全镇开展税收大检查动员大会上作公开检查，并将处分情况公布于众。

二、根据《中华人民共和国税收征管暂行条例》第九条规定，杨××应补交税款2 110元，同时按所抗税款2 110元罚款三倍，为6 330元。

三、负责何全部医疗费直至痊愈，付营养费1 000元，并上门赔礼道歉。

四、根据《中华人民共和国治安管理处罚条例》规定，提请公安机关将杨××依法行政拘留15天。

特此报告

××税务所（印章）

二〇××年×月×日

评析：本文是专题报告，向上级反映了本单位发生的重大问题。正文部分首先写了事情的起因、经过、后果以及案件发生后的处理过程，然后写处理意见，最后用"特此报告"收束全文。

例文三

关于××高速公路塌方事故的报告

××市建设委员会：

××××年×月×日，××高速公路××路段发生塌方事故，造成一定的伤亡后果。事故发生前，桥面上分散有二三十名工人，已浇铸了近200立方米的混凝土，而且违章施工，按照施工程序应分两次浇铸的混凝土却一次浇铸，估计事故原因是桥面负荷过重。事故发生后，近200名消防队员、工地工人、公安干警到现场紧急抢救，抢救时间持续近28个小时。据查，该工程承建商是××市市政总公司第一分公司。

特此报告

××市政工程总公司

××××年×月×日

评析：这篇报告存在以下几方面的问题。

（1）标题应写明塌方路段的名称。

（2）内容杂乱。这篇报告将事故发生和抢救的情况分开来写，中间插入事故发生原因的说明。这不符合人们急于想了解事故情况的心理，必然会影响人们对事故情况的完整了解，显得层次不清，条理混乱。

（3）说明不清楚。事故“造成一定的伤亡后果”，其“伤亡后果”应具体说明，并要有准确的数字。除人员伤亡外，经济损失也应有个交代。如此重要的事实，不能以“造成一定的伤亡后果”来敷衍，这说明作者连对事故起码的了解也没有。“估计事故原因是桥面负荷过重”。怎样“过重”?为什么会“过重”?是谁造成的?这么严肃的问题，不能用“估计”来塞责。

（4）缺少处理意见。对该事件如何处理应提出具体意见。

综合报告要抓住重点，突出主要矛盾和矛盾的主要方面。在此基础上列出若干观点，分层阐述；专题报告要一事一报，体现其专一性，切忌在同一报告中反映几件各不相干的事项和问题。

第四节 请示和函

一、请示

（一）请示的概念和种类

请示是适用于向上级机关请求指示、批准的公文。属于上行文。

请示可分为请求指示和请求批准两种。

下级机关在执行政策时，遇到困难，需要变通；或执行政策时尚有不太清楚明了的地方；或对上级机关某个决定有看法，都可以向上级机关请求指示。另外，在工作中出现新情况、新问题需要处理而无章可循、无法可依时，也可以向上级机关请求指示。

下级机关就某项工作、某个问题请求上级机关给予审定、核准、认可；或在人、财、物方面有困难，需要上级给予帮助解决的，都必须向上级机关请求批准。例如，机构设置、人事变动、项目安排、经费增拨、设施改善等，都属请求批准的请示。

（二）请示的写作格式

请示一般由标题、主送机关、正文和结尾四部分构成。

1．标题

请示的标题一般是完整式标题，即由发文机关、事由和文种构成。

2．主送机关

主送机关应是发文机关的直属上级机关，且只能主送一个上级机关，不得多头请示。如是受双重领导的机关向上级机关请示，应写明主送机关和抄送机关，由主送机关负责答复。应根据隶属关系逐级请示，不得越级请示。

3．正文

正文由请示的缘由和请示的事项两部分构成。请示的缘由是上级机关批复的根据，要阐述充分，有理有据。要让上级主管部门看了后，感到请示的问题确有解决的必要性、迫切性。请示的事项分两种情况：一是请求指示的，主要写遇到了什么问题，有哪几种不同意见，现状如何，并要求上级机关在哪些方面或哪几个具体问题上给予明确的指示，问题要提得明确；二是请求批准的，所请批准的事项要写清楚，对于所提出解决问题的意见、方法、措施，应请领导机关审查是否可行。同时，所提意见要切实可行，如果超越实际，不考虑可行性，势必强人所难，这样也达不到请示的目的。

请示与报告的区别

请示与报告在行文方向上都属于上行文，格式较相似，但它们是两类不同性质的文种，主要区别在于以下几点。

（1）性质不同。报告是陈述性公文，它反映情况，汇报工作，向上级机关提出意见或建议，不要求批复；请示是请求性公文，为解决具体问题，请求上级指示、审核批准，上级必须批复或回答。

（2）时限不同。报告的行文时限较为灵活，事前、事中、事后都可以行文；请示必须事前行文，上级批示后才能付诸实施，不能“先斩后奏”。

（3）容量不同。报告汇报工作，提出意见或建议，其内容较为广泛，可以一文一事（专题报告），也可一文数事，数事并谈（综合报告），写作时要突出重点和主旨。请示中可以陈述情况，但所陈述的情况是作为请示事项的依据而存在，请示要求一文一事，篇幅不长。

（4）正文内容不同。报告由报告的目的、情况、内容和结束语构成，报告可以不用发文字号。请示由请示缘由、事项和要求构成，要用发文字号，结尾语带有明确的请求性。

4．结尾

结尾常以简短的文字概括请示的具体要求，再次点明主题。如“以上意见，请予批示”、“以上要求，请予批准”、“以上请示，是否妥当，请审批（批准）”、“特此请示，请予审批”等。

（三）例文评析

例文一

关于《会计人员职权条例》中“总会计师是行政职务或是技术职称”的请示

财政部:

国务院××××年××号通知颁发的《会计人员职权条例》规定，会计人员技术职称分为总会计师、会计师、助理会计师、会计员四种；其中“总会计师”既是行政职务，又作为技术职称。在执行中，工厂总会计师按“条例”规定，负责全厂的财务会计事宜。可是每个工厂，尤其是大工厂，授予总会计师职称的人有四五人，究竟由哪一位负责全厂的财务会计事宜，执行总会计师的职责与权限呢？我们认为宜将行政职务与技术职称分开。总会计师为行政职务，不再作为技术职称；比照最近国务院颁发的《工程技术干部技术职称暂行规定》，将《条例》第五章规定的会计人员职称中的“总会计师”改为“高级会计师”。

以上认识是否妥当，请指示。

××省财政厅

××××年××月××日

评析：这是一份请求指示的请示。正文由请示缘由、请示事项和请示结语三部分组成。在陈述缘由时，首先引据国务院通知的发文字号和通知颁发的《会计人员职权条例》对会计职称的规定，接着指出“总会计师”这一职务（又是职称）在按规定执行中出现的问题，最后提出看法，“将行政职务与技术职称分开”，提议总会计师为行政职务，职称改为“高级会计师”。结尾用“以上认识是否妥当，请指示”作结。全文层次分明，理由充分，建议明确，语言得体，行文简结。

例文二

山东省人民政府
关于开通威海—韩国釜山海上货运航线的请示

国务院:

我省威海市自开通至韩国仁川海上客货运输航线以来，客货运输量日益增加。××××年，通过合资经营的“金桥”轮运输进出口货物总量达2 500多个标准集装箱。去年我省对韩国出口达3.13亿美元，跃居我省出口国别和地区的第三位。从发展趋势看，今后对韩国出口仍将有大幅度增长。但因为“金桥”轮是客货两用船，且以客运为主，吨位小，远不能满足双方进出口货物运输的需要。我省许多出口货物到仁川港后，需转运釜山，既延误时间，又增加了费用，急需开通威海至釜山航线。威海港为国家一类开放港口，拥有万吨级泊位1个，5 000吨级泊位2个，千吨级泊位3个，其他设施也日趋完善，已具备开通釜山航线的条件。为此，特提请批准开通威海—韩国釜山海上货运航线。该航线由山东省所属的海运公司负责经营。

当否，请批复。

山东省人民政府

××××年×月××日

评析：这是一份请求批准的请示。其正文内容有两个层次构成：请示的缘由和请示的事项。缘由分别从现状、贸易发展趋势及威海港已具备的优势，说明开通威海—韩国釜山海上货运航线的必要性、重要性和可行性。最后提出请示的事项：请求批准开通此航线。叙述事实清楚，理由充分，请示事项明确具体。

例文三

关于提请有关部门
解决我单位粮油供应的报告

××××：

我单位是新建大厂。厂区离市区较远，干部、职工生活不便，直接影响了生产与工作。为了解决大家的生活困难，经研究决定：腾出本单位空房建成粮站。当否，请指示。

此致

敬礼

×××厂（印章）

2006年5月20日

评析：这是一篇有问题的请示，其主要问题有以下几点。

（1）标题错误，应改为“××厂关于解决粮油供应问题的请示”。

（2）结尾错误，不能用“此致　敬礼”，应将“当否，请指示”移到结尾位置。

（3）日期应改为“二〇〇六年五月二十日”。

二、函

（一）函的概念和种类

函适用于不相隶属机关之间商洽工作、询问和答复问题、请求批准和答复审批事项。

函按其性质和内容可分为商洽函、询问函、请求函和答复函四大类。

（二）函件格式

机关单位在办文实践中，常使用一种只标识发文机关名称，而不标识“文件”二字的信函式公文，用于处理日常事务的平行文和下行文，如函、一般事项的通知或批复等，这种公文通常使用专门的函件版头，其格式有以下几点要求。

（1）发文机关名称在距上页边 30mm 之下标识。由于不加“文件”二字，发文机关名称一般不用简称。

（2）在发文机关名称 4mm 之下印一条上粗下细的武文线，在距下页边 20mm 处印一条上细下粗的文武线，两条线长均为 170mm。每行居中排 28 个字，首页不显示页码，发文机关名称和双线均印红色，这样就将发文机关标志移出了版心。

（3）信函式公文的份数序号、密级、紧急程度可以放在武文线下左上角顶格，发文字号放在武文线下右上角顶格，发文字号下空 1 行标识公文标题。

信函式公文的格式如下。

××××××

××函〔2006〕××号

关于××××××××××的函

××××××：

××。

二〇〇六年三月二十五日

主题词：×× ×× ×× 函

×××××× 2006年3月26日印发

（三）函的写作

函一般由标题、正文和结尾三部分构成。

1．标题

函的标题一般由单位名称、事项、文种构成，如《广东省华侨商店供应公司关于请求退赔霉坏变质粉丝货款的函》。如果是答复函，文种应写为“复函”，如《国务院办公厅关于建立青海西宁技术开发区的复函》。

2．正文

正文是函的主体部分，一般要求直陈其事，就事论事，分别叙述事项，说明主旨、要求或希望。函的正文通常包括缘由和事项两方面的内容。

缘由要简要提出商洽或询问的主要问题和为什么要提出的理由或情况。如果是复函，要先用引起回复的缘由作起语，告知情况，常用“某年某月某日贵单位某函已收悉”、“某年某月某日贵单位某号函悉”等，再写“经研究，答复如下”、“经某单位（领导）同意，现函复如下”等作承启语过渡。

事项要写明商洽、询问或请求批准的主要事项。写作时要明白、具体，使对方接到函后能了解意图，以便迅速、准确地答复。复函要针对商洽、询问或请批的事项一一作答，要具体、明确，如内容多，可分条例项。

3．结尾

结尾常用“盼复”、“即请回复”、“请研究复函”、“专此函达”、“请予支持，并盼复”、“此复”、“专此函复”等。

（四）例文评析

例文一

××县人民政府办公室关于询问××中学违规收费情况的函

县教育局：

据《××晚报》2004年×月×日二版报道，我县××中学连续两年违规收取“建校费”达120万元。此事经媒体披露后，在群众中引起强烈反响。但据了解，自报道刊发至今，已逾半月，该校始终未向媒体作出任何解释，你局亦未派出人员进行深入调查并公布相关情况，导致众多家长联名写信向主管县长反映。

根据县政府领导同志指示，特函告你局迅速处理此事，并将有关情况及时上报。

××县人民政府办公室（印章）

二〇〇四年××月××日

评析：这是一份询问函。因为县政府办公室与县教育局在行政级别上是平级，用平行文函是正确的。正文部分包含的内容有：事件、反映、动态、后果，再写发函依据，最后提出要求。条理清晰，语言质朴、流畅。

例文二

××省人民政府办公厅关于申请拨款维修省府机关办公室的函

省财政厅：

省府机关办公室多是五六十年代修建的，不少门窗破烂，漏水严重，急需维修。为保证省政府机关正常办公，请拨给房屋修缮费10万元。

××省人民政府办公厅（印章）

××××年××月××日

评析：本文是请求函，事由直接写明请求事项。正文第一句话概述情况，说明提出申请的理由；第二句话写明目的和请求批准的事项。全文简洁、明了。

例文三

浙江省物价局关于日晒自然盐价格的复函

省盐务局：

你局2005年×月××日《关于要求核定日晒自然盐价格的函》（浙盐局运〔2005〕38号）悉。经研究，现函复如下：

一、为适当增加盐民收益，提高生产日晒自然盐原盐的积极性，向盐民收购日晒自然盐原盐的收购价格为每吨430元（其中330元为一级日晒原盐收购价，100元为补贴）。

二、核定浙江绿海制盐有限公司生产的纸箱外包装、纸塑小包装日晒自然盐的价格（含税）详见附件。

三、以上价格调整自2005年6月15日起执行。

附件：日晒自然盐价格表

浙江省物价局（印章）

二〇〇五年六月十五日

（注：附件略。）

评析：本文是答复函。先要写明对方来函的日期、标题和发文字号，用“经研究，现函复如下”承启下文，然后分条写明了具体的答复内容。

例文四

××大学关于解决进修教师住宿的函

××大学校长办公室：

首先，我们以校方的名义向贵校致以亲切的问候。在此，我们冒昧地请求贵校帮助解决我校面临的一个难题。

事情是这样的，最近，我校为了培养师资，选派了五名教师到××学院进修。但因该院基建工程尚未完工，学校住宿紧张，我校几位进修教师的住宿问题几经协商仍得不到解决。在进退维谷的情况下，我们情急生智，深晓贵校府高庭阔，物实人济，且有乐于助人之美德。因此，我们抱一线希望，冒昧地向贵校求援，请求贵校救人之危，伸出援助之手，为我校进修教师的住宿提供方便。为此，我们不胜感激！有关住宿费用等事宜，统按贵校的有关规定办理。

以上区区小事，不值得惊扰贵校，实为无奈，望能谅解。最后，再次恳请予以关照！

××学校

××××年×月××日

评析：这是一篇有问题的函。其主要问题在于行文失范，用语错误，冗长拖沓，不符合函的写作要求。

标题方面，此文是请求对方帮助的函，因此在“解决”前应加上“请求帮助”；正文方面，缘由应直接说明，言简意赅，干净利落，应删除正文第一自然段和第二自然段的开头部分“事情……最近”以及段中“在进退维谷的情况下……求援”、“救人之危，伸出援助之手”；结语不简洁，应改为“请予支持为荷”。

撰写公函要开门见山，直述缘由，重在叙事，不作讨论；用语要恳切实在，掌握分寸，简明朴素，切忌转弯抹角。

第五节 会 议 纪 要

一、会议纪要的概念、格式和种类

会议纪要是一种纪实性的文种，用于传达会议的主要精神和议定事项，要求与会单位共同遵守执行。主要用于沟通情况，交流经验，统一认识。会议纪要适用于记载、传达会议情况和议定事项。

各级国家行政机关的办公会议纪要在形式上有特定的格式要求。

会议纪要需标识“××会议纪要”，其标识位置是在距版心上边缘25mm处，用红色小标宋体字，字号由发文机关酌定，会议纪要不加盖印章。因这种形式与常用的简报报头非常相似，因而又称作简报式会议纪要。会议纪要的样式如下。

××县政府县长办公会议纪要

第 1 期

××县政府办公室　　　　　　　　　　　　　　二〇〇六年十月一日编发

会议纪要按内容可分为日常办公会议纪要、指示性会议纪要和座谈会议纪要三类。

二、会议纪要的特点

会议纪要有以下两个特点。

（1）表述的纪要性。指在会议记录的基础上，通过综合分析，对会议内容进行整理后，反映会议的主要精神和主要内容。

（2）内容的纪实性。指根据会议记录或会议中的资料进行筛选、整理后进行写作。必须真实、如实、准确地反映会议的基本精神和主要内容，不能有想象、虚构和拔高的成分。

三、会议纪要的写作方法

（一）标题

会议纪要的标题常常省略介词“关于”。写法较灵活，有单标题和双标题两种形式。单标题由发文机关名称、会议名称和文种构成，如《××省应用文研讨会会议纪要》；双标题的正题要阐明会议的主要内容和精神，副题交代、补充说明会议名称等，如《群策群力，搞好脱贫致富工作——××县脱贫致富座谈会纪要》。

（二）成文时间

会议纪要的成文时间一般是会议纪要形成的时间，也可是会议结束的时间，一般居中写在标题下方，外加圆括号。

（三）正文

会议纪要的正文一般由前言、主体和结尾构成。

1．前言

前言即会议情况概述。前言写法灵活，有的写召开会议的背景、依据；有的写会议宗旨即会议解决什么问题，达到什么目的；有的说明会议的时间、地点、会期、主持人、与会人员等；有的写会议议程和主要活动；有的写会议上主要领导人的讲话内容；有的写会议结果及对会议的评价。前言之后加过渡句，如“现纪要如下”“现将会议基本精神纪要如下”等承启下文。

无论写什么，前言都要写得简略、概括，把会议基本概况表述出来。

2．主体

主体是会议纪要的核心部分，主要写会议所讨论、研究的内容；论述的情况或形成的意见和结果；作出的决定或达成的共识；今后工作的安排、要求和具体措施。

主体要用叙述和说明性文字表述，写作方法灵活多样，可用小标题或加序号等方式。段首常用“会议认为”、“会议指出”、“会议提出”、“会议决定”等来概括性地反映会议的中心议题。

3．结尾

结尾一般提出希望、号召、要求与会者或有单位认真贯彻会议精神，也可提出具体措施与要求，有的会议纪要没有结尾。

会议记录

会议记录指在会议过程中实录会议情况、与会人员发言和会议作出的决定等原始材料。它是记录会议情况的原始凭证，用于一切会议。

会议记录的内容有：会议的基本情况、会议议题、讨论过程、发言内容、决定事项等。会议的基本情况包括：会名、时间、地点、出席人、缺席人、列席人、主持人、记录人等。

由于会议记录是在会议进行过程中记的，速度很快，必然用许多代替的符号或有句子不完整的地方。因此，会后必须进行整理，把那些用代替符号记录的整理出来，不完整的地方补充完整。如果会议当时没有记下来或记得不清楚的地方，还可以找发言人核实。

记录整理好后，送负责人核阅、签字，以备查考。

做会议记录的要求：忠实、准确；反应迅速；注意保密。

会议纪要与会议记录的区别

会议记录是形成会议纪要的基础，也是整理会议纪要的原始性素材。要如实记录会议的情况、与会人员的发言、作出的决定等。要有会必录，逐项记录原文原意。内容要详尽、具体和全面。

会议纪要是对会议的中心议题、指导思想、会议目的、要求、基本精神及决定事项加以归类整理形成的。它应是择其要点，重点反映，以上传下达，统一认识，推动工作的一种工具，也是传达会议信息的主要媒体之一。它可以印发至有关所属或其他单位。

（四）例文评析

例文一

沿长江五市对外开放研讨会纪要

沿长江五市（重庆、岳阳、武汉、九江、芜湖）对外开放研讨会，于××××年7月15~16日在庐山经纬宾馆举行。这次会议是在党中央和国务院作出以上海浦东为龙头，进一步开放长江沿岸城市的战略决策之后，由《求是》杂志社经济部、江西省体改委、九江市人民政府联合召开的，来自五市的领导和有关方面的负责同志及部分新闻单位的代表共40余人参加了会议。与会代表围绕着如何搞好沿长江对外开放的问题，进行了热烈发言和深入讨论。

与会代表一致认为，搞好沿长江的对外开放意义深远重大。过去13年，我们的开放政策主要是向沿海地区倾斜，这是完全必要的，它为全国的对外开放起了先行探索和示范的作用。现在，中央提出进一步扩大沿长江和沿边的对外开放，这对于在沿海开放的基础上，形成“沿海—沿江—沿边”的整体开放格局，实现我国对外开放“全方位、多元化”的战略目标，推动对外开放向内地深入，促进沿江经济的发展有重要意义。长江在我国国民经济和社会发展中占有重要地位。长江流域占国土面积的1/5，人口近4亿，工农业总产值占全国工农业总产值的40%以上。这里资源丰富，交通方便，城市密布，市场发达，人才荟萃，是我国最具自然地理优势和社会经济发展综合优势的地方，开发潜力巨大，前景良好。扩大沿长江的对外开放，通过利用外资、引进技术和人才，开拓国际市场，可增大开发长江的力度，加快开发步伐，从而为国民经济发展增添后劲。

扩大沿长江的对外开放，对五市来说是机遇和挑战并存。为此，代表们指出，搞好沿长江的对外开放，首先要解放思想、破除迷信，联系实际找差距，真正克服和解决长期束缚人们手脚的认识问题；要增强以经济建设为中心的观念，形成齐抓经济工作的活力；要进一步认识对外开放的重要性和迫切性，开拓搞好对外开放的新思路、新办法和新途径；要强化商品经济意识，克服温饱即满，不愿冒风险，不敢迈大步的小农思想，自觉按照经济规律办事；要树立全局观念，防止和克服狭隘的部门利益，树立一盘棋的战略思想。

扩大开放，必须深化改革。代表们提出，与沿海地区相比，沿长江城市在对外开放方面已滞后了一步，旧的体制严重阻碍着对外开放的扩大。因此，应通过深化改革，克服“左”的思想和守旧观念，给企业以更大自主权，使各项政策措施相互配套，逐步完善。改革需要探索，要敢想、敢干、敢闯、勇于实践，对的就大胆推广，错的就加以纠正。开放是促进和带动一切的重要途径和手段。代表们认为，应围绕开发抓开放，通过开放促开发。通过开放，要开发新产品、新技术、新行业，解决内陆城市产业单调、技术陈旧、产品老化的问题，使经济发展具有新的活力；通过开放，不断开发利用资源，提高资源的综合利用率，提高经济效益；通过开放，把利用外资和老企业嫁接起来，加速技术改造和产品更新换代。

搞好长江的开放开发，必须走联合协作的路子。代表们认为，长江流域自然地理条件的多样性和社会经济发展的综合优势，决定了要通过联合协作的方式来搞好开放开发，如果化整为零，搞区域割据、市场封闭，长江的优势就发挥不出来，开放开发就会事倍功半，甚至会有负效应。因此，希望国家有关部门尽快拿出长江开放开发的总体规划，各省、各中心城市、各中小经济区域要在总体规划的基础上，通力合作，加强横向联系；要以上海浦东为龙头，加强政策的对接和连贯，使龙头、龙身、龙尾一起摆动，努力在生产力布局、产业结构、交通运输、资源开发利用、长江生态环境保护、市场开发等方面，达到协调一致。

投资环境建设是对外开放的重要内容，代表们认为应把它放在对外开放的重要地位来看待，作为一项持久的基础性工作来抓。既要搞好投资硬环境的建设，努力使“七通一平”符合国际标准，又要加强各项软环境的建设，使有关政策措施符合国际规范。还要大力发展第三产业，培养大批懂业务、善经营、敢开拓的外向型经济人才。

评析：这是一份研讨会的会议纪要。写作这种会议纪要，应把会议上具有典型性、代表性的发言加以整理，提炼出精华，按内容类别加以阐述。

标题由会议名称加文种组成。正文开头写明会议名称，会议召开的时间、地点、背景、组织者、与会人员的范围及人数。用“与会代表围绕着如何搞好沿长江对外开放的问题，进行了热烈发言和深入讨论”承启下文。主体部分采取将代表发言按内容加以整理的办法，首先阐明搞好沿长江对外开放的意义，然后提出搞好沿长江对外开放的作法和措施。

例文二

集团公司第二次经理办公会议纪要

2005 年 4 月 30 日，集团公司召开第二次经理办公会议，重点对今年 1～4 月份农垦经济运行情况进行了阶段性总结，研究部署下一步工作。总经理丁××主持了会议，副总经理田××、刘××、李××，纪检组长陆××，总经理助理刘×参加了会议，机关各处室负责同志列席了会议。会议首先听取了有关处室贯彻落实农垦工作会议情况及 1～4 月份农垦经济运行情况的汇报，与会同志分析了当前经济形势和存在的问题，研究了确保完成今年任务的措施。

会议认为，各单位认真贯彻落实农垦工作会议精神，农垦经济在去年整体扭亏的基础上，运行平稳，逐步攀升。一是在地作物长势较好。全系统播种小麦 25.8 万亩，油菜 7.5 万亩，大多数农场长势较好，可望有好的收成。今年春茶开采提前 10 天左右，名优茶增产 14%，增值 21%。二是结构调整出现了好的势头，种植业“稳午调秋”取得进展，养殖业发展迅速，各场因势利导，充分发挥各自的比较优势，白米山、阜蒙、皖河和东风湖等场的家庭养殖业呈增长势头。今年内第一季度养殖业总产值比去年同期增长 16.7%。三是第二产业改制初见成效，开局良好，各项经济指标比上年同期有较大幅度的增长，一季度实现现价工业产值 1.18 亿元，同比增长 11.92%，实现增加值 1 512.79 万元，产销率 94.6%。长期亏损企业通过改制止住了出血点，工业企业今年有望整体扭亏为盈。四是第三产业继续发展，第一季度预计实现增加值 5 500 万元，比上年同期有所增长。商品销售额及营业额 1.8 亿元，同比增长 6.79%，个体私营经济在三产中占有较高的份额。五是产业化龙头企业稳步发展。乳品业产值比上年同期增长 55%，液态奶总产 1 559 吨，同比增长 58.9%；肉鸡业产销两旺，一季度销售鸡肉 1 100 吨，同比增长 3.7 倍。面粉、大米及茶叶等产业均取得一定的增长。六是全系统整体形势稳定，少数特困企业通过发展，使职工看到了希望，没有出现大规模上访的情况。

会议强调指出，当前农垦经济虽然整体趋于平稳，发展势头良好，但也存在着一些制约经济发展的不利因素。一是农垦企业尚未实现由生产经营型向经营生产型转变，目前的工作思路、经营理念等还不适应市场经济的要求，不少企业仍然坐等客商上门销售，没有主动走出去跑市场、抓信息、开拓销售市场。二是招商引资步伐缓慢，特别是产业化龙头企业在引入社会资金、实现投资主体多元化方面没有取得新进展。如新希望集团整合合肥市“白帝”乳业，这给我们提出了新的严峻挑战；肉鸡行业也出现了新一轮的洗牌，也给我们提供了新的发展机遇。三是一些农场在结构调整中仍然存在着主攻方向不明确、成效不明显的问题。四是用人机制不活，人才进不来、留不住的现象已成为制约农垦经济发展的“瓶颈”。五是仍然存在着一些不稳定因素。会议要求，各单位要正视存在的问题，认真对照反思，找出差距，拿出切实可行的整改措施，有针对性地解决问题，把农垦的各项工作推向新的台阶。

关于下一步的工作，会议要求，一要加强旱季作物的后期田间管理，做好清沟沥水，防止渍害。做好“一喷三防”，并注意及时抢收，做到丰产丰收。二要加快水利工程的扫尾工作，对于险工险段要加强督查，确保安全度汛。三要继续加大结构调整力度，按照《农垦农业结构调整意见》，集团公司各部门要加强指导，农场要加强引导，要搞好资源整合和利用，注重特色，充分发挥整体效应和规模效益，避免单打一，沿淮农场要加快“稳午调秋”步伐。四要抓住关键环节，加快产业化进程，千方百计地加大招商引资力度，努力实现投资主体多元化，加快龙头企业的发展步伐。引进先进技术和管理经验，争创名牌。奶牛、肉鸡、蛋鸡和茶叶等龙头产业要争取有新的突破，以适度规模、先进技术、严格管理和品牌形成核心竞争能力。茶区在共打“××××”品牌上要严格按照标准组织生产。五要巩固改革成果。要研究由“两费”自理向“三费”自理过渡中的经营模式，鼓励大户经营，鼓励一部分农工从土地上分流出来。六要明确主攻方向。种植业要立足引进新品种、新技术，特别要注意捕捉国外信息，向国际市场看齐。养殖业也要建立良种基地，对职工养殖，农场要加强技术培训，搞好服务。

会议最后强调，机关各处室工作要有科学性、主动性、创造性和前瞻性，要掌握工作重点，把握工作主动权，学会“弹钢琴”；要有扎实、严谨、高效的工作作风，不能满足于一般性了解，更不能一知半解；要加强学习，注意处室之间的配合与协调，努力工作，切实为农场搞好指导和服务，狠抓落实，确保年初制定的工作目标得以实现。

评析：这是一份专题工作会议纪要。在写法上，采用了分类归纳法，对会议内容进行分类整理，划分出一个一个问题，然后按着问题去写，用“会议认为”、“会议强调指出”、“会议要求”、“会议最后强调”等惯用语作段首提示语，条理清楚，中心突出。

引言部分介绍了会议概况，即交代会议召开的时间、会议名称、议题、主持人、参加对象、会议主要过程；主体部分详细写明了会议讨论研究的问题及形成的意见。

例文三

脱贫致富座谈会纪要

×月××日—××日，县委、县政府召开脱贫致富座谈会，参加会议的有××个乡的乡长和××个收入较低村的党支部书记，以及有关的局、公司、厂的负责同志。

县委书记×××同志作了题为《振奋精神，发挥优势，努力工作，尽快脱贫致富》的报告。××××、×××、××、××、×××五个村介绍了脱贫致富的经验。与会者参观了××、×××两个村，观看了反映我县乡镇企业发展情况的录像，进行了热烈的讨论和大会发言。会上，帮助乡村致富的有关单位负责同志都同挂钩村的支部书记见了面，进行了初步研究。县长×××同志作了会议总结，县委副书记×××同志讲了话。

这次会议的目的，是为了更好地落实中央一号文件精神，交流经验，分析问题，制定措施，克服困难，充分发挥内部潜力，利用本地资源，艰苦奋斗，发展生产，千方百计搞活经济，同时动员各方力量给予必要的扶植，达到尽快脱贫致富的目的。

会议指出，××××年×月县召开治穷致富会以来，通过广大干部和群众的积极努力，我县经济发展发生了较大变化。××××年集体部分人均收入不足×××元的有×××个村，××××户，×××××口人。现在集体部分人均收入不足×××元的有××个村，稍超过×××元的有×个村，××××户，×××××口人。同××××年比较，贫困的基本核算单位减少了××%，户数减少了××%，人口减少了××%。但是，就全市、全县比较，这些村的人均收入水平仍然是偏低的，需要继续努力。

与会同志一致认为，为了尽快实现脱贫致富，首先要树立脱贫志气。既要看到不利条件，又要看到自己的潜力和优势，规划出远景。要自力更生，艰苦奋斗，发挥优势，挖掘潜力，改变生产条件，搞活经济，打开致富大门。要学习沙峪、石马峪等村由穷变富的经验，树立脱贫志气和艰苦创业的精神。

其次，落实具体措施：

1. 深入开展致富大讨论，把群众的思想集中到勤劳致富上来。通过讨论，使干部群众正确领会中央一号文件精神，克服“怕变”、畏难、等靠的思想，敢于致富，开拓门路，靠自己勤劳致富。

2. 继续完善农业生产责任制，努力提高粮食产量。抓好粮食生产，可以促进林、牧、副、渔各业生产的发展，是脱贫致富的一条重要途径。要采取措施，进一步抓紧农业生产，防止农业萎缩。最重要的是继续完善生产承包制。承包合同到期限的，要在×月底前，进行调整、补充，使之提高和完善。

3. 发挥山多优势，植树造林，以果致富。要加强对现有果树的科学管理，提高产果率、好果率，抓紧荒山绿化，植树种草。要改变认为林果生产“远水不解近渴”的观点，有条件的村都要从长远考虑，为后代着想，以×××、×××等村为榜样，认真抓果林生产，打开一条致富的门路。

4. 积极发展“两户一体”，先富带后富。“两户一体”可以经营种植、养殖、加工、修理、运输、建筑等行业，也可以搞服务行业，如开饭馆、办商店、搞缝纫、理发等。我县要把养殖业作为“两户”发展的重点。要大力发展养猪、鸡、鸭、羊、牛、兔以及养鱼、貂、鹿等。各级干部要消除不必要的顾虑和偏见，排除影响“两户一体”发展的障碍，提供各种服务，使“两户一体”在贫困村中迅速发展起来。

5. 依靠本地资源，积极办好企业。要利用本地资源，搞一些力所能及的项目。如采金、开矿、荆编、小木器加工、果品加工、小建筑队等，还可以组织劳务输出。这些项目投资少，见效快，应积极办好。要打开视野，搜集信息，争取项目，利用关系，闯出门路。

6. 加强领导班子建设，带领群众致富。要结合第二批整党把支部班子建设好。要未整先改，从支部做起，自觉纠正新形势下的不正之风。按“四化”标准做好发展新党员，选拔新干部的工作。解决党员干部队伍年龄老化、知识偏低的问题，把那些有知识、有才干、不畏艰苦、富于开拓精神的中青年提拔上来，充实到支部和经济组织中去。每个班子都要有在自己任期内改变家乡面貌的决心。

第三，各部门要通力协作，共同扶贫致富。

民政部门要改变单纯救济观点，把帮助贫困村发展生产作为工作重点。要重点使用资金。

农、林、牧、水产部门，要抽出力量，从生产、技术、信息等方面对山区困难村的种植和养殖业进行指导和帮助。

水利部门要在小流域治理，小型水利建设和解决人、畜吃水问题上对山区贫困村给予优先安排和照顾。

公路交通部门，要有计划地帮助贫困村解决好道路和运输方面的问题。

经委系统要帮助发展乡村企业，扩散产品、增设企业新项目要优先照顾贫困村，从技术、设备、产品销售等方面给予支持。

财贸系统要帮助发展商品生产，搞活商品流通，要帮助搞好产品运输，放手发展集体、个体各类加工业、运输业，让生产者同消费者直接挂钩。要在贷款和减免税收方面对山区贫困村给予特殊照顾。

教育部门要增加智力投资，在保证抓好小学教育的同时，有计划地发展和普及初中教育，重点发展职业教育。

县委、县政府还要指定有经济实力的委、办、局、公司、工厂、商店，实行对口扶贫致富。

第四，×××同志强调，每个村脱贫致富，主要靠自己努力，要争取支援帮助，但不能依赖支援帮助。与村挂钩的县直单位，要实心实意帮助挂钩村脱贫致富。这项工作做得怎样，要作为执行党的决议如何进行考核，并作为年终考绩的一项重要内容。要加强对脱贫致富工作的领导，县、乡党委、政府和各委、办、局，要把这项工作作为工作重点之一。县扶贫领导小组要加强调查研究，具体指导，每季度组织一次汇报。

评析：这篇纪要总的看来，条理基本清楚、层次基本分明、语言基本流畅、问题相对集中。但也有以下几点明显不足之处。

（1）从全文内容来看，标题上应冠以“县委、县政府”的字样，不然读者不清楚这是哪一级机关，哪一个部门的会议纪要。

（2）文章第五自然段，“首先”应另起一段，同后面几条照应。后面用“第三”、“第四”，前面用“首先”、“其次”，在表述上不统一。

（3）文章第五自然段领起的四条措施，前三条讲的是致富措施，是可以“认为”的，但第四条“×××同志强调”在逻辑上与“与会同志一致认为”相矛盾，是一个严重的失误。

（4）删去“×××同志强调”一段，文章显得更简洁、明了。

【习题】

一、填空题

1. 国务院发布的《国家行政机关公文处理办法》规定公文共有________种。

2. 下级机关向上级机关的发文称为________行文，上级机关对下级机关的发文称为________行文，无隶属关系的机关之间的发文称为________行文。

3. 公文的主送机关是指行文的对象，也即公文的受理机关，应当使用全称或________。

4. 通告适用于在一定范围内公布应当_____或者_____的事项。

5. 通知适应于_____下级机关的公文；_____上级机关、同级机关和不相隶属机关的公文；传达要求下级机关办理和需要有关单位周知或者执行的事项及任免人员。

6. 双标题会议纪要的正题阐明会议的________和 _____，副题 ________________会议名称等。

二、判断题（正确的画“√”，错误的画“×”）

1. 发布性通知的标题一般由发文机关、发布与被发布公文标题组成。(　　)

2. 在行政公文中，通知的使用范围最广，使用频率最高。(　　)

3. 事务性通知的事项部分要写受文单位需要了解、知照的事项，主要包括：任务措施、与会人员在会前要作的准备。(　　)

4. 表彰性通报中评价可适当拔高，这样更具有教育意义。(　　)

5. 报告有时可以同时报几个上级机关。(　　)

6. 请示是陈述性公文，报告是请求性公文。(　　)

7. 会议纪要是对会议基本情况、主要精神、议决事项的综合反映文件。(　　)

8. 会议纪要和会议记录都是公文。(　　)

三、写作题

1. 根据公文正文内容的提示，写出标题中的“事由”，并在正文的空白中填上适当的词语或结尾用语。

关于__________的通报

各市、县商业局、厅属各公司：

××石油供应站××油库今年2月25日至28日先后购进60槽车××吨汽油，________输油管爆裂，造成漏油××吨的严重事故。事故发生后，××市商业局和省石油公司进行了联合调查，查明__________事故是责任事故，损失严重。

__________吸取教训，防止再发生类似事故。__________事故原因及处理情况通报如下：

（下略）

××省商业厅

二○○六年×月×日

2. 阅读下列材料，请根据材料内容进行写作。

××市区各中小学校门口，经常围着许多小商小贩叫卖，声音嘈杂，影响学生上课，并诱使一些学生乱花钱。另有一些无业人员经常擅自闯入学校，不听校方劝告制止，在校园内追打嬉闹，干扰了正常的教学秩序。还有一些不法分子，在离校门不远处，拦路敲诈学生，致使许多学生人心惶惶，无心上课。广大师生、家长及群众对这些不良现象反应强烈。为了保障学生的人身安全，维持正常教学秩序，打击不法分子，维护安定的社会局面，经××市公安局与××市教育局协商决定，联合发布一份通告，以制止上述不良现象。

3. 根据下面会议记录的材料，拟写一份会议纪要。

临江县教育局局长办公会议记录

时　间：2006 年 12 月 25 日

地　点：县教育局第一会议室

出席人：临江县教育局局长章××，副局长李××、曹××、张××、陈×

列席人：职教科科长廖××

缺席人：副局长周××因公未到

主持人：章××

记录人：办公室主任方××

章××：今天的局长办公会议重点研究中职学校明年的几项工作。

一、关于中职学校推行学分制工作。

二、明年优秀毕业生的评定工作。

三、如何提高学生的技能水平。

以上三项工作请同志们议一下。

李××：推行学分制工作，是否先试点，取得经验后再全面推开。在试点时，要加大力度，做好宣传工作，要对教师、学生、家长晓之以理，使他们能相互配合，形成良好氛围。

陈×：学分制工作势在必行，试点工作很重要，是否请职教科参照外地经验，先拟个实施意见，我们专门发个文件，以利今后全面推行。（章××点头同意）

曹××：优秀毕业生评定工作，关键是坚持标准，考查德、智、体、能四个方面。通常说的是德、智、体就按照上几年的标准执行。技能方面，优秀毕业生是否加上“必须获取县级学生技能竞赛二等奖”以上这一条。

章××：好的。要突出技能水平，优秀毕业生要做到一专多能，一人多证。

张××：县级优秀毕业生的评选办法，同三好学生评选工作一样，要由下而上，民主进行，做到公平、公正、公开；名额分配原则上按毕业生的2%执行，根据各乡镇中职毕业生的人数而定。××镇为 5 名，××镇为 5 名，××镇为 6 名，××乡为 5 名，××镇为 6 名，××镇为 7 名，××镇为 8 名。

陈×：关于提高学生的技能水平，上周我与县劳动局有关同志碰头，由县劳动局拿出一个方案，到时，我们将方案讨论后，由我们两家联合发文，是否可以。(章××点头同意)

章××：这几项工作经广泛讨论后，已有眉目，各自有了落实。根据今天办公会议讨论意见，由办公室出面，发一个文件，关于要求各乡镇做好中职学校 2007 年优秀毕业生评选工作。

第三章　财经事务文书

第一节　条　　据

一、条据的用途和种类

条据指的是便条和单据。便条在处理突发事件、偶然情况时使用，单据则是一种简单凭证，有时具有一定的法律效力。条据是人们在工作、生活中办理某些事情常用的、具有惯用格式、篇幅短小的一种简便文体。条，是条子、纸条的意思；据，是凭据的意思。

简单方便是条据最突出的特点。简单，表现为条据的文字简洁明了、表述扼要；方便，表现为使用便捷，不受时间地点的限制等。

根据条据的内容和性质，条据可以分为说明类条据和凭证类条据两大类。

说明类条据只是说明某件事情或情况，如请假条、留言条等。

凭证类条据具有一定的证明效力，如领条、借条、收条等，往往作为收支、报销、保存查考的根据，又称为单据。

二、说明类条据的写作方法和要求

（一）请假条

请假条是因事、因病等原因而不能按原定要求办事的时候，向有关负责人递交的说明性文书，说明请假的原因及时间。

例文一

请　假　条

王厂长：

昨天晚上我突然腹泻，经医生检查确诊为肠炎，不能去公司上班，请假 4 天（7 月 5 日至 8 日），望批准。

此致

敬礼

附：××医院诊断证明一份

员工　张扬

2006 年 5 月 11 日

例文二

请　假　条

王老师：

因母亲病危，我打算回家探望，打算请假一星期，从本月 8 日起到 14 日止。请假期间所缺功课，返校后一定努力补上，请予批准为盼。

此致

敬礼

××班学生　王　涛

2005 年 10 月 4 日

（二）留言条

留言条指没有见到对方，而把需要让对方知道的事情告知时写的书面文字。留言条通常写给非常熟悉的人，其格式更为随意、简便。

例文一

××小姐：

我们单位定于明天上午邀请物理学家××作科学报告。现托小王带入场券一张，欢迎你来听听。

×××

××××年×月×日

例文二

××兄：

家乡来人带了点土特产，现托人送上 3 包，请笑纳。

××

××××年×月×日

例文三

老李：

你今天下午 3 点到供销科等我，咱们一起去原料库领材料。来时带上车间的领料单。

老王

××××年×月×日

说明类条据的写作应言简意赅，但要说的事情或时间、地点一定要写清楚，字迹要工整清晰，以免误事。

三、凭据类条据的写作方法和要求

（一）领条

领条是领取钱物的单位或个人在领到钱物后，向发放物品的个人或单位所写的一种凭据类的书面文字。发放人据此报销账目，而领取者据此表示已如数领取。

领条可分为两类。一类是个人在领取到钱物后所写的领条，一类是某单位在领取到钱物后所写的领条。

领条的标题一般由两种方式组成。一种是直接由文种名组成，即写上“领条”字样；另一种是以正文内容的前三个字为标题，即以“今领到”作为标题。

例文一

今领到：

市二商业局教育科《商业职工教育文件选编》伍拾本。

长虹饭店 经办人：赵春化

××××年×月×日

例文二

领　　条

今领到校宣传科发给政治理论课教研室的《江泽民文选》壹佰本。

领取人：唐大刚

××××年×月×日

写领条时的注意事项有以下两点。

（1）领条上应如实记录所领取的钱物的数量、品种，领取钱物要当面点清。

（2）领条所列的数字要求大写。领取钱款时，要在数字后面加个“整”字。如“陆佰圆整”。以免被别人篡改。

（二）借条

借条是个人或单位借用个人或公家的现金、财物时，所写的一种凭证性的应用文。借条也称作借据。

借条的标题也有两种形式。一是直接由文种名构成，即在正文上方居中写上“借条”或“借据”字样；二是在第一行空两格后写上“今借到”作为标题。

例文一

今借到：

刘长江同学的《辞海》（上册）壹本，一月后送还。

此据

借书人：周大可（印章）

××××年×月×日

例文二

借　　据

今向省歌舞团借到男女演出服装共捌套，大、小锣各壹面，三天后归还。

此据

省艺术学校张××（印章）
××××年×月×日

例文三

借　　条

今借到财务科人民币伍仟圆整，作回家探亲用。日后按规定报销，多退少补。

此据

借款人：李小彬（印章）
××××年×月×日

例文四

借　　条

今借到双星砖瓦厂铁牛牌双轮手推车贰拾辆，其中，拾辆是新车，拾辆是旧车。借期一周，于本月20日归还。

经手人：×××中学汪洋
××××年×月14日

写借条要注意以下几个问题。

（1）借条是人们在日常生活中常用的一种凭证，一般除受道义的约束外，还受法律的保护。

（2）借条在钱物归还后，应将条子收回或当面销毁。

（3）借钱物一方在写好借条时，务必要认真清点好所借东西的数量。以防一些不必要的麻烦。

（4）字据文面要干净，不许涂改，若有涂改，需出据方在改动处加盖公章或私章或签名。

（5）钱数必须大写。

（三）收条

收条又称作收据，是在收到对方送交的财物时，写给对方的一种字据。

收条的标题也有两种形式。一是直接由文种名构成，即在正文上方居中写上“收条”或“收据”字样；二是在第一行空两格写上。“今收到”作为标题。

例文一

今收到：

钟成同学还给张斌老师的网球拍一副，完好无损。

代收人：李杉
××××年×月×日

例文二

收　　条

今收到高山乡铁匠沟大队马胜田、牛兴旺二同志送来的棉花技术承包合同资金叁万圆整。

××省农业科学研究所

经手人：张玉山

××××年×月×日

例文三

今收到：

新桥大队王庄生产队养鸡专业户王学真同志夫妇共同捐赠的办学经费伍仟圆整。

李砦农业技术学校（盖章）

经手人：王国锐

××××年×月×日

写收条时，要注意以下几个问题。

（1）在写收条时，务必清点好所收到的物品，钱款的具体数额，做到准确无误，不出差错。

（2）若是替别人代收的，题目应使用“代收到”字样，在文尾署名时用“代收人”三个字。

（3）收条的语言一般较为简单，篇幅往往短小精悍，不得涂改，数目要大写。

第二节　求　职　信

求职信是求职者向公、私机构求职时所写的专用书信。一般而言，求职信分为自荐信和应聘信两类。自荐信属于主动型的，用以自我推荐、介绍个人长处，有目标地寻求职位。应聘信则相对属于被动型的，对方提出一系列要求，根据对方的要求，选择其中适合的一种工作请对方予以考虑。

一、求职信的特点

求职信有以下两个特点。

（1）针对性。求职信既针对用人单位，又针对求职人员的实际情况。

（2）自荐性。求职信是写给可能招收自己成为其中一员的单位的。其目的就是推荐自己，以期成功地得到自己想要的工作岗位，从这一角度看，求职信同推荐信是相同的，那就是要阐明自己的专长和技能，向用人单位推荐自己。

二、求职信的类型

一般而言，求职信有三种类型。

（一）毕业生求职信

我国每年都有大量的大、中专学生和各种职业技能学校的毕业生，这些学生大部分需靠自己去联系工作，他们同用人单位的接触主要就是以求职信的方式进行的。

（二）待业、下岗人员的求职信

在社会主义市场经济条件下，由于市场的竞争、劳工的重新组合，出现了许多的下岗工人。他们要谋求到新的工作岗位，除了进行相应的职业技能培训外，还要学会客观、真实地把自己推荐给有关单位，因而求职信对他们再就业来说也是极其重要的一个求职工具。

（三）在岗者求职信

一些在岗人员，由于不适应该岗位，或学无所用，或潜能得不到发挥，或为了谋求更好的职位，也会向其他用人单位寻求新的工作岗位。

三、求职信的写作方法

求职信一般由标题、称谓、正文、结尾语、落款、联系方式和附件组成。

1．标题

居中写“求职信”，字体稍大些。

2．称谓

另起一行顶格写明用人单位名称或负责人的姓名、职务，后加冒号。

3．正文

称谓之后另起一行空两格。正文需要写明以下几点。

（1）自己的个人情况。如学历、社会实践、经验、能力、爱好等。

（2）自己应聘的职位，以及自己适合这个职位的优势。

4．结尾语

可以写表示祝愿或致敬的话，如“祝贵公司兴旺发达”，也可以采用通用的“此致　敬礼”、“谨祝商祺”之类的祝颂语。

5．落款

落款包括署名和日期。署名应写在结尾语下一行的右下方，署名的下方注明写信的日期。

6．联系方式

要写明电话、住址等。

7．附件

附件是用来提供证明自己身份、才能的一些文件，如身份证、毕业证、获奖证书、技能证书、创作作品等的复印件。

四、求职信的写作要求

写作求职信时，须注意以下几点要求。

（1）自我介绍要有针对性。要根据自己应聘的职位的要求，准确、真实地介绍自己适合该职位的优势。

（2）自我评价要客观。求职信自始至终要注意刻画自己的形象，既不必过于谦虚，也不能自我吹嘘，要体现出自己的自信。过于谦虚会给对方留下一个虚假的印象或是以为你真的不行，结果埋没了自己；自我吹嘘会给对方留下不真诚的印象。对自己的介绍要有度，要恰如其分地展示自己的特长和优势，所说要与事实相符，不能说谎，应客观、准确地评价自我。

（3）求职信要简短、精悍，且美观、大方。因求职者众多，而招聘者人力、时间有限，因而求职信不要写得过长，若是手写资料，务必要美观、整洁、清晰，字迹不可潦草或模糊不清。语气要中肯，语言要简明，态度要谦和，用语要有分寸。

以下是一篇求职信的例文：

求 职 信

××公司经理先生：

我是××学校××专业即将毕业的学生，很想在贵公司找到一份工作。

据我所知，贵公司管理有方，实行人才、信誉并重的方针。尤其能选贤任能，人尽其才。因此，办事效率高，人际关系融洽，上下员工团结，工作氛围和谐，无论是科研，还是生产，都搞得生气勃勃，有声有色。今年上半年在贵公司实习期间，我对此深有感受。我想，在如此和谐、团结、宽松的环境里工作，不仅会心情愉快，而且会早出成果，不断进步。

我学的专业是“机制工艺”。到目前为止，全部学业都已出色完成，成绩优秀（附本人简历表及在校期间各科成绩一览表各一份）。在校期间，我连续三年被评为“三好生”，毕业前夕又被评为“优秀毕业生”。我的三篇专业论文分别发表在××杂志和××日报上，并分别获得××省中专学生科研二等奖、青年科技进步奖。目前，我又在研究××机切割工艺，初步成果已得××老师的赞赏，一旦成功，将会对贵公司的生产有所帮助。

我深知贵公司是人才济济的单位，像我这样一个刚要走出校门的学生想挤占一席之地，是相当困难的。但我坚信自己有能力叩开贵公司的大门。我凭自己所掌握的本专业的知识、所具备的操作技能和科研能力，尤其在××工艺方面的专长，一定能在贵公司崇尚的平等竞争中获得成功。

最后，我恳切地希望经理先生能考虑这份求职书，能给我一个为公司效力的机会。我热切地期盼着您的答复。

此致

敬礼

×××学校：×××

××××年×月×日

第三节　申请书、委托书、赠与书和催款书

一、申请书

（一）申请书的概念

申请书是个人或单位因某种愿望、要求和需要，向有关部门、组织提出书面请求而写作的文书。申请书的用途非常广泛，个人入团、入党、入会、参军、开业、调动等，企事业单位向上级提出的一些要求等，都可写成申请书向有关部门反映并请求予以批准或解决。

（二）申请书的格式和写法

申请书有比较固定的格式，一般由标题、称呼、正文、结语和落款组成。

1．标题

申请书的标题由事由加文种组成，如“开业申请书”。申请书的标题还可以只写“申请书”三个字。

2．称呼

称呼也称为“抬头”，指申请书的受文者，它既可以是机关、团体、单位的名称，如“××市工商管理局”，也可以是具体的负责人的姓名加职务，如“××经理”。申请书的称呼写在标题下一行的顶格处，称呼后面要加冒号，表示下面有话要说。

3．正文

正文即主体部分，由事由和要求或愿望两部分构成。事由就是申请人因什么事、什么情况、什么理由而要提出这种申请。要求或愿望是申请书的核心。在说清事由之后，提出要求或愿望。所提的要求或愿望，一要郑重严肃，二要考虑是否符合实际、符合政策规定。

4．结语

在申请书中，结语一般是写“此致　敬礼”，也可以写“请予批准”等。

5．落款

在结尾的右下方，署上申请人的姓名或申请单位的名称，在署名的下面写明申请的时间。

无论哪类申请书都一定要把事项和理由写清楚，使阅读者能快速、准确地理解。以下是一篇申请书的例文。

××市工商行政管理局：

我于2001年中专毕业后，一直未找到工作，长期在家待业。我对摄影素有爱好，经过自学钻研，加上××照相馆摄影师××的指点，学会了摄影、冲洗、放大、着色等技术，并依靠父母及亲友的帮助，筹集了人民币20 000元，已购得数码照相机一部，并备有放大机、切相机、冲印器具以及小暗室一间，已基本具备了个体户的开业条件。现拟申请开业，设“阳光”照相门市部，门市部地址在市××街××号。希望尽快发给我营业执照。可否，请核查。

申请人：刘××

2006年×月×日

二、委托书

（一）委托书的概念、种类和作用

1．委托书的概念

授权委托书是常用的一种委托书。授权委托书是委托人把代理权授予受托人，让受托人以委托人的名义在委托人的授权范围内，代为实施一定行为的证明文书。委托人可以是诉讼当事人、法定代表人和法定代理人。能够充当受托人的是律师、诉讼当事人的近亲属、社会团体和当事人所在单位推荐的人，以及经人民法院许可的其他公民。

2．委托书的种类

授权委托书一般可以分为民事代理的授权委托书和民事诉讼代理的授权委托书两种。民事代理的授权委托书是非诉讼性的委托代理证明文书，它是委托人委托受托人进行非诉讼活动的依据；民事诉讼代理的授权委托书是诉讼性的委托代理证明文书，它是诉讼当事人、法定代表人或法定代理人委托受托人进行一定诉讼活动的依据。

3．委托书的作用

委托书有以下几点作用。

（1）确定受托人的代理权限。授权委托书以书面形式明确而具体地确定受托人的代理权限，以防止受托人超越代理权限的行为。

（2）明确委托人的责任。受托人凭授权委托书取得代理权，以委托人的名义，在委托人授权范围内进行的活动，后果要由委托人来承担。授权委托书能明确委托人的法律责任，防止其反悔、抵赖。

（3）有利于保护当事人的合法权益。在司法实践中，有些诉讼当事人虽然具有诉讼行为能力，但因病、因事不能参加诉讼或是认为自己的知识和能力有限，不如委托他人代替自己进行诉讼。

（二）授权委托书的格式

授权委托书

委托人：姓名、性别、出生年月、民族、工作单位、职业、住址。（委托人为单位的，写明单位名称）

受托人：姓名、性别、出生年月、民族、工作单位、职业、住址。（受托人是律师的，只写姓名和所在律师事务所名称）

委托人因××××（写明案件性质及对方当事人）一案，委托××为××（一审、二审或再审）的代理人（或辩护人），代理权限如下：

[委托刑事案件的辩护人，只写“为被告人××（姓名）××一案第×审进行辩护”]

（委托经济、民事、行政等案件代理人的，须写明代理权限；特别授权的，应写明授权的具体范围，如代为起诉、提出反诉、进行和解、撤诉、上诉、签收法律文书等）

委托人：（签名或盖章）

受托人：（签名或盖章）

××××年×月×日

例文一

委 托 书

××公证处：

我作为（单位）的法定代表人，委派（姓名、性别、出生年月、工作单位、职务、住址）为全权代表，与我单位的公派出国留学人员签订《出国留学协议书》，并代表我单位处理该协议书中的一切事宜。

本委托书有效期自2005年7月2日至2005年7月20日。

委托单位：（印章）
法定代表人：（签字）
2005年7月2日

例文二

委 托 书

中国××××××中心：

今委托×××××××××（单位），办理我单位域名注册申请事宜，递交域名注册申请材料，首年年度运行管理费由×××××××××缴纳，域名注册证请寄至申请单位域名管理联系人。

特此委托

委托单位：（签章）
××××年×月××日

三、赠与书

（一）赠与书的概念

赠与书指财产所有权人在法律允许的范围内，自愿将个人的财产无偿地转让给受赠人所出具的文书。赠与人应当是有行为能力的公民，未成年人或精神病人的赠与行为是无效的；接受赠与的即受赠人，可以是公民，也可以是国家、机关、团体或其他组织。

赠与是双方的法律行为，其要点是赠与人出于自己的意志将个人所有的合法财产（包括钱和物）的所有权进行转让，受赠人表示同意，并接受转让。赠与一般应采取书面形式，同时应通过公证机关公证，以防止以后发生纠纷。不动产如房屋等、价值较大的动产如车辆、船只等，在赠与时还应当经有关部门办理过户登记手续。

（二）赠与书的写法

赠与书没有统一规范的形式。从实践中通常使用的模式看，赠与书的结构一般由首部、正文和尾部三部分组成。

首部写明标题和当事人的基本情况两项内容。

标题一般只写“赠与书”即可。

当事人的基本情况要先写赠与人的，再写受赠人的。赠与人是公民的，写明姓名、性别、出生年月日、民族、籍贯、职业或职务、住址等；受赠人是公民的，也要写明姓名、性别、出生年月日、民族、籍贯、职业或职务、住址等；受赠人是国家机关、社会团体或其他组织的，写明其单位全称、地址及其法定代表人或代表人姓名、职务。

正文包括以下几点内容。

（1）赠与人与受赠人的关系。如果当事人之间存在某种关系，而这种关系与赠与行为有联系，便需要写明，否则可以不写。

（2）赠与原因。一般应交代因什么原因作出赠与决定。如受赠人有困难或受赠人从事某种事业，急需某种物品，因而赠与人自愿相助，赠以财物。如果将财物赠与国家机关、集体组织或社会团体，除写明原因外，还可对财物使用、保管等提出要求和建议。

（3）赠与事项。主要写明赠与财产的名称、范围、数量（数额）等具体情况。这项内容要根据赠与物的不同情况来写。如房产应写明是楼房还是平房、房屋的位置、结构、间数、面积、证书编号及有何附属物等情况；现金应写明币种及数额；存款除写明数额外，还应写清存款银行账户及办理过户手续；若是其他物品，应写明其名称、数量、型号、规格等情况。

（4）赠与人对受赠人的要求或希望。有的赠与人对受赠人在所赠与财产的使用方面提出具体要求，有的则提出建议或希望，也可以不写这项内容。

正文之后，为避免以后发生争执，以“特立此赠与书，以资证明”或“恐后无凭，特立此为凭”等语作结。

尾部由赠与人、受赠人在正文右下方签名盖章，并写明具体时间。有证明人的，证明人也应签名盖章。正文左下方写明赠与书一式几份及执、存事项。

需要说明的是，赠与书若以赠与人个人的名义出具的，应写明附项；而经过公证机关公证的赠与书，是公证书的附件，其尾部不需要再写附项。

赠与属双方的自愿行为，如果受赠人拒绝接受赠与，赠与关系则不能成立。赠与书的写作要求语言明确、表述严谨，各项写作内容须完备，以免影响实际效力。

常用赠与书的格式如下。

赠　与　书

赠与人：×××，男（或女），××××年×月×日出生，住××省××县××乡××村。

受赠人：×××，男（或女），××××年×月×日出生，住××省××市××街××号。

我，×××（赠与人姓名），是×××（赠与财产的所在地区街号或财产名称）产权的所有人。我自愿将×××（赠与财产的所在地区街号或财产名称）赠送给×××。

赠与人：×××（签名或盖章）

××××年×月×日

例文一

赠 与 书

赠与人：郑××，男，62岁，汉族，××省××县人，住××县××乡××村××组。

受赠人：张××，男，34岁，汉族，籍贯、住址同上。

赠与人郑××没有儿女，长期以来得到张××的关心和照料。现郑××愿将自己六间瓦房中东边的两间赠与张××，特立此赠与书，以资证明，并约村委会主任李××作证人。

赠与人：郑××（签名）
受赠人：张××（签名）
证明人：李××（签名）
20××年×月×日

例文二

赠 与 协 议

赠与人：杨×，男，一九××年×月××日出生，现住××市×街×号。李×，女，一九××年×月××日出生，现住××市×街×号，系杨×的妻子。

受赠人：杨××，女，一九××年×月××日出生，现住××市×街×号，系杨×、李×夫妻的女儿。

××市×街×号的房屋一套（建筑面积85.4平方米），产权属于杨某、李某夫妻私有，该房无产权纠纷，无其他共有人。现因赠与夫妻的儿女均已成人，房屋居住紧张，经协商后为女儿杨××在房屋西南面分割二间独立居住，计建筑面积约23平方米，并且将该二间房屋产权一并赠与女儿杨××所有（见附图）。受赠人表示接受赠与，恐口说无凭，双方特立本协议为凭。

本赠与协议经双方签字并公证后生效，双方均不得反悔。

赠与人：（签名）
受赠人：（签名）
200×年×月×日

附图：（略）

四、催款书

（一）催款书的概念

催款书是催款单位对超过规定期限尚未交款的单位进行查询和催收的一种文书。

（二）催款书的格式和写法

催款书可以用固定格式的表格，也可以写成便函。但不论采取哪种形式，一般都应该包括以下几个内容。

（1）标题和编号。标题要简明，一般写作“催款通知单”、“催收、清理联系单”等字样。

如果催收的是紧急款项，可在标题前加上“紧急”二字。标题下要注明编号，以便于查询和联系。

（2）称呼语。这是对受文对象的称呼，即欠款单位或个人的名称。

（3）催收的内容。应该具体、准确地写明双方发生往来原因、日期、发票号码、欠款的金额或货物的数量，以及款、货拖欠的情况。

（4）处理意见。一般是再确定一个付款期限，希望对方从速交付。同时也可以把再次逾期将要采取的措施告诉对方，如停止贷款或收取逾期罚金等。

催款书的内容要写清楚、具体；处理意见既要有催促的作用，又要符合财经政策；文中所写的日期、金额、账号等数字要准确无误。

例文一

催款通知单

×××厂财务部：

你单位××××年×月×日向我厂订购×××，货款计金额×××元，发票号为×××，该货款至今尚未支付给我厂，影响了我厂资金周转。接到本通知后，请即刻结算，逾期按银行规定加收×%的罚金。如有特殊情况，望及时和我厂财务部×××联系。我厂地址：×××，电话：×××。

××厂财务部（盖章）
××××年×月×日

例文二

请协助催收、清理货款联系单

×××银行信贷科（股）：

你行开户单位×××（账号×××）结欠我行开户单位×××（账号×××）货款×××笔，金额×××元（请见下列清单），迄今尚未划付。为了加速资金周转，支持生产发展，请你行协助，根据有关结算办法，督促企业迅速划付清理，并请见复；如有其他情况，烦请来函告知为荷。

此致

敬礼

×××银行信贷科
××××年×月×日

第四节　启事和声明

一、启事

（一）启事的概念和种类

启事是组织（或个人）公开向大家说明，让更多人知晓的公告性文体。启事可以张贴、散发或通过报刊、电视、广播等媒体进行广泛传播，是树立组织形象，扩大知名度的有利手段。

启事的种类有几十种之多。常见的启事有 “寻人启事”、“招聘启事”、“招工启事”、“招商启事”、“征订启事”、“开业启事”、“征婚启事”、“招领启事”、“更名启事” 等。

（二）启事的格式和写法

启事的格式一般是由标题、正文、署名、日期等项组成。标题应明确，寻找走失的人，就写“寻人启事”；寻找遗失的东西，就写“寻物启事”；有些声明性的启事，标题还要写“关于××的启事”。正文部分要写清启事的事由或遗失东西的名称、形状、特征等内容。内容太多，如声明性的启事，要把内容一条条依次写出来。除此之外，后面还要写表示感谢的话及感谢的方式，如“登门致谢” 等。有的启事还要写清联系地点和方式等。

启事要求简单、明白。写得不明白，别人无法来联系，也自然无法帮助你了。写得简单，一眼能看明白，才是好的启事。文字要清楚，书写要工整。启事是张贴出来，请别人来帮忙的，若写得潦草，别人看都看不明白，想帮忙也帮不上。

例文一

招 聘 启 事

青岛××有限公司（香港独资）随着公司业务的不断扩大，经市人才交流服务中心批准，现诚聘销售公关小姐 6 名，具体条件如下。

1. 应聘条件：具有本市户口，中专以上学历，年龄 20 岁左右，身高 1.60 米以上，相貌、气质佳，口头表达能力强。

2. 本公司对受聘人员试用 3 个月，正式聘任后工资待遇从优。

3. 招聘方法：应聘人员持简历、照片、学历证明到××××报名。

时间：××××年×月×日上午 8：30～11：30，下午 2：00～5：00。

联系人：×××，电话××××××××。

例文二

开 业 启 事

本商店装修工程已告完工，定于×月×日正式开始营业，经营×××。欢迎广大顾客前来选购。

×××商店

××××年×月×日

例文三

迁 移 启 事

由于我公司需要扩大经营规模，增加人员编制，从××××年×月×日起我公司迁移到×××办公。现将新地址、电话通知如下：

地址：××××××

电话：××××××

×××公司敬启（盖章）

××××年×月×日

二、声明

（一）声明的概念和种类

声明是组织（或个人）为维护自身的利益而表明态度、立场或说明事实真相所公开发布的说明性文书。声明的种类较多，如“公司声明”、“法律声明”、“版权声明”、“本站声明”、“严正声明”、“免责声明”、“遗失声明”等。

声明可以分为两种：一是重大声明，用于国家对重大的国际国内问题、时局、事件发表看法和主张；二是一般性声明。一般性声明就其内容来说，又可分为两类：一是个人或团体因某种合法权利受到损害和侵犯，为保障自我权益，引起公众注意而发出的声明；二是个人或团体遗失了重要证件、票据，为防止被人非法利用，提请公众或有关部门注意而发的声明。

（二）声明的格式和写法

声明一般由标题、正文和落款组成。

声明的标题写在第一行正中。

声明的正文一般由引言、主体和结尾三部分组成。引言说明发表声明的缘由、依据或意义。简短的声明可以省去引言。结尾多用“特此声明”作结。

落款指写上声明单位名称或个人姓名及发文日期。

例文一

××贸易公司郑重声明

凡未经××××许可，以任何形式制造、销售或使用与×××注册商标相同或相似的商标时，均属侵犯注册商标专用权，对上述侵权行为，××××将联同中国国际贸易促进会专利商标事务所依法追究侵权的法律责任。

××贸易公司（印章）

××××年×月×日

例文二

××酒厂授权××律师事务所
张××律师严正声明

××酒厂生产的××牌曲酒，多次获得国内外大奖，深得顾客喜爱，一直畅销不衰。近来，一些外地企业竟然假冒××牌商标，制造劣质曲酒，牟取暴利，不仅严重地损害了消费者和××酒厂的合法权益，而且扰乱了社会主义市场秩序。除已报请工商管理部门严肃查处此种违法行为外，本律师受权特作严正声明如下：假冒××酒厂××牌生产与销售劣质曲酒者，必须立即停止生产与销售，如仍执迷不悟，一经发现，即将依法追究其法律责任。同时，敬告广大消费者，认清××牌商标，勿被假冒者所骗。如能查获假冒产品及假冒行径者，告知工商管理部门，××酒厂或本律师事务所当予以重奖。

特此声明。

××律师事务所
张××
20××年×月×日

注意格式的规范性，确保声明的严肃性。

注意态度的明确性，不可含混其辞，模棱两可。如系支票、证件丢失，要写明其原有编号，并声明作废，以免被人冒领或拾去进行非法活动。

【习题】

一、填空题

1. 条据分为____和____两种。
2. 求职信一般分为________、________和________三种类型。
3. 求职信一般由____、____、____、____、____、____和____组成。
4. 申请书中提出的要求和愿望一要________，二要________________。
5. 赠与书的正文包括________、________、________和________四点内容。
6. 声明引言部分应说明发表声明的______、______或______。

二、指出下面文书的错误，并修改。

1.　　借　据

今因装修房屋尚缺资金，特向刘××借人民币5 000元整，利息不计。此据。

借款人：吴××
2003年12月28日

2. 授权委托书

委托人：王××

受托人：李××

现委托李××在我与黄××财产纠纷一案中，作为我参加诉讼的委托代理人。

委托权限：全权代理。

强华全

十一月二日

三、写作题

1. 用以下所给材料写作。

姜冬是1999年从××大学毕业后分配到××学院的，目前是该院会计结算中心高级会计师，姜冬与爱人长期两地分居，75岁高龄的父亲年老多病，且于1998年患半身不遂，生活不能自理。姜冬的妻子在家务农，有子女两个。姜冬家乡××省××县距其工作地近400公里。平日，照顾老人、教养子女以及家庭内外劳动，都由其爱人一人承担，由于长期操劳，其妻也疲劳过度，目前已难以支撑家庭局面。请代姜冬写一份调动工作的申请书。

2. 用以下所给材料，写一篇启事。

前江摩托车总店已开业多年，很受各界人士的支持和青睐，业务日益发展。为适应市场需要，方便顾客购买，于2006年10月28日起在人民南路12号增设了一家分店。经理王哲本着“一流产品理当一流服务”的宗旨，特购进中外名牌豪华摩托车一批（排气量从70CC～450CC），经营方式是兼营批发零售。为扩大知名度，请你代该店撰写一篇启事。

第四章　计划和总结

第一节　计　　划

一、计划的概念和特点

计划是人们在一定时期内为完成某项任务而事先所作的筹划和安排。它具有以下一些特点。

（1）预见性。计划是工作开展之前，根据本单位、本部门的具体情况，结合当前的形势、市场发展的规律，准确地预见未来，以对未来工作进程和结果的设想和打算。计划实际上是一种预测或谋划，是针对未来的战略思维。因此，它具有预见性。

（2）创新性。不论是中、长期计划，还是近期计划，其内容都要有新意。对一个企业来说，在发展的规划、计划中，要有新产品、新技术、新的经营战略，否则，这个企业不仅不能发展，而且连生存也会出现危机。

（3）可行性。计划的目的在于实践。因此，计划必须具有可行性，必须能够成为下一段时间工作的依据和准绳。要做到这一点，制订计划应该坚持实事求是的科学态度，从实际出发，把计划定得先进可行，经过努力能够达到；既要反对盲目追求、无法实现的高指标，又要反对因循守旧，把目标、指标定得太低。

（4）指导性。计划根植于实践，又指导实践，是指导下属或本单位、本部门进行工作的奋斗目标和行动纲领。计划经过上级机关审批以后，就具有权威性。它既是行动的方向，又是指导工作的根据。因此，在写计划前，一定要认真调查研究，慎重落笔，防止失误。

小资料

计划的种类

计划类文书，有计划、规划、方案、纲要、要点、打算、设想、预测和意见等，这些文种之间有范围、时间、粗细、远近等方面的差别。一般来说，规划、纲要的时间跨度大、范围广，带有全面性和长期性；方案、预测的时间跨度小，多用于专项工作，思考得较细；计划的时间有长有短，内容可全面可单项，如五年计划、年度计划、季度计划和月度计划，其内容有国民经济发展计划、工业生产计划、教育工作计划等；设想、打算属于初步的或非正式的东西，设想的时间较长，打算的时间较短，思考不很周密，带有粗线条的色彩。

二、计划的写作格式

完整的计划格式，一般包括标题、正文和日期三部分。

1．标题

计划的标题写在第一行正中，如果标题过长，可分多行书写，但要注意匀称、美观。标题一般包括单位名称、有效期限和文种，例如“××省财政厅2006年工作计划”，如单位名称不在标题上出现，可以写在正文的右下方，制订计划日期的上一行。

2．正文

正文由前言、主体和结尾三个部分构成，在标题下一行空两格起写，在写法上，可以按依据、做什么和怎么做的顺序来写。

依据用来说明制订计划指导思想，分析基本情况。

指导思想是制订计划的灵魂，必须根据党和国家有关的路线、方针、政策以及上级有关指示、要求，结合本部门、本单位的实际情况来决定。

分析基本情况是制订计划的基础。在制订计划时，既要分析前期的工作或生产经营等方面的情况，又要预计本期社会经济（尤其是市场需求）的新形势、新特点，密切联系本单位的实际情况，找出内部和外部的有利因素和不利因素，预测计划执行情况，并预测计划执行中可能产生的问题。分析基本情况一定要细致周密。

做什么指计划的任务和目标。在分析基本情况的基础上，提出一定时期的具体任务和奋斗目标，这是计划的核心内容。在提出任务时，要主次分明，重点突出，具体明确。对于指标增减变化的原因必须说清楚；对于完成任务的各种有利因素和不利因素，必须作具体分析，正确评估完成任务的可能性。

怎么做是完成任务和目标的具体措施、方法、步骤等。措施要有科学性和针对性，既要提得充分具体，又要切实可行，计划的完成才有保证。至于实现计划的方法、步骤等，都应尽可能写明。

计划正文的内容虽多，但在写计划时，方法灵活，不一定每一项内容都写。可以把指导思想和基本情况放在一个小段里（如果本期计划前面已有前期的总结或工作回顾，可以不写基本情况），也可以把基本情况和任务要求合在一起写，还可以把任务要求和具体措施穿插在一起写。对于与计划有关的材料，在正文里一条条表达不方便，可以附表、附图，作为附件放在最后，不写在正文里。总之，正文怎么写要根据计划内容和写作的需要而定。

3．日期

日期写在正文下一行的右下方。如在标题中已写明了制订计划的单位名称，这里就不必再写。

三、计划的表现形式

计划的表现形式一般有以下三种。

（1）条文式。将计划的任务和目标以及完成任务、目标的具体措施、方法、步骤等分条列款进行表述。

（2）表格式。将要完成任务、目标的具体措施、方法、步骤等设计为表格，商业计划书多采用这种形式。

（3）条文、表格混合式。将计划任务、目标设计为表格，拟订计划的依据等用文字进行说明。

计划有特定的对象和目的，它是让人执行的。因此，计划的语言必须做到准确、简明、通俗易懂。

四、例文评析

例文一

××厂核定2001年度流动资金定额工作计划

根据上级关于核定流动资金定额通知的精神，现提出我厂核定2001年度流动资金定额工作计划如下。

一、目的和要求

在去年核资的基础上，结合企业内部整改中揭露的问题，发动群众挖掘资金潜力，按照正常生产最低需要的原则和加速资金周转的要求从紧核定资金定额，通过核资，建立健全制度，进一步提高企业的管理水平。

二、方法、步骤

1. 方法。这次核资采取分级归口、自查自核、专业部门协助的办法进行。具体作法是：

①定额计算，以第二季度生产计划为依据。

②一切不参加正常周转的呆滞、积压物质和供、产、销各个环节上不正常因素所需的额外资金，不包括在核定范围之内。

③凡是原材料供应方式、地点、价格发生变动，产品生产周期和存放期限发生变化，或者销售条件和结算方式有改变，均据实予以调整。

④供应正常，可以保证供应或有其他代用品的原材料，一律不计算保险日数。

⑤各项定额均须分细项计算，并计算系数。一般原材料和辅助材料应分小类计算。同时，认真计算定额负债（包括税金、应付工资等），以防止资金使用上的浪费。

2. 步骤。第一步，各部门自查自核，财务科配合协助；第二步，全厂平衡，汇总上报；第三步，由厂部负责建立健全制度，深入动员，做好执行定额的思想准备和具体落实措施。

三、时间安排

总的时间为一个月，自元月3日起到元月31日结束。

1. 元月3日至8日财务科内部测算，开始拟定资金归口管理办法，厂部动员。

2. 元月9日至17日各部门准备资料，发动群众讨论，自查自核。

3. 元月18日至24日财务科综合平衡，上报方案，各部门酝酿讨论资金归口办法，开会听取汇报。

4. 元月25日至30日向上级办理资金交拨，公布资金归口办法。

××厂办公室

2000年×月×日

评析：这是一份条文式工作计划。计划开头简要说明提出计划的依据，即“上级关于核定流动资金定额通知的精神”，然后围绕“核定2001年度流动资金定额”这个中心工作，首先提出任务、目标和要求，然后制定了完成任务、目标的方法、步骤。计划中还对完成任务的时间分几个阶段作了具体安排。任务明确、内容具体，措施有力。

例文二

商务出差计划（陈力总经理）

日　期	具体时间	交通工具	地点	事　项	备　注
4月11日（星期一）	8：50～11：20	民航班机	北京（出发）	出发到广州	
	12：00～14：30		广州	与李先生在南方大酒店午餐聚会	
	15：00～17：00		广州	在银海大厦四楼与张先生会谈	
	18：00		广州	晚餐、住宿在新天酒店	
4月12日（星期二）	8：30～11：30		广州	与嘉华电子有限公司的王总会谈	
	14：00～16：40		广州	到公司驻广州办事处检查工作	
	17：00～20：30	民航班机	广州（出发）	从广州返回北京	

评析：这是一份表格式商务出差计划。一般来说，商务出差计划至少应包括以下几项内容：确定出差的时间、启程及返程日期和接站安排；预定出差的路线、终点及途经地点和住宿安排；选择适当的交通工具及停留地的交通安排；准备需要携带的必要资料；征询上司或接待人的特别要求；查明上司出差区域的天气状况；安排会晤计划，包括约会、会议计划（人员、时间、地点），同时准备会晤人员的名单和会晤主题；准备差旅费用，即预借现金、兑换外币、办理旅行支票等。

第二节　总　　结

一、总结的概念和特点

对已做过的工作进行回顾、分析，并提到理论的高度，肯定已取得的成绩，指出应汲取的教训，以便今后做得更好，将这些内容用书面文字表述出来便是总结。

总结是对过去某一时期或某项工作的情况（包括成绩、经验和存在的问题）的总的回顾、评价和结论。

总结具有以下几个特点。

（1）内容的自我性。总结是人类自身实践活动的产物。它以人类自身实践的事实为材料，以回顾自身工作情况为基本内容，以评价自身实践活动的经验教训为目的，总结出来的理性认识又反过来指导以后的工作实践。因此，内容的自我性是总结的本质特点。

（2）回顾的理论性。总结是对人类工作实践活动的本质概括，应当忠实于人类自身工作实践活动，但是，总结不是工作实践活动的记录，不能完全照搬工作实践活动的全过程。要在回顾实践活动的基础上，进行分析研究，归纳出能够反映人类实践活动的本质规律，把感性认识上升到理性认识，这是总结的价值所在。

小资料

总结的种类很多，如思想总结、学习总结、生产总结、工作总结、个人总结、集体总结、阶段总结、季度总结、学期总结等。

二、总结的写法

（一）总结的内容构成

总结一般由标题、前言、主体和结尾四部分构成。

1．标题

总结的标题大体上有两类构成形式：一类是公文式标题；一类是非公文式标题。公文式标题由单位名称、时限、事由和文种组成，如《××学校 2005 年度教学工作总结》；有的只写《工作总结》。非公文式标题则比较灵活，有单行标题和双行标题两种，如《推动人才交流，培植人才资源》、《加强医德修养树立医疗新风——××医院惠侨科精神文明建设的经验》。

2．前言

前言即正文的开头，一般简明扼要地概述基本情况、交代背景、点明主旨或说明成绩，为主体内容的展开作必要的铺垫。

3．主体

主体是总结的核心部分，其内容包括作法和体会、成绩和问题、经验和教训等。要在全面回顾工作的基础上，深刻、透彻地分析取得成绩的原因、作法，以及存在问题的根源和教训，揭示工作中带有规律性的东西。回顾要全面，分析要透彻。

4．结尾

结尾可以概述全文，可以说明好经验带来的效果，可以提出今后努力的方向或改进的意见。

前言、主体和结尾可以统称为总结的正文。

（二）总结的正文内容常见的表现形式

总结的正文内容有以下几种常见的表现形式。

（1）条目式。把总结的材料概括为要点，按一定的次序分条列款，一项项地写下去。这种写法条理清楚，但欠紧凑。

（2）三段式。即以人们认识事物的思维习惯为序，先概括性地交代总结的内容，点出基本观点，接着叙述事情经过，同时配合议论，进行初步分析，最后总结出几点体会、经验和存在的问题。

(3) 分项式。即不按事件本身的发展顺序，而是把做了的事情分为几类，一类一项地写，每类问题又按先介绍基本情况，再叙述事情经过，最好归纳出经验和问题，然后再按相关的顺序来写。这种写法较复杂，一般是综合性的总结才采用。

(4) 漫谈式。如向别人介绍自己的学习经验，就可用漫谈式，把自己的实践、认识、体会慢慢叙述出来。

各种表现形式都有利弊，在写作总结时，要从自己的实际出发去选用，也可创造其他形式。

三、撰写总结应注意的问题

（一）坚持实事求是原则

实事求是原则指从实际出发，有一说一，有二说二，老老实实，认真负责。写总结要防止几种情况：一是因领导要求写，而不得不写，写几行便敷衍过去，这是不严肃的态度；二是把写总结当做吹嘘自己、捞取好处的机会，将小事说成大事，甚至捏造事实，弄虚作假；三是将总结写成了检讨书，把工作说成一无是处。这些都不是实事求是的态度，应尽量避免。

（二）总结要有理论价值

总结很容易写得千篇一律、缺乏个性。当然，总结不是文学作品，无须刻意追求个性特色，但千篇一律的总结是不会有价值的，因而也是不受人欢迎的。要写出个性，要有理论价值。一方面，要抓主要矛盾，无论是谈成绩还是谈存在的问题，都不要面面俱到。另一方面，对主要矛盾要进行深入细致的分析，谈成绩要写清是怎么做的，为什么这样做，效果如何，经验是什么；谈存在的问题，要写清是什么问题，为什么会出现这种问题，其性质是什么，教训是什么。这样的总结，才能对前一阶段的工作有所反思，并由感性认识上升到理性认识。

（三）总结要用第一人称

即要从本单位、本部门的角度来撰写。

以下是一篇总结的例文。

××证券公司××路营业所 2001 年工作总结

每当回首往事的时候，才能发觉时间的流逝是那么快，不知不觉中，2001 年即将走完。想起我们营业部全体员工在这一年中披荆斩棘、风雨同舟的艰苦历程，想起由此而取得的一些成绩，我们心中总是会感到一丝宽慰，但是每当想起日趋激烈的竞争环境、新迁营业部的大量工作需要去完成，我们又感到焦虑和不安。马克思说：人类因为热衷于总结过去而进步。的确，我们的工作也只有在不断地总结过去、修正谬误的过程中才能得以进步和提高，在此我们以认真深入和细致客观的态度对营业部在这一年来所开展的工作进行总结，力求获取更多宝贵的经验和教训。

一、过去一年的主要工作和成绩

（一）业务发展取得了较大的突破

今年在分公司领导的正确领导下，我们努力实施“以大户为主”的战略，通过营业部全体员工的共同努力共完成各类证券交易量 14 100 万元，其中 A 股 8 789 万元，基金 4 565 万元，国债 746 万元，股民存款保证金余额达到 587 万元，实现利润 820 万元，创造了营业部历史上最好成绩，也使得营业部的整体经营开始发生“质”的变化，即正在实现由一个以散户为主要服务对象的营业部逐步向以大户、机构客户为主要服务对象的营业部过渡。同时，分公司领导果断决策，在六月份制定出大迁移的方案，决定将原 × × 营业部搬迁至 × × 路 × × × 小区附近一座面积达 11 000 平方米的大楼内，建起了中南地区面积最大的证券营业部，并提出“甩掉一切坛坛罐罐，重新开辟新天地”的战略思想。此项重大决策的制定和有效实施，为营业部今后的发展打下了坚实的基础，拓展了广阔的发展空间。

（二）业务手段得到进一步拓展

以往，我们的业务手段较为单一，只有简单的委托代理业务。在日益激烈的市场竞争中，不能掌握吸引大机构客户的业务手段，是没有前途的。在认识到这一问题后，我们开始积极向外学习研究一些拓展业务，引进开发大机构客户的新思路、新方法。在不断地学习、探讨过程中，我们掌握了将机构客户与资金实力雄厚的企业进行资金融通、并由券商进行监督的业务手段；掌握了通过银行给予大机构客户进行质押贷款、担保贷款以及大额存兑的新业务手段。通过这些业务手段的拓展，共计为机构客户实现资金支持 × 亿元，加之机构客户抵押金，共计吸纳资金 × × 亿元。

在对大机构客户进行重点挖掘的时候，我们也一直没有忽视对中等客户的培养和开发。我们一直清醒地认识到中等客户是一个营业部的基础，在行情较为清淡的时候，往往是依靠一些中等客户来维持交易量的，他们就是一个营业部的人气指标。在原 × × 营业部大户区落成后，我们就一直把对中、大户的挖掘工作作为重中之重来抓。我们知道客户的心理状态是非常重要的，因此一直重视做客户的思想工作，从心理上去理解他们、关心他们，给他们以信任感。我们在这方面取得的成效是相当大的，例如，我们通过 × × 证券转过来的几位客户，了解到 × × 证券现行政策中令中、大户强烈不满的几个问题，我们立即将其存在的这几个问题与我们自己进行对比，发现不足之处立即进行改正。然后反复多次邀请前期从 × × 证券转过来的几位客户座谈，以我们的诚意打动他们，并请他们宣传我们的优势和诚意。在来来往往的几个回合中，我们新开设的两层楼大户区域不到两个月就基本上满员了。

（三）风险控制有所加强

在日益激烈的券商竞争中，新的业务手段的率先拓展往往能在大客户的争夺上抢得先手，从而带来较为丰厚的利润，但是伴随着丰厚利润而来的是这些新业务手段引发的潜在风险。因此在拓展新业务、开辟新财源的同时，往往需要对随之而来的风险进行控制，加强风险管理。

机构客户的资金量是巨大的，在其操作过程中稍有不慎，就可能造成重大的政策风险和经济损失。因此在与机构客户的业务开展和管理中，我们指派了专人进行负责，同时由财务人员进行监督，对机构客户的每笔操作都要求提供其法人代表的授权，对于其账户内资金的划转都要求客户管理员与会计人员同时进行审核，并由经理签字同意后方能办理；对于每一机构客户的档案都实行动态管理，由专门的客户管理员负责收集机构客户每一项动态资料，进行归档后与财务人员共同管理。

对机房通信系统的风险管理也是相当重要的，一旦机房通信系统出现故障或清算工作出现失误，带来的损失就是相当巨大的，为此，我们在搬迁到新址营业部后，重点加强了对机房的管理和风险控制，实现了深圳、上海双向卫星与单向卫星同步运行；添加了一套“钱龙”交易系统的替代产品——“通达信”软件交易系统；对以往的历史成交数据全部进行了数据备份，并制作了光盘；对当日清算工作流程进行严格管理，实行了清算备忘与登记制度；实现了全员权限登记、监控制度，即每个管理员在客户系统中的任何行为都受到监控和记录。机房工作的风险控制使交易环节得到了更可靠的安全保障，规避了由硬件环节引发的潜在风险。

（四）顺利完成新址搬迁工作

经营场地的限制，严重制约了业务的拓展。为此分公司领导决定我部于 9 月底搬迁，并定于 10 月 9 日正式开张，这时我们仅只有一个多月的时间去准备，虽然新址的装修工作无需我们去考虑，但我们需要做的事仍是多而繁琐的，主要包括：原有约 14 000 户客户的转户取款销户工作，所有设备器件的搬移工作，与原房主的协商协调工作，搬迁前与搬迁后的宣传工作，在进行搬迁准备工作的同时维持正常的日常交易工作等。面对这场大搬迁战役中繁琐的工作，营业部全体员工立即紧张地行动起来，开市时间内抓紧办理客户提款转户工作，同时也努力保证正常的交易秩序，使在整个搬迁工作期间日交易量没有受大的影响；在收市后和休息日，全体员工以一种“蚂蚁搬家”的精神作风，将营业部的设备器件分期分批地进行清理、清洗、拆装、调试，然后用小面包车一车一车地进行搬移，全体同志就这样一夜一夜地搬啊扛啊，究竟有多少个晚上没有回家吃饭，谁也说不清，究竟跑了多少个车次谁也数不明。国庆节前夕将所有的计算机设备全部清洗完毕并搬运到了新点，保证了基本设备提前安置到位。国庆节休假日，在兄弟营业部——××营业部的大力支持和搬家公司的配合下，营业部所有的设备、器件、物件全部搬运到位。营业部全体员工继续奋战，日夜不停地清理、调配、安装、测试所有的设备及器件，在此期间，没有人请过假，生病了一样地干。大家群策群力，硬是提前两天完成了整个清理安装工作，保证了 10 月 9 日的顺利开业。

在这场搬迁战役中，计算机人员是最辛苦的，李××、刘×同志的担子是相当沉重的，内部网络的调试与卫星信号的接收如果不能在 10 月 9 日上午开市前全部通畅，那么这场战役就算是失败了。在兄弟营业部计算机人员的大力配合和帮助下，他们发扬连续作战、不怕疲劳的精神作风，鏖战五六个通宵，终于在 10 月 9 日开市前连通了所有的通信系统，使我们赢得了整场搬迁战役的彻底胜利。

（五）员工精神风貌大为改观

员工动力是营业部工作得以顺利开展的重要因素，如何将营业部员工的思想、情绪和行动统一到工作中去是一项重要的管理艺术。我们通过积极开展一些集体性质的活动，加强员工的参与意识和集体主义精神，将营业部的员工紧紧团结在一起，拧成一股绳，其产生的作用力是巨大的。

营业部员工的团队精神和凝聚力在一年来的各项工作中得到充分体现，大家始终能本着团结一致、相互帮助、彼此信任的高度责任感和集体主义精神将一个个难关顺利地攻克。各项工作的顺利完成使每一位员工都深刻认识到团结的重要性，即只要团结就会产生力量，就没有征服不了的困难。同时，各项工作的完成也使得每一位员工感受到勇于克服困难、获取胜利后的成就感和自豪感，因此也使得每一位员工的精神面貌大为改观，大家对营业部的未来充满了希望和信心。

二、存在的不足及对策

事物总是相比较而存在、在矛盾的不断解决中而发展的，我们的工作有做得好的一面，也有做得相对不足的一面。对于工作中的不足之处，我们也有着较为充分的认识，主要有如下几点：

第一，员工的服务意识仍显欠缺，有些员工潜意识中仍残留着较为严重的“大锅饭”观念，国有企业的“老作风”一时无法得以彻底改变，做不到以低调的态度去服务客户、赢得客户，思维中还没有完全建立市场竞争所带来的应有的危机意识，缺乏紧迫感，认识不到就业机会的宝贵，总是寄予这样或那样的幻想。

第二，员工中的学习氛围较差，没有树立起强烈的竞争意识，还没有形成一股学习奋进、刻苦钻研、进取向上的正气，认识不到在知识经济时代、在证券公司这样一个高智商的行业中，文化知识的重要性，更感受不到自已知识的贫乏与知识经济社会知识快速更新之间的巨大差距，以及由此而产生的紧迫意识。

第三，部分员工缺乏事业心、责任感，没有理想、没有抱负，得过且过，不愿通过努力实现个人愿望，把希望寄托在别人身上。

从以上几点不足可以看出，存在的问题基本上是人的问题，我们平时在思想政治工作方面仍抓得不紧，没有更多地去了解员工的心态，没有更多地对广大员工进行人生观教育，导致员工的整体素质显得不够高。在今后一年的工作中，我们会认真总结以上不足，切实抓好员工的人生观、事业观教育，为业务工作的拓展打好牢固的基础！

三、明年的工作打算和安排

对于明年的工作，我们计划在以下三个方面进行打算和安排：

第一，继续实施“以大户为主”的战略目标，以更大的手笔拓展业务规模，争取在最短的时间内将新迁营业部的客户规模快速提升，全方位地争取客户资源，特别是大户、机构户资源，争取完成A股委托代理交易量50亿，实现利润1 000万元，股民存款保证金余额不低于1亿元。

第二，进一步拓展业务手段，加强与银行的合作和新业务的开拓，争取在抵押融资、证券质押、代客理财方面取得新的进展。

第三，加强员工思想政治教育，树立员工危机意识、竞争意识、淘汰意识，逐步建立起淘汰机制，做到员工能进能出，淘汰后进员工，吸纳优秀人才，引进先进的思想和先进的观念意识，在广大员工中树立一股积极进取、勇于奋斗、力争上游的“正气”。

××证券有限公司××分公司

××路第一证券营业部

2001年12月15日

评析：这是一篇年度工作总结，内容全面，既有对过去一年工作的回顾，又总结出了取得的成绩、经验，找出了工作中存在的不足，还对下一年的工作提出了打算和安排。其价值在于总结出了几点规律性的认识，即在风险中求生存，在竞争中求发展；员工的敬业精神和精诚团结、不怕吃苦的拼搏精神是企业发展壮大的动力和源泉。这种总结对己可鼓舞士气，对人可启发借鉴。材料典型，内容丰富可感，语言流畅，无虚浮言词，文章的可读性较强。

【习题】

一、判断题（正确的画“√”，错误的画“×”）

1. 总结要把感性认识上升到理性认识的高度。（　　）

2. 写总结用第三人称。（　　）

3. 写总结一定要按照完成工作的时间先后顺序来写。（　　）

4. 写总结不强调分门别类，只强调条理性。（　　）

5. 总结的内容是对所做工作面面俱到的罗列。（　　）

6. 在不影响主旨表达的情况下，总结的写作要尽可能旁征博引。（　　）

二、简答题

1. 一份完整的计划应具备哪些内容？

2. 从计划的写法来看，计划的写作要求有哪些？

三、写作题

1. 下面这篇学习计划不符合计划的写作要求，请修改。

学 习 计 划

由于上一学期对学习重视不够，致使期末复习紧张而忙乱，成绩不理想。本学期为了避免学习的盲目性，因此特制订计划如下：

（1）这学期一定要好好学习，上课认真听讲，使自己的学习成绩有所提高和长进。

（2）平时把主要精力放在吃透教材上，掌握基础知识和基本理论，加强对综合分析运用能力的训练，抽出适当时间，有目的地阅读参考资料，尽可能多看一点重要的课外读物。

（3）按时完成老师布置的作业练习，不拖拉，不马虎，重要复习思考要写解答要点，力争做到不迟到，不早退，有事请假。

（4）正确处理好学习和社会交往之间的关系。

（5）对计划的执行情况，每月要自我检查一次，期末做一次自我总结。

2. 下面是一篇比较典型的学习总结。学习借鉴这篇总结的写法，写一份学习总结，要写出真实的体会，谈一点规律性的认识，不能只记流水账。

我的金钥匙

进入中专后，我再一次站在了人生成长的转折点上。如何搞好中专阶段的学习，是摆在每一个发奋努力、立志成才的中专生面前的重要问题。“一分耕耘，一分收获”，要想获得理想的成绩，自然要付出一番心血，然而，得法者事半功倍。掌握学习的金钥匙，其作用更不可忽视。下面我就谈谈自己的学习体会。

一、既重专业知识学习，也重文化素质的培养。我喜欢我的会计电算化专业，专业成绩不错。2000 年，我还获得 × × 市计算机比赛专业组第一名，校会计实务比赛一等奖。但是，我决不忽视基础学科如语文、英语的学习。我认为它们和我的专业课程同等重要，有利于提高我的文化素质和实践应用水平。我平时注意看报，涉猎百科知识，以求“博采众长，自成一体”。利用可能的机会，多听多看英语节目，提高英语表达水平。这样我的思维就很开阔，对新知识理解能力大大提高，所学新内容、新课程几乎看一遍就能理解大部分内容，把节省的大量时间用在熟练运用和培养特长上。

二、严密的计划性。我有多种学习计划，有长远规划、短期计划等。长远规划指的是对自己今后的主攻方向有些大致的打算，如自己怎样自学等。短期计划一两个月制订一次，规定近期的学习内容和学习时间，如近阶段星期一到星期五在校期间主要完成校内专业学习、技能训练及基础课学习，星期六、星期天则按照个人兴趣学习计算机或到夜校参加 WTO 知识学习。

三、坚持预习，经常复习。我采用“二次预习法”，第一次预习在假期，自己阅读教材，了解学习基本内容，并就个人认为的重难点做上记号。第二次预习在课前，这次预习主要是唤起原有的印象，给自己设置问题，而后带着问题听课。这样有的放矢，效果甚佳。拿语文课来说，预习内容是理解全文，克服文字障碍，查字典正音释义。上课时，听到自己预习中没有解决的问题，赶紧记笔记。

“学而时习之”，这是学习的经验之谈。经常复习，知识就不断巩固，进而融会贯通。每学习一个阶段，我就进行总结归纳，写心得小结，将自己摸索出的方法完善起来。例如，学习英语时，我就找出某单词在不同句子中的含义，列举例子，总结规律，不仅记忆起来方便，也锻炼自己的能力。对某类问题的解决方法及步骤也应进行归纳，配备案例，列举常见的错误，这样对自己帮助很大。复习顺序有多种，由前至后，由后至前，还可以分类、分专题。平时学习中也有一个自我检查的过程，一旦发现自己知识上的缺陷或者忘记了旧知识，就常回头复习一下，再继续学习新知识。

四、讲究方法，提高效率。提高效率的重要方法是转移兴奋点。看书时眼睛疲倦了，就背诵古文、唐诗，听听广播，或者出去走走，替家里买些东西，可谓一举两得。此外，不同学科的知识要交替学习，做一小时数学题，再念一小时英语，效果很好。如何提高记忆速度呢？我用通晓全篇，逐段攻克的方法。首先要大声朗读几遍，在逐字逐段背诵，背几段再复习一遍，不急于求成。帮助记忆还有许多方法，如手脑并用法、提纲法、填空法等。

五、看为基础，想为主导，落实到练。现在参考书很多，我选择与课堂学习结合紧密的书，自己的薄弱环节就特别注意，反复研究，一目了然的地方就一带而过。看书时多思考，多问为什么。同一类型的题目不必做太多，应找多种类型的题目，每类选几题。练习中应及时发现不足，反复练习提高。

前人曾总结出下面五条方法，值得借鉴：“读书百遍，其义自见”——多读；“聚沙成塔，集腋成裘”——多记；“三人行，必有我师”——多问；“曲不离口，拳不离手”——多练；“好学深思，不思则惘”——多思。

总之，学习方法多种多样，各有特色。愿你也有一把打开知识宝库的金钥匙。

××市财政学校×××

2001 年 12 月 23 日

第五章　财经专用文书

第一节　市场调查报告

一、市场调查报告的概念和作用

市场调查报告是在对市场调查得到的资料进行分析整理、筛选加工的基础上，反映市场调查的信息、情况和结论的书面文字材料。

市场调查报告是市场调查的最终成果，也是市场调研过程中最重要的一环。许多管理者并不一定亲自涉足市场调研过程，但他们将利用调查报告进行业务决策。一份好的市场调查报告能对企业的市场策划活动起到有效的导向作用，同时，对于各部门管理者了解情况、分析问题、制定决策、编制计划以及控制、协调、监督等各方面都能起到积极的作用。如果市场调查报告写得拙劣不堪，再好的调查资料也会黯然失色，甚至可能导致市场活动的失败。

小资料

男人长胡子，因而要刮胡子；女人不长胡子，自然也就不必刮胡子。然而，美国的吉利公司却把刮胡刀推销给女人，居然大获成功。

吉利公司创建于1901年，其产品因使男人刮胡子变得方便、舒适、安全而大受欢迎。进入20世纪70年代，吉利公司的销售额已达20亿美元，成为世界著名的跨国公司。然而，吉利公司的领导者并不以此为满足，而是想方设法地继续拓展市场，争取更多用户。就在1974年，公司提出了面向妇女的专用刮毛刀。

这一决策看似荒谬，却是建立在坚实可靠的市场调查的基础之上的。

吉利公司先用一年的时间进行了周密的市场调查，发现在美国 30 岁以上的妇女中，有65%的人为保持美好形象，要定期刮除腿毛和腋毛。这些妇女之中，除使用脱毛剂之外，主要靠购买各种男用刮胡刀来满足此项需要，一年在这方面的花费竟高达 7 500 万美元。相比之下，美国妇女一年花在眉笔和眼影上的钱仅有 6 300 万美元，染发剂为 5 500 万美元。毫无疑问，这是一个极有潜力的市场。

根据市场调查结果，吉利公司精心设计了新产品，它的刀头部分和男用刮胡刀并无两样，采用一次性使用的双层刀片，但是刀架则选用了色彩鲜艳的塑料，并将握柄改为弧形以利于妇女使用，握柄上还印了一朵雏菊图案，因而被称为雏菊刮毛刀。这样一来，新产品立即显示了女性的特点。

为了使雏菊刮毛刀迅速占领市场，吉利公司还拟订了几种不同的定位观念到消费者之中征求意见。这些定位观念包括：突出刮毛刀的“双刀刮毛”；突出其创造性的“完全适合女性需求”；强调价格的“不到50美分”；以及表明产品使用安全的“不伤玉腿”等。

最后，公司根据多数妇女的意见，选择了“不伤玉腿”作为推销时突出的重点，刊登广告进行刻意宣传。结果，雏菊刮毛刀一炮打响，迅速畅销全球。

这个案例说明，市场调查研究是经营决策的前提，只有充分认识市场，了解市场需求，对市场作出科学的分析判断，决策才具有针对性，从而拓展市场，使企业兴旺发达。

二、市场调查报告的特点

（一）针对性

市场调查报告的目的是要解决经济工作中的实际问题，从根本上说，是为了正确地贯彻执行党和国家的经济方针、政策，从经济工作的实际需要出发，有针对性地进行市场调查研究，发现经济工作中的新情况、新问题，总结经验，研究方针对策，解决经济工作中迫切需要解决的问题。针对性强是市场调查报告的一个重要特征。

（二）求实性

市场调查报告作为市场调查研究成果的反映，最显著的特点是尊重客观实际，用事实说话。在市场调查报告中，人们往往通过具体事实去认识事物、理解观点。真实是市场调查报告的生命。市场调查报告中背景的交代、事件过程的叙述、人物的介绍，都必须真实、准确。否则，就会失去其科学价值。因此，写作市场调查报告必须力求以充分确凿的事实和精确的数字来阐明道理、说明问题。

（三）典型性

所谓典型性，指个性与共性的有机统一。市场调查报告的个性指所反映的事物是个别的、独特的、具体的、有代表性的特点；市场调查报告的共性指报告通过具体现象所总结概括出的本质与规律，能体现市场经济的特点或发展趋势。报告要达到个性与共性的统一，必须从现实生活中的典型事例发掘出具有时代意义的规律，借以提出、回答、解决具有市场经济特征的重大问题。

三、市场调查报告的形成

（一）深入调查，搜集材料

深入调查，搜集材料的过程，一般可分为准备、调查和核实三个阶段。

1．准备

准备阶段所包含的内容主要有以下几点。

（1）搞好市场调查要有正确的态度。首先，要有科学的方法作指导，要树立正确的立场、观点和方法。其次，要眼睛向下，虚心好学，才能获得所需要的材料。最后，要认真学习与调查内容有关的党和国家的方针、政策、上级指示，掌握主要内容和精神实质，明确市场调查研究的指导思想。

（2）确定调查题目。所谓调查题目，指通过调查所要研究和解决的问题。确定调查题目有三条要求：一要明确市场经济发展的客观需要；二要注意选题方法，可以结合市场调查的中心工作选题，可以以群众和有关部门的反映为线索来选题，还可以直接采用领导确定的题目；三要根据自己的主观设想来确定调查题目。

（3）选择调查对象。选择调查对象指选择被调查的单位或个人。调查对象是由调查目的决定的。所选的对象一定要典型，即在同类事物中具有普遍的代表性，在许多基本方面，特别是本质和规律方面，要能够代表同类事物。

（4）拟订调查提纲。在做好前三项准备工作的基础上，参加调查的成员要共同拟订调查提纲。调查提纲的主要项目包括：题目、对象、目的、内容、方法、步骤、要求、时间、进度等。调查提纲要征得有关领导的同意后，才能付诸行动。

2．调查

调查阶段主要的工作有以下两项。

（1）选用调查方法。由于社会经济现象错综复杂，必须采用灵活多样的调查方法，才能完成任务。

调查方法很多，市场调查的基本方法有四种，即普查、抽样调查、典型调查和重点调查。常用的具体方法主要有询问法、观察法、实验法和资料研究法。从调查的广度和深度来看，有全面调查和纵深调查两种。

全面调查指调查之初对所要调查的对象作一番历史与现实的、正面与反面的全面了解，也就是从面上占有必要的材料。

纵深调查指经过一番全面调查之后，发现一些问题尤其是关键问题或重要问题尚未搞清楚，就需要再作深入地调查，对问题向纵深处发掘和解剖。

（2）详细占有材料。调查要详细占有材料，既要掌握直接材料，又要掌握间接材料；既要了解现实材料，又要了解历史材料；既要搜集面上的材料，又要搜集点上的材料；既要占有正面材料，又要占有反面材料。市场调查记录要真实，特别是那些关键性的话，要原原本本地记下来；人物的活动、事实的过程、必需的数据，甚至连时间、地点都要准确无误地记下。调查记录最忌把人家说的话都变成自己的话记下来，因为这样的材料缺乏真实性，使用价值不大。

3．核实

调查基本结束后，要按调查计划和提纲的各项要求进行核实和汇总各种资料，并对问题有个统一的认识。如调查不合要求，必须及时返工或采取必要的补救措施。

（二）认真研究，寻求规律

调查与研究是紧密联系的统一体。调查的目的是搜集、占有材料，为研究打下基础；研究的目的是对材料进行加工分析，从中找出规律。只研究不调查，则失去了前提和基础；只调查不研究，则调查得来的材料是一堆没有用处的东西。因此，调查之后，必须认真研究材料，寻找事物发展的规律。分析研究材料一般分四个步骤进行：第一，把调查搜集的材料分门别类，按问题的性质分类、集中；第二，运用科学研究方法将分类、集中的材料逐一进行研究，或推导原因和结果，或寻求个性和共性，或透过现象看本质，或揭示事物发展的规律等，并分别归纳观点；第三，找出各个观点之间的内在联系，并按逻辑顺序排列起来；第四，选择最能说明同一观点的材料，集中放在观点之下。

研究的方法常用的有因果推导法、归纳和演绎法、分析和综合法、比较和创造性思维法等。其中分析和综合法是最基本的方法。

（三）观点和材料的统一

市场调查报告的一个重要特点是用事实说话，也就是作者的观点、主张、见解等是从事实的分析、归纳、综合、概括出来的。因此，市场调查报告的材料必须说明观点，观点必须统领材料，做到观点和材料的统一。

用材料说明观点的方法，主要有以下几种。

（1）运用综合情况。它概括地反映了典型经济单位总的或几个方面的情况，用来说明经济单位的面貌，但不宜用得太多，最好跟典型事例、统计数字相配合，以免抽象、空洞。

（2）运用典型事例。在同一观点下，可以用一个，也可以用一组典型事例来说明。运用这种方法，要求几个材料各有特点，互不雷同。同时，彼此之间又有紧密的内在联系，能从不同角度、不同侧面有力地说明观点。

（3）运用群众的反映。就是使用群众语言，对所论的经济现象作出评价，揭示本质，概括观点。引述群众的反映，一定要生动形象，新鲜活泼。对于群众语言，要根据表达观点的需要有所选择，有时还应在原有的基础上进行提炼。

（4）运用统计数字。运用统计数字，主要是百分比，可以反映事物的面貌和本质。用精确的数字说明观点可以增强科学性和说服力，但运用要准确、得当，不要夸张，不要缩小，不要堆砌。

（5）运用对比材料。这是市场调查报告中突出观点的一种好方法。通过材料对比，能突出正确的东西，否定错误的东西，使观点鲜明突出。对比可以是历史和现状的对比，也可以是正面和反面的对比，

用材料说明观点，要防止三种倾向：一是有闻必录，堆砌材料，观点不明确；二是缺乏材料，讲空道理，没有说服力；三是材料和观点割裂开来，两者不能做到有机的统一。

观点和材料的统一，在正文中的体现，常见的是先提出观点，后叙述材料，但也有先叙述材料，后概括观点，还有的是在叙述材料的过程中体现观点。

四、市场调查报告的格式和写法

市场调查报告的格式一般由标题、目录、概述、正文、结尾、附件等几部分组成。

标题、报告日期、委托方和调查方一般都应打印在扉页上。一般要与标题在同一页上，把被调查单位、调查内容明确而具体地表示出来。

（一）标题

市场调查报告的标题应概括全文的基本内容，做到准确、简洁、醒目。常见的写法有以下几种。

（1）单行标题。可由调查对象、调查内容（范围）和文种构成，如《天津自行车在国内外市场地位的调查》；可直接揭示调查结论，如《皮革服装在成都市场畅销》；可提出问题，

如《中老年服装为什么买难卖难？》。

（2）双行标题。一般由正、副两行标题构成，如《“皇帝的女儿”也“愁嫁”——关于舟山鱼滞销情况调查》。

（二）目录

如果调查报告的内容、页数较多，为了方便读者阅读，应当使用目录或索引形式列出报告所分的主要章节和附录，并注明标题、有关章节号码及页码。一般来说，目录的篇幅不宜超过一页。

（三）概述

概述主要阐述课题的基本情况，它是按照市场调查课题的顺序将问题展开，并阐述对调查的原始资料进行选择、评价、作出结论、提出建议的原则等。概述主要包括以下三个方面内容。

（1）说明调查目的。即简要地说明调查的由来和委托调查的原因。

（2）介绍调查对象和调查内容。包括调查的时间、地点、对象、范围、要点及调查所要解答的问题。

（3）介绍调查研究的方法。介绍调查研究的方法，有利于使人确信调查结果的可靠性，因此对所用方法要进行简短叙述，并说明选用方法的原因。另外，在分析中使用的方法，也应作简要说明。如果内容很多，应有详细的工作技术报告加以补充说明，附在市场调查报告最后部分的附件中。

（四）正文

一份市场调查报告一般应具备以下三个要素。

（1）基本情况。即对调查结果的描述与解释说明，可以用文字、图表、数字加以说明。对情况的介绍要详尽而准确，为下一步作分析、下结论提供依据。

（2）分析与结论。对上述情况、数据进行科学的分析，找出原因及各方面因素的影响，透过现象看本质，得出对调查对象的明确结论。

（3）措施与建议。通过对调查资料的分析研究，对市场情况有了明晰的认识。针对市场供求矛盾和调查发现的问题，提出建议和看法，供领导参考决策。

（五）结尾

有些市场调查报告在正文叙述完了以后，即告结束，没有单独的结尾；多数市场调查报告有结尾。结尾部分或是对全文的概括归纳；或是重申观点；或是提出希望和建议；或是根据调查提出未能解决而又需引人注意的问题。总之，可视市场调查报告的具体内容而定。

为了对调查内容负责，在全文结束之后，还要写上调查人员或单位的名字，并注明完稿日期。如是供发表的，也可将单位和作者姓名写在标题之下。

（六）附件

附件指调查报告正文包含不了或没有提及，但与正文有关，而必须附加说明的部分。它是对正文报告的补充或更详尽的说明，包括数据汇总表及原始资料、背景材料和必要的工作技术报告，如为调查选定样本的有关细节资料及调查期间所使用的文件副本等。

一些小型的市场调查报告，反映的是微观的、局部性的问题，它们篇幅短小，在形式上、写法上往往很灵活，但也足以向人们传递市场某一方面的信息。作为初学者，可以多练习写这样的小型市场调查报告。

五、市场调查报告的写作要领

（一）要实事求是，尊重客观事实

写作市场调查报告一定要从实际出发，实事求是地反映出市场的真实情况，不夸大，不缩小，要用真实、可靠、典型的材料反映市场的本来面貌。

（二）要中心突出，条理清楚

运用多种方式进行市场调查，得到的材料往往是大量而庞杂的，要善于根据主旨的需要对材料进行严格的鉴别和筛选，将材料归类，并分清材料的主次轻重，按照一定的条理，将有价值的材料组织到文章中去。

（三）语言要求

市场调查报告的语言要求有以下几点。

（1）平实。所谓平实，就是平易、朴实。市场调查报告不是文学作品，它不追求刻意的修饰和华丽的辞藻，而要求实事求是地把事理阐述清楚、明白，既不夸大，也不缩小。

（2）简明。所谓简明，就是简洁、明了。市场调查报告要写得干净利落，不让文章中有一句多余的话，不让句子里有一个无用的字，使人读起来感觉顺畅、流利，很快就能抓住要领。

（3）生动。所谓生动，主要体现在对具体事理的客观、准确的阐述上。此外，适当地使用一些排比、对偶、比喻等修辞格和成语、口语，也可以增加语言的生动性和文章的表达效果，对读者产生感染力。

以下是两篇市场调查报告的例文。

例文一

水家电近年来处于高速发展中，直饮机将成为市场新宠

由于我国巨大的人口基数和日益严重的水污染，我国健康饮用水的市场容量巨大。据国家权威调查机构比照欧美现状预测，21世纪中国健康饮用水产业年市场容量在500亿元人民币以上。从20世纪90年代中后期开始发展的桶装水无疑是使相关家电市场近年来最火爆的行业。与桶装水相配套的饮水机行业，从1998年开始也一直处于超高速发展中。

据了解，目前我国饮水机行业仍处在加速发展阶段。据有关资料显示，1998年以前我国饮水机市场多以韩国造、中国台湾产为主。随着我国饮水市场的发展，尤其是桶装水的迅速发展，带动和促进了国产饮水机迎头赶上，从而开辟了又一个崭新的产业群体。饮水机的市场上升势头强劲，规模在迅速膨胀，从1999年的600多万台上升至2000年的1 000万台左右，2000年在北京、上海、广州等地，每百户家庭拥有饮水机20多台。

但是，由于桶装水的二次污染问题日益被人们重视，桶装水发展速度大大减缓，并日显颓势。相比之下，一种全新的产业——直饮机正日益显示出其无穷的市场潜力，开始进入消费市场。这种采用宇航RO膜技术的自来水终端过滤设备，针对桶装水的诸般缺憾，以全新的“饮用水终端净化”为理念的产品，将深度改善中国城镇居民的饮水习惯。

据专家分析，这种刚入市的直饮机以其高新科技的功能，给国内水家电市场开创了崭新的商机。桶装水最大的问题就是容易产生二次污染，而据专家介绍，作为市政自来水终端的过滤设备，只要把这种直饮机安装在任一水龙头上，通过尖端的宇航膜水处理技术，可使自来水获得高纯度净化。现在，直饮机在美国、日本等发达国家家庭的普及率已高达70%以上。从趋势上看，在今后相当长的时间里，直饮机必将作为一种新的饮水方式为越来越多的家庭、团体所接受，从而成为中国饮水市场的新力量。

2002年7月至8月，北京21世纪福来传播机构在全国20个大中城市就水家电市场作了一次大规模的市场调研，调查家庭样本为6 730个。调查显示：

一、市场期待更好的水家电产品

根据本次调查报告显示，我国水家电市场的前景喜人。由于我国城镇居民对饮用水的健康安全日益看重，所以，各种水家电的销售一直呈直线上升趋势。截至今年6月，总销量比去年同期上升了10个百分点。消费者最为看重水质。

在进行“购买水家电时你考虑的主要因素是什么”的多项选择调查中，调查结果显示：认为要保证水质安全的占80%；认为饮水机器必须要安全的占31%；认为水质要健康的占30%；考虑饮水机价格的占48%；看重售后服务的占45%；考虑其他因素占15%。这充分说明，在水质恶化的大环境下，广大消费者最为看重的是水质的安全问题。

调查中发现，我国城镇居民对健康饮水话题已经有相当高的认知。有35%的消费者知道桶装水存在二次污染问题，有17%的消费者知道桶装水的桶可能有问题。通过近年来各大传媒的曝光后，已经有72%的消费者担心桶装水品质不可靠，希望能有更好、更新的科技和产品出现，能真正有效保障水质，解决健康饮水问题。

二、消费者选购直饮机看什么

根据有关专家介绍，从国际上技术发展成熟程度看，直饮机最有可能成为让消费者真正放心的家用饮水设备。特别是目前国内采用RO膜技术的直饮机，由于其RO膜孔径只有一微米的万分之一，一切细菌、病毒、重金属离子等有害物质均被排斥于膜外，所制净水甘醇甜美，可以实现自来水生饮，其逆渗透技术又避免了饮水中的二次污染问题。由此可见，直饮机的市场成长空间很大。

本次调查发现，直饮机概念已走进千家万户，消费者对直饮机的需求呈上升趋势。在对直饮机认知度的调查中发现，知道直饮机的消费者已经有75%，不知道的消费者只占25%。了解直饮机的消费者都给予直饮机很高的评价，其中有购买欲望的消费者占30%，认为可买可不买的消费者占47%，表示不买的消费者为23%，可见直饮机生逢其时，得到消费者的广泛关注。

调查显示，在充斥各种技术特点的直饮机中，还没有哪家品牌的产品成为水家电市场中的领导品牌。虽然广东、江苏、浙江及山东等传统家电企业都在谋求在这个行业中做大，但由于市场因素，还未能形成割据之势。

三、最看重品牌技术实力

调查显示，消费者在购买直饮机时最看中技术实力、知名度大小，各占20%；其次是价格占18%；以下依次为服务占17%、口碑占15%；其他因素占10%。这说明，高科技特点的产品在进入市场时，影响消费者选择购买的因素往往是企业的技术背景和企业实力，这也给目前水家电市场林林总总的直饮机企业提了个醒，概念再好，也要凭真本事说话。据了解，直饮机获得有关国家级认证是证明其技术实力的重要依据，相关的认证如卫生部的卫生许可认证、中国电工长城认证、国家知识产权局的认证以及设计专利等。

调查中发现，在市场诸多品牌中，与美国阳光环境技术有限责任公司合作的江苏凤凰制水公司，享有较高的知名度。据了解，该企业已与美国阳光集团合资建设RO膜生产工厂，是国内掌握核心技术而且规模最大的直饮机生产企业之一。

当然，消费者在选择直饮机时还看重另外三个因素，那就是：直饮机的使用寿命长短、有什么款式和机型、维修方便与否，上述三个因素的重要程度分别占到52%、25%和23%。

四、直饮机定价为1 000~2 000元最受欢迎

价格无疑是消费者选购产品时最敏感的因素之一，再好的机器，如果不能以消费者能接受的价格面世，恐怕也走不了多远。对于这种号称有宇航高科技的直饮机，我国消费者能接受多高的价格呢?

本次调查的数据显示，能接受价位在500元以下直饮机的消费者占15%，接受价位在500~1 000元的消费者占24%，接受价位在1 000~2 000元的消费者占37%，接受价位2 001~3 000元的占15%，接受价位在3 000元以上的消费者占9%。从调查的结果中看出，价位在1 000~2 000元的直饮机最能为消费者所接受。而价位在3 000元以上的直饮机，就有些曲高和寡。而且，超低价位的产品也不为消费者所信任。

据本次对直饮机使用人群的调查显示，购买直饮机的，一般家庭使用的占55%，办公场合使用的占45%，两种需求都十分广阔，因此有理由看好直饮机的应用前景。

从消费者心理看，直饮机能让用户直接看到水的制造过程，放心可靠；从价格上考虑，直饮机的使用成本总体上也比桶装饮水机便宜。一份桶装水饮水机和直饮机的比较消费调查表明：购买直饮机是水家电设备中非常不错的选择。以一家3人为例，一桶饮用水可以喝4天，一个月就得喝7桶水，按一桶水最低价10元算，一个月花在喝水的钱就得70元，一年下来花在喝水的钱就有近900元。再以100人的单位为例，一天至少喝掉3桶水，一个月就喝掉90桶水，一桶水按最低10元算，一个月购买水的钱就是900元，一年下来就是上万余元，这笔用来买水的钱，几乎可以购买到4台直饮机。

五、市场前景一片光明

国外统计资料表明，在欧美发达国家的家庭和办公场所，使用RO膜高科技制水终端设备的直饮机已超过70%。由于这种直饮机能直接与市政自来水相连接，通过尖端的宇航水处理技术，可使自来水获得高纯度净化，可以方便地获得更纯净、更健康的饮用水，因此这种直饮机在这些国家的水家电市场上一直处于领导地位。

在我国，水家电市场的出现是近几年来的事。国内水家电市场上销售的家用饮水设备产品较为单一，家用饮水设备以桶装水的饮水机为主流。针对桶装水的诸般缺憾，一批直饮机生产企业已杀入净水市场，倡导全新的“饮用水终端净化”理念，意欲掀起新一轮的饮水革命。实际上，国外的直饮机品牌已经登陆国内，但因为其高昂的价格和低调的市场营销策略一直未能得到普及，而诸如江苏凤凰集团与掌握着“复合逆渗透膜”这一核心宇航技术又拥有世界一流水专家的美国阳光环境技术有限责任公司的合作，使人们看到产业资本正在集中力量撕开市场。

由于不存在机器本身使用过程的污染，也不存在使用水桶造成的二次污染，所以直饮机受到越来越多的消费者的喜爱。目前，国内一些有眼光的房地产开发商已开始选择直饮机，其楼盘从一开始就在房间中安装了直饮机系统，让业主能直接使用更纯净、更健康的饮用水，由此使它成为北京、上海和广州等地最受瞩目的地产概念。

（摘自《经营报》2002 年第 5 期，有改动、删节）

评析：这是一份关于直饮机市场广阔前景的调查报告。报告对我国目前饮水机行业的现状，特别是桶装水的二次污染问题进行了调查分析，指出了直饮机的广阔市场前景。正文部分从“市场期待更好的水家电产品”等五个方面，进行分析论证，有调查，有数据，有说服力。

例文二

××市居民家庭饮食消费状况调查报告

为了深入了解本市居民家庭在酒类市场及餐饮类市场的消费情况，特进行此次调查。调查由本市某学校承担，调查时间是 2001 年 7 月至 8 月，调查方式为问卷式访问调查，本次调查选取的样本总数是 2 000 户。各项调查工作结束后，该校将调查内容予以总结，其调查报告如下：

一、调查对象的基本情况

（一）样品类属情况

在有效样本户中，工人 320 户，占总数比例 19.6%；农民 130 户，占总数比例 8%；教师 200 户，占总数比例 12.3%；机关干部 190 户，占总数比例 11.7%；个体户 220 户，占总数比例 13.5%；经理 150 户，占总数比例 9.2%；科研人员 50 户，占总数比例 3.1%；待业户 90 户，占总数比例 5.5%；医生 20 户，占总数比例 1.2%；其他 260 户，占总数比例 15.9%。

（二）家庭收入情况

本次调查结果显示，从本市总的消费水平来看，相当一部分居民还达不到小康水平，大部分的人均收入在 1 000 元左右，样本中只有约 2.3%的消费者收入在 2 000 元以上。因此，可以初步得出结论，本市总的消费水平较低，商家在定价的时候要特别慎重。

二、专门调查部分

（一）酒类产品的消费情况

1. 白酒比红酒消费量大。分析其原因，一是白酒除了顾客自己消费以外，用于送礼的较多，而红酒则主要用于自己消费；二是商家做的广告也多是白酒广告，红酒广告很少。这直接导致白酒的市场大于红酒的市场。

2. 白酒消费多元化。

（1）从买白酒的用途来看，约52.84%的消费者用来自己消费，约27.84%的消费者用来送礼，其余的是随机性很大的消费者。

买酒用于自己消费的消费者，其价格大部分在20元/瓶以下，其中10元/瓶以下的约占26.7%，10~20元/瓶的占22.73%。从品牌上来说，稻花香、洋河、汤沟酒相对看好，尤其是汤沟酒，约占18.75%，这也许跟消费者的地方情结有关。从红酒的消费情况看，大部分价格也都集中在10~20元/瓶之间，其中，10元/瓶以下的占10.23%，价格档次越高，购买力相对越低。从品牌上来说，以花果山、张裕、山楂酒为主。送礼者所购买的白酒其价格大部分选择在80~150元/瓶之间（约28.4%），约有15.34%的消费者选择150元/瓶以上。这样，生产厂商的定价和包装策略就有了依据，定价要合理，又要有好的包装，才能增大销售量。从品牌的选择来看，约有21.59%的消费者选择五粮液，10.795%的消费者选择茅台。另外对红酒的调查显示，约有10.2%的消费者选择40~80元/瓶的价位，选择80元/瓶以上的约5.11%。总之，从以上的消费情况来看，消费者的消费水平基本上决定了酒类市场的规模。

（2）购买因素比较鲜明。调查资料显示，消费者关注的因素依次为价格、品牌、质量、包装、广告、酒精度，这样就可以得出结论，生产厂商的合理定价是十分重要的，创名牌、求质量、巧包装、做好广告也很重要。

（3）顾客忠诚度调查表明，经常换品牌的消费者占样本总数的32.95%，偶尔换的占43.75%，对新品牌的酒持喜欢态度的占样本总数的32.39%，持无所谓态度的占52.27%，明确表示不喜欢的占3.4%。可以看出，一旦某个品牌在消费者心目中形成，是很难改变的，因此，厂商应在树立企业形象、争创名牌上狠下工夫，这对企业的发展十分重要。

（4）动因分析。主要在于消费者自己的选择，其次是广告宣传，然后是亲友介绍，最后才是营业员推荐。不难发现，怎样吸引消费者的注意力，对于企业来说是关键，怎样做好广告宣传，消费者的口碑如何建立，将直接影响酒类市场的规模。而对于商家来说，营业员的素质也应重视，因为其对酒类产品的销售有着一定的影响作用。

（二）饮食类产品的消费情况

本次调查主要针对一些饮食消费场所和消费者比较喜欢的饮食进行，调查表明，饮食消费有以下几个重要特点。

1. 消费者认为最好的酒店不是最佳选择，而最常去的酒店往往不是最好的酒店，消费者最常去的酒店大部分是中档的，这与本市居民的消费水平是相适应的，现将几个主要酒店比较如下：

泰福大酒店是大家最看好的，约有31.82%的消费者选择它，其次是望海楼和明珠大酒店，都是10.23%，然后是锦花宾馆。调查中发现，云天宾馆虽说是比较好的，但由于这个宾馆的特殊性，只有举办大型会议时使用，或者是贵宾、政府政要才可以进入，所以调查中以普通消费者作为调查对象则很少会选择云天宾馆。

2. 消费者大多选择在自己工作或住所的周围，有一定的区域性。虽然在酒店的选择上有很大的随机性，但也并非绝对如此。例如，长城酒楼、淮扬酒楼也有一定的远距离消费者惠顾。

3. 消费者追求时尚消费，如对手抓龙虾、糖醋排骨、糖醋里脊、宫保鸡丁的消费比较多，特别是手抓龙虾，在调查样本总数中约占 26.14%，以绝对优势占领餐饮类市场。

4. 近年来，海鲜与火锅成为市民饮食市场的两个亮点，市场潜力很大，目前的消费量也很大。调查显示，表示喜欢海鲜的占样本总数的 60.8%，喜欢火锅的约占 51.14%，在对季节的调查中，喜欢在夏季吃火锅的约有 81.83%，在冬天吃火锅的约有 36.93%，火锅不但在冬季有很大的市场，在夏季更有市场潜力。目前，本市的火锅店和海鲜馆遍布街头，形成居民消费的一大景观和特色。

三、结论和建议

（一）结论

1. 本市的居民消费水平还不算太高，属于中等消费水平，平均收入在 1 000 元左右，相当一部分居民还没有达到小康水平。

2. 居民在酒类产品消费上主要是用于自己消费，并且以白酒居多，红酒的消费比较少。用于个人消费的酒品，无论是白酒还是红酒，其品牌以家乡酒为主。

3. 消费者在买酒时多注重酒的价格、质量、包装和宣传，也有相当一部分消费者持无所谓的态度。对新牌子的酒认知度较高。

4. 对酒店的消费，主要集中在中档消费水平上，火锅和海鲜的消费潜力较大，并且已经有相当大的消费市场。

（二）建议

1. 商家在组织货品时要根据市场的变化制定相应的营销策略。

2. 对消费者较多选择本地酒的情况，政府和商家应采取积极措施引导消费者的消费，实现城市消费的良性循环。

3. 由于海鲜和火锅消费的增长，导致城市化管理的混乱，政府应加强管理力度，对市场进行科学引导，促进城市文明建设。

评析：这份市场调查报告的核心在最后的“结论与建议”部分。前言介绍了本次调查的基本情况；主体部分既有对调查对象基本情况的说明，又有“专门调查部分”，重点在通过对酒类和饮食类消费情况的调查，运用大量的统计数据进行比较，还有典型事例，直到最后的结论水到渠成；建议具体，有针对性。

第二节　经济活动分析报告

一、经济活动分析报告的概念

经济活动分析是以党和国家的路线、方针、政策为指导，根据计划指标、会计核算、统计资料及调查研究所掌握的情况，运用科学的分析方法，对经济活动进行分析研究，从而作出评价，总结经验，揭露矛盾，分析原因，提出措施，借以改善经营管理，充分挖掘潜力，提高经济效益的一种经济管理工作。

经济活动分析报告是经济主管部门和企业单位，根据计划指标、会计核算、统计资料和调查研究所掌握的情况，对本部门或本单位的经济活动情况进行分析评价后所写的书面报告。

经济活动分析报告不同于市场调查报告的地方主要有以下几点。

（1）它可以用第一人称写作。

（2）它用来分析和说明问题的材料多是各种经济数据。

（3）分析和说明问题时的重点是在分析经济情况产生的原因，而且一般都要提出解决问题的对策。

二、经济活动分析报告的特点

（一）时效性

经济活动分析报告的时效性和经济活动本身的特点是一致的。写经济活动分析报告要迅速及时，再透彻、全面的经济活动分析报告一旦过时，都只是一纸空文。

（二）理论性

经济活动分析报告的理论性就是以党和政府的有关方针政策为依据，用社会主义市场经济理论和辩证唯物论的观点，对经济活动中的一些现象进行情况分析和原因分析，并对其作出正确的、科学的评价和结论，以此指导新的经济活动。

在分析过程中，要检验各项数据指标的真实性、有效性，要判断这些数据的价值和含义，即是成绩还是不足，成功还是失败，经验还是教训；在反映计划指标执行状况的同时，还要看企业管理的水平、运行机制、发展潜力、员工队伍建设等情况。分析过程也是一个说理的过程，是对论点的论述过程。因此要围绕中心展开分析，而不是简单地罗列数据。更重要的是要分析产生那些情况的原因所在，找出其主客观原因，将分析上升到理论高度。

（三）建议性

有的分析报告，作为理论分析的继续，还要提出改进的措施和建议。

如果分析以总结成绩为主，就要提出进一步发展和完善的方法；如果分析着重指出问题和原因，就要有改进这些问题的具体措施，以达到将这些建议和措施切实地落实到今后的经济活动中去，提高企业经济效益和社会效益的目的。

三、经济活动分析报告的种类

经济活动分析报告因分析的目的、要求、内容不同，种类也就不同。按内容的范围分，有综合的和专题的分析报告；按写作期限分，有定期的和不定期的分析报告；按分析问题的大小分，有宏观和微观的分析报告；按写作形式分，有文字和表格的分析报告。其中常见的有以下三种。

（1）综合分析报告（全面分析报告）。这是对某一部门或某一单位一定时期的经济活动，根据主要经济指标，作全面系统分析的报告。在全面分析的基础上，抓住工作中的关键问题来考核经济活动的结果。这主要是用于年度和季度的分析报告。

（2）简要分析报告。这一般是围绕主要财务指标、计划指标或抓住一两个重点问题进行分析，以观察经济活动的趋势和工作的改进程度。

（3）专题分析报告。这是对某一专项问题进行深入细致的调查分析后所写的一种书面文字报告，它一般是结合当前的中心工作或是对某些重大的经济措施和业务上的重大变化，或工作中的薄弱环节和关键问题进行专项分析。例如，增产节约运动中，对影响成本高低因素的分析：发生亏损时，对亏损原因的分析；在扩大业务范围后，对某项新增业务开展情况的分析；等等。专题分析具有内容专一、一事一题、分析问题较深透、反映问题较及时的特点。这种分析报告不受时间限制，内容广泛，形式灵活，在经济工作中经常应用。

四、经济活动分析的方法

运用经济学的方法对经济活动进行分析，是得出可靠结论的基础。选择什么样的分析方式和分析方法，取决于已掌握的资料的内容和性质，也取决于分析的对象和目标。

（一）对比分析法

对比分析法也称比较分析法，是一种以定量的方式来提示矛盾、寻找差异的方法。这种方法是将同一经济活动中，两组或多组具有可比性（如时间、内容、条件、项目、标准等大致相同或相近）的数据资料放在同一基础上进行对比，用以考察相互间的差异并揭示出来，再找出形成其差异的原因。对比分析法又分以下几种。

（1）比计划。以本期的实际指标与计划指标相比较，从而检查计划的执行情况。

（2）比历史。以本期的实际指标同上期（或上年同期）的实际指标比较，或与本单位历史最高水平相比较，借以观察经济活动的发展趋势。

（3）比先进。将本期的实际指标同国内外同类型单位的先进指标相比较，从而发现差距，为学习先进和改进工作制定措施提供依据。

（二）因素分析法

因素分析法是把对比所确定的差异数值作为分析的对象，并进一步找出产生差异的各种因素及其影响程度的一种分析方法。运用这一方法，可具体分析一项指标的完成与否究竟受哪些因素影响，主要矛盾是什么，以便采取相应的措施。运用这一方法应注意：要抓住主要问题、主要矛盾作重点分析；分析带有倾向性的因素；对主、客观因素作全面分析。如果说对比法是着重于数字、情况的比较，以明确差距、发现特点的话，那么因素分析法则着重于事实的说明、特点的剖析，以达到分清责任、弄清原因的目的。只有分清了责任、弄清了原因，才能有效地改进工作，提高经营管理水平，增加经济效益。

（三）动态分析法

在不同时期的经济活动中，将同类指标的实际数值进行比较，求出比率，进而分析该项指标的增减和发展情况，这种方法称作动态分析法。进行动态分析，需要一定量的历史资料积累，将这些资料依时间顺序排列，组成动态数列。数列中的指标数第一个为最初水平数据，最后一个为最新水平数据，每个数值均称作发展量，这个数列反映的是经济活动某个项目在不同时期的规模水平。

五、经济活动分析报告的写法

经济活动分析报告的写法比较灵活，要根据分析的目的和内容的需要来确定，一般包括标题、正文、结尾和落款四部分。

（一）标题

标题一般包括单位名称、分析期限、分析内容和文种四项，如《××省××局2005年××计划执行情况分析报告》。根据写作的实际情况，可省略其中某一项，但分析的对象、内容不能省。从表达句式看，可以是陈述句式，也可以是反问句式。不管哪种写法，都要写得简明、醒目。

（二）正文

正文由以下三部分内容组成。

（1）基本情况概述。用简明扼要的语言介绍分析报告的主要内容，点明分析的目的，说明分析的形式，提出分析的重点或主要问题，为下文的展开作好铺垫。有的分析报告一开篇就用表格列出分析的各项指标，直接进入主体内容。

（2）评价经济效益并剖析原因。首先，要对各项指标的完成情况进行总述，给予评价，肯定成绩，提出问题，为下一步的分析打下基础。这部分一般先用数字对比，再加以文字说明。其次，要对重点指标进行分析，即针对发现的主要问题，运用因素分析法探索问题产生的原因，为提出建议提供依据。

（3）提出建议和措施。这是前一层的必然发展，是写作经济活动分析报告的目的。建议要有针对性，措施要具体、切实可行。

（三）结尾

经济活动分析报告的结尾不是必须有的，如无必要，可以省略；若需要，可在结尾处说明或强调某个观点、看法，也可写上一些展望未来，表达信心的话。也有的将主体中“提出建议和措施”视为报告的结尾部分。

（四）落款

在正文的右下方写上分析报告的单位名称和成文时间。

六、经济活动分析报告的写作要求

（一）明确分析目的和对象

经济活动分析报告的分析目的要根据经济管理部门和企业提高经济效益的需要来确定。分析目的决定了分析报告的主旨、内容、形式和要求。不同的分析目的，分析的对象就不同。

撰写经济活动分析报告，分析的对象一定要十分明确，是分析产品质量不过关，还是分析产量完不成的原因；是分析生产成本为什么高，还是分析利润下降的原因；等等。只有分析对象明确，才能有的放矢，才能提出问题、分析问题和解决问题。

（二）选用科学分析方法

选用科学的方法对经济活动进行分析，是作出正确结论的基础。分析方法除了前面介绍的比较分析法、因素分析法和动态分析法外，还有预测分析法、平衡分析法、时间分析法、指数分析法、差额分析法、线性规划法、相关分析法等。这些方法分别从不同角度进行经济活动分析。在具体选用时，可根据资料内容、性质、分析对象和目标，采用一种或几种分析方法。

（三）抓住主要矛盾，解决重点问题

经济问题是错综复杂的，这就要求对复杂的经济问题进行具体分析，找出关键性问题，抓住主要矛盾加以解决。在经济经营活动中，始终存在着国家和企业、个人和集体、增产和节约、质量和数量等方面的矛盾。对于这些矛盾的分析，要分清主要矛盾和次要矛盾、主流和支流的关系。抓住了主要矛盾，解决了重点问题，其他问题也就迎刃而解了。

（四）提出解决问题的建议和对策

提出问题、分析问题的目的是为了解决问题。因此，写分析报告，不是单纯的提出问题、分析问题，还要在分析、评价的基础上提出建议和对策，以指导经济工作或为经济决策提供参考，提出的建议和对策不能空发议论，泛泛而谈，而要具体实在，有理有据，切实可行。

以下是两篇经济活动分析报告的例文。

例文一

××大酒楼第三季度财务成果分析

第三季度酒楼营业收入继续回升，毛利亦有增加，但因费用支出增长幅度大，并正在步步升高，故企业经济效益接连下降的趋势仍未扭转过来。具体如下表所示：（略）

一、营业收入逐步回升。第三季度酒楼营业收入同前两个季度一样，仍在继续增多，营业收入达到201.2万元，比第二季度增长6.4%，比去年同期则上升10%。增加的原因主要是酒楼添设了办喜事的专用设施，收费也比较合理，所以承办结婚筵席的桌次数相应增加；另外，高级餐厅的高档菜肴，因经济形势好转和外国客人增多，上座率也有所上升。

二、毛利有增无减，毛利率略有下降。本季度酒楼毛利额共实现88.1万元，比第二季度增长6.3%，比去年同期上升27%。而毛利率因高、中、低档菜肴营业额构成发生变化，本季度却比第二季度和去年同期分别下降0.05%与0.93%。

三、费用支出大幅度升高。本季度酒楼的费用开支高达53.1万元，比第二季度增支11.1%，比去年同期则增支39%。即毛利中的60%都被费用所耗掉。据计算，本季度酒楼费用上升的因素有三：（1）燃料费、水电费价格上调，和去年同期相比费用增加5万元左右（其中包括一部分浪费因素）；（2）职工人数增加33人，增支6万元左右；（3）管理不善造成的增支有4万元左右。

四、企业利润呈连续递减的状态。本季度企业利润仅实现13.3万元，比第二季度减少10.74%，比去年同期下降40.36%。酒楼经济效益下跌的主要原因，一是费用增加过多；二是经营管理不善，特别是因我们在财务管理上缺乏有效的调控所致。

根据以上分析，我们拟在下季度从以下三个方面采取相应的措施，以解决酒楼经济效益逐季下降的问题。

（一）拟定合理的费用支出限额，将12项费用中的8项承包给科（室）和班（组），对超限额的支出采取从收入指标中扣减的办法来解决费用支出过多的问题。

（二）拟将酒楼毛利率恢复到去年第三季度的水平，以适当增加酒楼的毛利。

（三）拟以税后利润作为计算承包的基数，即以酒楼经济效益指标作为承包的主要内容，重新调整承包合同。

具体的实施方案均在10月份内提出，呈送酒楼领导和职代会研究批准。

××市××大酒楼财务科

2000年10月

评析：本篇报告由前言、主体、措施三部分组成。前言叙述基本情况，亮出观点；主体部分用对比分析法，从二三季度的营业收入、毛利、营业费用支出、利润等方面进行比较，找出酒楼经济效益下跌的主要原因；最后针对酒楼经济效益下跌的原因，提出解决的办法和措施。

例文二

越南机电产品需求空间大

作为近邻，中国与越南经贸互补性强。目前，中国从越南进口四大类100多种商品，中国向越南出口五大类200多种商品，中国在越南的投资也有发展，投资总额约2 000万美元，中国已成为越南的第五大贸易伙伴。

据中国机电产品进出口商会提供的信息显示，目前越南机电产品市场潜力较大，其经济发展急需纺织机械、建材机械、矿山机械、轻工机械，特别是特种机床、精密机床。在这方面中国产品具有性能价格比的优势。此外，作为一个农业国，越南需要大量的农业机械，而越南的农机产品产量不足、种类简单、品质有待提高，售价还较中国的农机产品昂贵（多数中国农机产品的售价比越制产品便宜过半）。越南每年需要5万~6万台小型发动机，但越南仅能满足1.6万~1.7万台，此外，越南每年还需进口约4万辆拖拉机、15万台水泵，以及数量颇多的脱谷机、收割机、烘干机等。现中国农机产品在越南市场独占鳌头，甚至由越南转销到老挝、柬埔寨。随着越南人民生活水平的提高，对家电的需求也日益增长。我国TCL等集团已在越南投资生产彩电，销势较好，包括彩电、录放机、VCD等在内的中国家电制品也进入了越南胡志明市的大型商场内。值得注意的是，吹风机、果汁机、电熨斗等小家电的销量目前在越南正在上升，而现在尚未有任何越资或外资业者生产。

越南市场有待中国企业进一步开拓，但中国机电产品进出口商会的有关专家指出，开发越南市场必须注意：要做长期占有市场的准备，积极做好品牌宣传，提高产品质量，重视售后服务，要认真调研市场，及时掌握越南政策情况、市场供求变化和在越营销特点（比如，近些年来越南的陶瓷建材和电风扇生产发展过快，供过于求，越南政府已开始控制进口和生产）；应利用越南优惠的投资政策到越南投资办厂，加上当地土地和劳动力成本低，通过投资设厂，投资上不仅可以盈利，还可以带动设备、零配件、半成品及技术工人的对越输出。

（选自《企业管理信息》2002年第2期）

评析：这是一份简要的分析报告，标题是全文的主旨所在。正文部分从越南经济发展所需的机械、机床量多，特别是越南作为一个农业国，对农业机械的需求旺盛以及随着越南人民生活水平的提高，对家电产品的需求日益增长等角度进行分析，得出结论。结尾部分引用专家对开发越南市场要注意的问题作结。分析简明，但具体实在。

第三节　资产评估报告

一、资产评估报告的概念

随着我国社会主义市场经济的发展，要素市场和产权交易市场迅速发展起来，企业承包、租赁、抵押经营，股份经营，中外合资经营，企业兼并、合并和买卖等各类资产评估业务的迅速发展，资产评估报告越来越被广泛采用。

资产评估报告是评估机构对委托方所指定的资产，根据规定的程序和标准，运用科学的方法和统一的价值尺度，按现时价格进行评定和估算后，向委托方提供的说明评估情况和结果的公正性的工作报告。

二、资产评估报告的特点

资产评估报告要全面、准确、客观地反映资产评估的内容、根据、目的、对象和结果。它是一种动态性、市场化的社会活动，兼有鉴证与服务咨询功能。

（一）合法性

资产评估是一个过程，资产评估的对象、内容、依据、组织和结果的应用，都要按照资产评估的法规和其他法律及政策的有关规定进行。此外，选择的评估机构和聘用的评估人员也必须符合规定要求。

（二）规范性

资产评估报告虽因评估目的、评估对象有所不同而使其写作内容有所区别，但基本形式和几个大的内容项目（如评估资产的范围、评估方法、评估依据、评估基准日、评估结果等）不会有大的变化。评估人员应从基本的形式出发，根据需要灵活运用。

（三）鉴证性

资产评估报告既有法律效力，又有鉴证效力。评估机构以第三者的身份，不仅要对委托方被评的资产负责，而且还要对涉及产权交易等经济活动的各方面负责。在评估过程中始终坚持客观、公正的原则。因此，资产评估报告可以作为对被评估资产进行验证和确认的主要依据，作为被评估单位进行资产业务活动的依据，具有权威性和鉴证作用。

（四）科学性

评估方法主要有现有市价法、重置成本法、收益现值法、结算价格法等，应该根据标的物的性质和用途加以选用。对所采用的各种方法，要有一定的理论根据，能揭示资产发生变化的客观规律，适应企业的管理水平，符合改革要求。评估结果能正确反映资产的实用价值。

（五）时效性

评估结论具有很强的时效性。在一定条件下得出的评估结论只能适应于特定时点上的资产，如果时过境迁，就会由于市场环境变化，经济、政治、社会或法律因素的变化，使得被评估资产的市场价值发生很大的变化。

三、资产评估报告的作用

资产评估报告的作用主要体现在三个方面：有效地维护资产所有者、经营者和使用者的合法权益；为财政、税务、银行、工商等职能部门提供科学的证据；作为考核资产评估工作质量和评价资产评估人员业绩的重要依据。

四、资产评估报告的种类

按被评估资产的状态分，可分为固定资产评估报告和流动资产评估报告等。

按被评估资产的性质分，可分为实物形态资产评估报告、货币资产评估报告、无形资产评估报告和其他资产评估报告。

按被评估资产的范围分，可分为整体资产评估报告和单项资产评估报告。

整体资产评估是根据单位整体资产盈利能力和投资环境等因素，对资产进行综合评估。整体资产评估报告是报告综合资产评估工作和结果的一种文件。

单项资产评估是对以上四种不同性质的资产取其中一种进行评估。单项资产评估报告是报告单项资产评估工作和结果的一种文件。

五、资产评估报告的格式和写法

资产评估报告的格式虽然目前尚未有统一的标准，但从资产评估的思维方式来看，其格式大体包括文头、标题、致送单位、正文、附件和落款等。

（一）文头

文头部分由发文单位的全称、发文字号组成。文头与标题之间有一条界栏线隔开。

（二）标题

标题的一般写法是写明被评估单位、资产种类和文种三项内容，如××厂固定资产评估报告。也有的资产评估报告的标题只写两项内容，可省略被评估单位或资产种类，如××有限公司资产评估报告；也可以写为：××资产评估报告书。

（三）致送单位

在标题下一行顶格写委托单位名称，并加冒号。

（四）正文

资产评估报告正文的主要内容一般包括：评估机构名称；委托单位名称；评估资产的范

围、名称和简单说明；评估标准日期；评估的原则；评估所依据的法律、法规和政策；评估方法和计价标准；对具体资产评估的说明；评估结论，包括评估价值和有关文字说明；附件名称；评估起止日期和评估报告提出日期；评估机构负责人、评估项目负责人签名，并加盖评估机构公章等。

资产评估报告正文的具体写法包括以下几部分。

（1）开头部分。概括基本情况，主要说明评估单位受谁委托，何时进行评估，简介评估的特定目的、依据、范围、原则等情况，国有资产还要点明经哪一级机关批准立项。

（2）主体部分。主体部分应写明评估情况和评估结果。评估情况和评估结果是证明与被证明关系。一般评估情况在前，结果在后，有时也可相反，但不论采用哪种形式，这一部分都应包括：评估基准日、评估八大要素（主体、客体、范围、依据、原则、程序、方法、目的）和主体结果等内容。

（3）结尾部分。主要提出存在的问题和建议。

（五）附件

附件通常包括：资产评估汇总表、明细表；委托单位提供的与评估基准日有关的会计报表；资产评估机构评估资格证明文件复印件；被评估单位占有资产的证明文件复印件；其他与评估有关的文件复印件。在正文之下写上附件的名称，要写全称，附件要用数字依次标明。

（六）落款

落款指署名和日期。署名要写明评估机构名称和有关评估人员情况。评估机构写全称，并加盖公章。评估机构负责人、评估项目负责人以及中国注册会计人员和其他评估人员，均应签名，并一一注明其技术职称。日期指提出评估报告的时间，应写明年月日。

六、资产评估报告的写作要求

（一）精通业务，熟悉法规

资产评估是一项十分复杂的系统工程，它涉及有关资产结构、性质、特点等专业技术知识，涉及财务、税务、物价政策以及国家有关法律、法规、制度等，因此评估人员要精通业务，熟悉法规，才能按程序办事，依法评估。

（二）遵循真实性、科学性、可行性原则

进行资产评估应严格按照国家规定的标准、秩序和方法进行评定和估算。

真实性原则要求资产评估报告中所运用的数据资料必须真实可靠，符合评估单位的实际情况；评估结果必须做到真实、公允。

科学性原则要求在评估中做到技术方法与经济方法相结合；定性分析与定量分析相结合；局部利益与整体利益相结合；目前利益与长远利益相结合；专业人员的评估与群众的意见相结合。

可行性原则要求评估程序与方法合理、合法；具体评估工作尽可能简便易行，节约评估费用；评估所需技术参数、数据和相关资料客观性强。

以下是两篇资产评估报告的例文。

例文一

××会计师事务所

资产评估报告

××估字［2001］30号

××××自治县国营林产化工厂：

受贵单位委托，我所派出评估人员于2000年12月29日至2001年1月7日，对贵单位准备投入××林业股份有限公司的资产进行了价值评估，现将有关情况报告如下：

一、评估对象基本情况

××××自治县国营林产化工厂拥有固定资产596万元，流动资金176.85万元，占地面积17 064.5平方米，现有年产工业单宁酸300吨、年产工业没食子酸100吨两条生产线，年可实现工业产值2 170万元。

本次评估的是贵厂年产100吨的工业没食子酸生产线。该生产线的全部生产设备是1999年8月12日陆续购进的，并于1999年12月底全面安装调试，试产成功。生产的产品质量达到了×××标准。

二、评估目的

为贵单位投入××林业股份有限公司的资产折股提供价值依据。

三、评估范围

贵厂的一条没食子酸生产线。

四、评估基准日

2000年12月29日。

五、评估依据

1. 国有资产评估管理办法、实施细则及操作规范；

2. 《中华人民共和国公司法》等有关法律；

3. 企业提供的原始会计凭证；

4. 全国机电产品报价目录及评估人员掌握的信息；

5. 估评人员现场察看所掌握的材料及政策法规；

6. 其他有关股份制改组的政策法规。

六、评估原则

本着客观、公正、科学的原则，实事求是地对资产的价值进行评估，力求使评估结果能准确地反映评估资产现时的公允价值。

七、评估程序

1. 听取委托单位介绍评估目的与要求的说明；

2. 确定评估范围，进行资产清查，填报有关表格；

3. 现场察看资产的实际存在情况、性能及成新率等技术经济指标，并作好现场记录；

4. 进行评估计算，得出初步结论，征求委托单位和行业主管部门的意见，在进行修改的基础上，形成评估结论，最后制作评估报告。

八、评估计算

根据评估特定目的和评估对象的性质、特点，本次评估主要采用重置成本标准和重置成本法。具体计算公式为：评估值 = 重置成本 × 成新率。

被评估机器设备的评估值详见附件 1。

九、评估结论

至评估基准日止，贵厂拟投入××林业股份有限公司的没食子酸生产线评估值为 2 308 538.94 元。

十、几点说明

1. 本次评估报告具有特定的使用范围，专为贵厂以没食子酸生产线投资入股提供价值依据，不得用作其他用途。未征得本所同意，不得对外公开。

2. 本评估报告的有效使用期为自评估基准日起 1 年以内。

附件：

1. 机器设备评估明细表；
2. 企业简介；
3. 企业关于以没食子酸生产线投资的决定；
4. 评估立项通知书（复印件）；
5. 评估业务委托书（复印件）；
6. 评估机构资格证书（复印件）；
7. 评估机构营业执照（复印件）。

××会计师事务所

法定代表人：（签字）

项目负责人：（签字）

注册会计师：（签字）

二○○一年元月十九日

评析：这份资产评估报告具有项目齐全、分析具体、结论正确的特点。报告按照资产评估的内容要求，从评估对象的基本情况、目的、评估范围、评估基准日、依据、原则、结论等逐一说明。附件罗列清楚，结尾有会计师事务所法定代表人、项目负责人、注册会计师的签字，值得信赖。

例文二

××××生物工程制品厂收购项目

资产评估报告书

苏任资评报字［2001］第 09 号

一、绪言

××××资产评估事务所有限公司接受××××实业股份有限公司的委托，根据国家有关资产评估的规定，本着客观、独立、公正、科学的原则，按照公认的资产评估方法，对××××实业股份有限公司拟收购××××生物制品厂的全部资产及负债进行了评估工作。本所评估人员按照必要的评估程序对委估资产实施了实地勘察、市场调查与询证，对委估资产在2000年12月31日所表现的市场价值作出了公允反映。现将资产评估情况及评估结果报告如下。

二、评估委托方简介

企业名称：××××实业股份有限公司

住所：××省××市××镇

法定代表人：×××

注册资本：××××万元

企业类型：股份有限公司（上市）

××股份有限公司已经确定将生物医药产业作为未来发展的主导产业，以实现持续发展的战略目标。根据××股份第×届第××次董事会决议《关于增发新股募集资金计划投资项目的可行性议案》，××股份拟按评估后的价格整体收购××××生物工程制品厂的全部资产，包括其拥有的两个一类生物新药、两个二类生物新药及肝炎诊断试剂等无形资产。

三、资产占有方简介

企业名称：××××生物工程制品厂

住 所：××××区××路×号

法定代表人：×××

注册资本：×××万元

经济性质：集体所有制

××××生物工程制品厂（以下简称××厂）创建于××××年，是科、工、贸一体的高新技术企业，主要致力于生物工程技术产品的研究、开发、生产和销售，是卫生部最早批准的基因工程制品生产企业之一。同时拥有两个国家一类新药（白介素—Ⅱ和EGF）和两个国家生物二类新药（EPO和GCSF）及肝炎诊断试剂，现有员工×××人，其中大中专以上文化程度占××%，现有副教授级以上研究人员××多人。截至2000年12月31日，××厂经审计后的资产总计××××万元，负债总计××××万元，净资产××××万元。

四、评估目的

根据××股份第×届第××次董事会决议《关于增发新股募集资金计划投资项目的可行性议案》，本次评估的目的为确定资产现值，为××股份收购××厂提供价值参考依据。

五、评估范围和对象

××股份拟收购××厂所涉及的全部资产和负债，评估前资产类型及账面价值为：……

六、评估基准日

本次资产评估项目的基准日为2000年12月31日。

七、评估原则

⋮

八、评估依据

（一）行为依据：××××实业股份有限公司第×届第××次董事会决议《关于增发新股募集资金计划项目的可行性议案》。

（二）法规依据：1. 中华人民共和国国务院令1991年（第91号）《国有资产评估管理办法》；2. 原国家国有资产管理局国资办发〔1992〕36号关于印发《国有资产评估管理办法施行细则》的通知。

（三）取价依据

1.《1998年和1999年机电产品报价手册》；

2. ……

（四）参考资料及其他依据

1. 资产占有方提供的委估资产明细清单；

2. ……

九、评估方法

根据本次评估的特定目的及委估资产的内容和性质，分别采用重置成本法及收益现值法进行评估。

（一）流动资产评估。……

（二）固定资产评估。……

（三）无形资产评估。……

（四）负债评估。……

十、评估过程

自我所接受本评估项目委托起至提交评估报告止，评估过程主要包括：

1. 接受委托：……

2. 资产清查：……

3. 评定估算：……

4. 评估汇总：……

5. 提交报告：制作、校对和完善资产评估报告书，在与委托方取得一致意见后，向委托方签发、提交评估报告书。

十一、评估结果

综上所述，截至评估基准日2000年12月31日，××××生物制品厂的评估结果如下表，评估结论详见评估明细表。

资产占有单位：××××生物工程制品厂　　金额单位：人民币万元

项　目	账面价值	调整后账面值	估价值	增减值	增值率（%）
流动资产	××××	××××	××××	××××	××××
长期投资					
固定资产	××××	××××	××××	××××	××××
无形资产	××××	××××	××××	××××	××××
其他资产					
资产总计	××××	××××	××××	××××	××××

续表

项　　目	账面价值	调整后账面值	估价值	增减值	增值率（%）
流动负债	××××	××××	××××	××××	××××
长期负债					
负债总计	××××	××××	××××	××××	××××
净 资 产	××××	××××	××××	××××	××××

小数点后保留两位小数

十二、特别事项说明

××厂承诺不存在影响生产经营活动和财务状况的重大诉讼、市场竞争失败、成本失控、税收政策调整等重大事项。

十三、评估报告评估基准日期后重大事项

⋮

十四、评估报告的法律效力（包括但不限于下列内容）

1. ……

2. 评估结果有效期为一年，即为2000年12月31日至2001年12月30日。逾期评估结果自然失效，如需应用，须作修正。

3. 本评估报告书根据本次评估的特定目的而编制，仅供委托方用于评估目的和送交财产评估主管机关，以及企业主管部门审查资产评估报告书和检查评估机构工作之用。本评估报告书的使用权归委托方所有，未经委托方许可，评估机构不得随意向他人提供或公开。

十五、评估报告提出日期

评估报告提出日期为2001年3月3日。

十六、备查文件

⋮

中国注册资产评估师：×××　××

××××资产评估事务所有限公司

二〇〇一年三月三日

评析：这是一篇采用并列式条款结构的资产评估报告书。例文将部分项目的内容作了删节处理，但报告依然脉络清晰。

例文显现出了资产评估报告的专业特点，如评估目的、评估基准日、评估原则、评估依据、评估方法、评估结果等项目都是资产评估报告所独有。在语言表述上也显现出专业性特点，如评估、委估、询证、资产占有、资产类型、账面价值、取价依据等词的专业性都很强。由于资产评估报告具有法律鉴证作用，因此语句表述十分严谨、简洁。

第四节　招标书和投标书

一、招标书

（一）招标书的概念和种类

招标书是招标人按照规定条件发招标书，利用投标者之间的竞争达到优选买主或承包项目的目的，从而利用和吸收各地甚至各国的优势于一家的商品交易行为所形成的书面文件。一般正式招标书都采用广告、通知、公告等形式发布。

招标书按时间划分，有长期招标书和短期招标书；按内容及性质划分，有企业承包招标书、工程招标书、大宗商品交易招标书等；按招标的范围划分，有国际招标书和国内招标书。

建筑行业的招标书主要是指招标人（招标单位）或招标代理机构向建筑单位所提供的有关此工程的一些基本信息。如工程的资金来源、建筑规模、开标时间及地点、所要求的资质等级、建筑单位所要提供的相关资料等。

（二）招标书的写法

招标书一般由标题、正文和结尾三部分组成。

标题应写在第一行的中间。常见的写法有四种：一是由招标单位名称、招标性质及内容、招标形式和文种构成；二是由招标性质及内容、招标形式和文种组成；三是只写文种名称“招标书”；四是广告性标题，如《谁来承包××工厂》。

正文由引言和主体部分组成。引言部分要求写清楚招标的依据或原因。主体部分要详细说明招标方式（公开招标、内部招标、邀请招标）、招标范围、招标程序、招标内容的具体要求、双方签订合同的原则、招标过程中的权利和义务、组织领导、其他注意事项等。

结尾应签具招标单位的名称、地址、电话、电报挂号等，以便投标者参与。

写招标书须注意以下几点事项。

（1）周密严谨。招标书不但是一种广告，也是签订合同的依据，是具有法律效力的文件，要求内容和措辞周密严谨。

（2）简洁清晰。招标书只需把所要讲的内容作简要介绍，重点突出即可，切忌没完没了地罗列、堆砌。

（3）注意礼貌。招标涉及的是贸易活动，要遵守平等、诚恳的原则，切忌盛气凌人，也不要低声下气。

二、投标书

（一）投标书的概念和种类

投标是与招标相对应的行为。投标书是投标人按招标人的要求，具体向招标人提出订立合同的建议，是提供给招标人的备选方案。

投标书可分为生产经营性投标书和技术投标书。生产经营性投标书包括工程投标书、承包投标书、产品销售投标书和劳务投标书；技术投标书包括科研课题投标书、技术引进或技术转让投标书。

（二）投标书的写法

投标书一般由标题、正文和结尾三部分组成。

投标书的标题只需在第一行中间写明“投标申请书”、“投标答辩书”或“投标书”即可。

正文由开头和主体两部分组成。开头写明投标的依据和主导思想；主体应把投标的经营思想、经营方针、经营目标、经营措施、要求、外部条件等内容具体、完整、全面地表述出来，力求论证严密、层次清晰、文字简练。

落款应写明投标单位（或个人）的名称和投标日期。

例文一

××休闲娱乐酒店建筑方案设计招标书

一、项目背景和开发理念

酒店业的景气在近五年间有了长足的发展，其中尤以上海的繁荣景象最为突出。经济的持续高速增长，门户开放和社会的高度信息化拓宽了国民的视野，生活环境、人的价值观，精神意识和消费习惯正在发生前所未有的变革，人们开始不再满足于由经济发展、大规模工业化生产所带来的单纯物质上的充实，而去寻找一种新的价值和生活体验，度假、休闲、娱乐在时间和空间上占据了生活中非常重要的位置。对于酒店业来说，住宿和餐饮不再是唯一的当家花旦，酒店的作用开始着眼于为人们的生活提供更多的梦想和可能性。为适应多样化发展带来的多样化需求，个性化和功能复合化已成为酒店发展的两大趋势。

从 20 世纪 90 年代开始，“Boutique”一词和个性精品店、时髦酒店形影不离，以“Boutique Living”为号召的酒店逐渐大行其道，在“Boutique Hotel”酒店里不会有款式和布置相同的房间，不同的色彩、床铺、灯饰、软装、家具、小食品、卫浴空间，搭配出不同的个性和心情，在酒店里度过的美妙时光重新充满了激情。“Boutique”不再仅仅是个源于法文单词的形容词，她成了富有情趣和个性、讲究独特设计感、强调优雅感受性的代名词和形象标志。

借用这一概念，是期望本项目能够代表新世纪新一代精致生活、时尚品位的潮流生活态度，成为当地乃至××极具号召力的时尚休闲娱乐场所和话题效应的原创建筑。

本项目意在填补当地商务交际、富裕家庭等主流消费群的需求空白，而将度假、休闲、娱乐功能作为酒店的核心定位，也有助于为客房销售建立独一无二的差异化竞争优势。丰富而有特色的餐饮休闲娱乐功能，充满灵感、幻趣和想象力的空间设计和多样化主题装饰风格释放出难以抗拒的诱惑，吸引和聚集大量人群，为进驻酒店的商家带来可观的人流和商机。（可参考随设计材料所附的××××酒店项目定位分析）

二、本次招标项目名称

项目名称：××××有限公司综合业务楼（以下简称××酒店）

用地性质：公共设施用地（R2）

建设用地面积：9 500 平方米（参考业主提供的地形图，以实测为准）

建筑容积率：不大于 2.5

建筑密度：不大于 40%

绿地率：不小于 35%

建筑后退基地边界距离：5 米

退道路红线：50 米

三、项目地点

××市工业综合开发区。西、北临××会所，东临××高速公路，南临××公路出口。

四、招标方式

国际、国内公开招标。

五、设计内容建议和设计成果要求

设计内容建议包含以下三大部分内容：

（一）综合餐饮休闲娱乐中心（建筑面积 10 000 ~ 11 000m^2）

1. 大堂
2. 大型品牌餐饮（包含 2 个宴会厅）
3. 日式餐厅（烧肉、铁板烧、料理） ×个
4. 小型特色餐馆（带露台或露天餐座） ×个
5. 咖啡吧（可提供自助）
6. 各式酒吧和茶楼（带露台或露天餐座）
7. 养生理疗桑拿 + 泰式或印度式 SPA
8. 迪厅 + 酒吧 + 卡拉 OK + 夜总会
9. 多功能影院（100 ~ 150 座，可作小剧场、演讲厅、会议室）
10. 小型多媒体会议室（与多功能影院合用开放式休息厅）
11. 电玩、游艺中心（地下室）、儿童嬉戏园
12. 运动健身中心（地下室、须设壁球馆、桌球吧、乒乓室等）
13. 人工沙滩水疗室内温水泳池（不大于 40 米 × 40 米）

设计公司可在不限于上述参考建议上提出自己的方案。

（二）度假休闲酒店（建筑面积 10 000 ~ 12 000m^2，170 ~ 190 套）

1. 顶层空中别墅（带空中大露台） ≯250 m^2 2 套
2. 次顶层商务酒廊
3. 豪华休闲套房（带露台、双卧、起居娱乐室） ≯90 m^2 ×套
4. 休闲套房（带起居娱乐室） ≯70 m^2 ×套
5. 特大双人房（带娱乐功能） ≯60 m^2 ×套
6. 个性双人房（淋浴独立、化妆洗面可分离） ≯50m^2 ×套

（三）停车场（库）（不少于 200 个车位）

六、资质要求

境内外凡经合法注册并具有法人资格，具有与工程要求相符合的资质（资格）

的设计承包商均可报名。

报名时请提交以下资料：

（一）法定代表人授权书（原件），营业执照（复印件）；

（二）建筑工程甲级设计资质证书复印件（如境外设计承包商，需提供相应的设计资格证书）；

（三）相应的业绩证明文件（近五年成功设计过类似规模的工程实例）；

（四）设计单位简介，拟负责本项目建筑师简介及业绩；

（五）经办人有效身份证复印件；

（六）如报名单位为联合竞标形式的，则须出具组成联合竞标协议书，其中联合竞标伙伴中至少有一家为境内法人单位；

（七）设计收费报价书（按方案设计、施工图设计、景观设计分别报价）；

（八）填写完整的附表1～3。

业主将根据报名单位的业绩、资质和设计收费水平进行资格预审，从中挑选4家参加建筑方案设计竞标。国内设计单位要求为建筑设计甲级设计资质，境外设计单位要有具有相关业绩和经验的知名企业参加或与国内具有建筑设计甲级设计资质的设计单位联合竞标。

七、评审方式

业主将组织各方面专家组成评审委员会，对参加的4家设计单位提交的设计成果和设计费报价书进行综合评审，确定一个优胜方案（第一名）。优胜方案的提出单位与业主签订设计委托合同并签订建筑方案版权出让协议，根据设计合同的要求完成实施建筑方案设计。其余参赛方案所有权归业主所有。

本次未获优胜方案的参赛单位依名次将获得投标竞赛补偿，具体为：

第二名 投标竞赛补偿费人民币×万元

第三名 投标竞赛补偿费人民币×万元

第四名 投标竞赛补偿费人民币×万元

八、招标报名日期

2004年12月5日9：00时至2004年12月20日17：00时。

九、报名方式

以电子文件、传真形式、邮寄方式（信封请署设计报名）发送。报名人将第6条要求的资料备齐并填妥附表1～3在报名时间内送到。

报名截止后，招标人根据报名情况进行资格预审，从中选择4家设计单位正式参与建筑方案设计竞标，并发函通知，领取设计所需相关文件、组织现场答疑。未入选单位恕不另行通知。

附表（略）。

例文二

投标申请书

××省交通厅招标办：

我公司决定参加对××××大桥工程项目的投标，保证按招标文件的要求参加投标，并遵守各项有关规定。

特此申请

施工投标企业：××总公司第七分公司（章）

负责人：××（章）

××××年×月×日

表1　企业情况简介

企业名称		负责人姓名	
地　点		类　别	
性　质		隶属关系	
营业执照号码		开户银行账号	
职工总数		自有流动资金（万元）	

管理人员数（人）											技术工人数（人）	技术工人平均等级
总工程师	工程师	会计师	经济师	助理工程师	助理会计师	助理经济师				合计		

表2　主要专用大型机械名称、数量

															合计

表3　近年来完成的主要工程项目及质量评定

单位盖章 年　月　日	主管部门盖章 年　月　日

【习题】

一、简答题

1. 写作市场调查报告时，在经过实地调查，获取丰富的材料后，如何对材料进行研究？
2. 经济活动分析报告的特点有哪些？并用自己的话加以说明。

3. 写作资产评估报告的基本思路是什么？

二、写作题

1. 根据下面的材料，撰写一篇市场调查报告。

中国饮料工业协会统计报告显示，国内果汁及果汁饮料实际产量超过百万吨，同比增长33.1%，市场渗透率达36.5%，居饮料行业第四位，但国内果汁人均年消费量仅为1公斤，为世界果汁平均消费水平的1/7，西欧国家平均消费量的1/4，市场需求潜力巨大。

我国水果资源丰富，其中，苹果产量居世界第一，柑橘产量居世界第三，梨、桃等产量居世界前列。据权威机构预测，到2005年，我国预计果汁产量可达150万~160万吨，人均果汁年消费量达1.2公斤左右；2015年，预计果汁产量达195万~240万吨，人均年消费量达1.5公斤。

近日，我公司对××市果汁饮料市场进行了一次市场调查，根据统计数据，我们对调查结果进行了简要的分析。

追求绿色、天然、营养成为消费者和果汁饮料生产厂家的主要目的。品种多、口味多是果汁饮料行业的显著特点，据××市场调查显示，每家大型超市内，果汁饮料的品种都在120种左右，厂家达十几家，竞争十分激烈，果汁的品质及创新成为果汁企业获利的关键因素，品牌果汁饮料的淡旺季销量无明显区分。

目标消费群——调查显示，在选择果汁饮料的消费群中，15~24岁年龄段的占了34.3%，25~34岁年龄段的占了28.4%，其中，又以女性消费者居多。

影响购买的因素——口味：酸甜的味道销量最好，低糖营养性果汁饮品是市场需求的主流；包装：家庭消费首选750ml和1L装的塑料瓶大包装；260ml的小瓶装和利乐包为即买即饮或旅游时的首选；礼品装是家庭送礼时的选择；新颖别致的杯型因喝完饮料后，瓶子可当茶杯用，所以也影响了部分消费者的购买决定。

饮料种类选择的习惯——71.2%的消费者表示不会仅限于一种，会喝多种饮料；有什么喝什么的占了20.5%；表示就喝一种的有8.3%。

品牌选择的习惯——调查显示，习惯于多品牌选择的消费者有54.6%；习惯于单品牌选择的有13.1%；因品牌忠诚性而作出单品牌选择的有14.2%；价格导向占据了2.5%;追求方便的比例为15.5%。

饮料品牌的认知渠道——广告：75.4%；自己喝过才知道：58.4%；卖饮料的地方：24.5%；亲友介绍：11.1%。

购买渠道的选择——在超市购买：61.3%；随时购买：2.5%；个体商店购买：28.4%；批发市场：2.5%；大中型商场：5.4%；酒店、快餐厅等餐饮场所也具有较大的购买潜力。

一次购买量——选择喝多少就买多少的有62.4%；选择一次性批发很多的有7.6%；会多买一点存着的有29.9%。

2. 选择一个企业，进行深入调查后，就某一经济活动的情况进行分析，写一篇经济活动分析报告。

3. 用以下材料写一份资产评估报告。

材料1

评估单位：××市××资产评估事务所

评估人：周天源　万有生

委托人：××市建设发展公司

××市××瓷器有限公司

材料2

评估事项：××资产评估事务所受××市建设发展公司和××瓷器有限公司的委托，于××××年×月×日组织评估小组，根据××瓷器有限公司核实的固定资产现值及该公司与外商合资经营的特定目的，依据××瓷器有限公司提供的财务资料及实物，对××瓷器有限公司的资产进行评估。

××瓷器有限公司与外商合资经营已经××市国有资产管理局审核立项。

材料3

评估结果：××瓷器有限公司厂房、建筑物重估净值为×万美元；

机器设备重估净值为×万美元；

原辅材料重估净值为×万美元；

备品配件重估净值为×万美元；

产成品重估净值为×万美元；

土地价值为×万美元；

开办费为×万美元。

材料4

××瓷器有限公司现有资产基本情况：

（1）××瓷器有限公司下属有餐具、洁具两个分厂，主要设备是餐具、洁具两条生产线。生产线包括原材料处理系统、注浆压坯线、瓷器烧烤窑炉、煤气供给系统、配电系统、产品检验设备、包装机械、运输设备、环保劳保设施及办公设备。以上设备均从英美等国进口，具有20世纪80年代工艺生产水平。经两年试产，该企业已形成了水、电、气供应配套齐全的从原材料处理到生产检验包装一条龙的生产体系。

（2）与此同时，公司兴建了×万平方米的生产厂房和办公用房，主要有：综合办公楼，建筑面积为×平方米，钢筋混凝土结构；生产车间，其中餐具、洁具生产车间、成品仓库、煤气站等新建厂房建筑面积为×平方米，单层大跨度轻钢型结构；联合车间、成型车间、五金仓库等旧厂房建筑面积为×平方米，砖木结构。此外，堆场、传达室、厕所、洗澡间等配套设施建筑面积为×平方米，砖木结构。

（3）××瓷器有限公司1985年筹建，1987年10月全面投入试生产，主要产品为餐具系列和洁具系列。设计能力为年产餐具×万件，洁具×万件。

材料5

评估的依据与方法：根据××公司提供的资料，××资产评估事务所对所评估的资产进行实地核查，以1990年3月31日为基准日，在核实数量与质量的基础上按特定的重置成本法进行估算。

对于厂房和建筑物：是根据每幢厂房，每项建筑物的建筑结构、工料耗用及其他费用情况综合测算其构筑成本，并按各项材料价格和费用变化核定其现行构筑价值。

对于机器设备：是根据各台（套）设备原买价、建筑安装费、贷款利率及其他费用情况，综合分析现行市场价格所发生的各项费用变化情况来核定设备现行购置价值。

对于流动资产：是按在库产成品、原辅材料和各种备品配件的实际库存量，扣除合理的破损量后，根据市场实际销售价格和实际购买价来核定其重置价值。

对于土地：是根据土地实际占用面积和使用目的，按照××市政府有关土地使用配套设施和土地开发费用规定标准来核定土地价值。

对于开办费：是按实际开支数进行评估计算。

材料6

此项资产评估过程是本着客观、公正的原则进行评估的。本报告已经××市国有资产管理局验证、确认。发文编号为××字〔1990〕第×号。撰写评估报告的时间是1990年×月×日。此评估报告的附件有：一、××瓷器有限公司资产净值表（略）；二、××瓷器有限公司资产机器设备类表（略）；三、××瓷器有限公司资产房屋建筑物类表（略）。

要求：

（1）将此资产评估报告的标题、主送单位、正文、附件名称、落款（评估单位、评估人）、撰写时间安排在文章的适当位置。

（2）正文按以下写作顺序撰写：

①在主送单位之后用一个自然段写明评估事项、评估的原则，并用“现将评估结果报告如下”的过渡语转入到正文的主体部分。

②正文的主体分三个部分：评估结果、××公司现有资产基本情况、评估的依据与方法。需注意的是，写作时这三者的先后顺序不能按题目中给材料时的排列顺序，而应作恰当调整。

③写作“××公司现有资产基本情况”这一部分时，三点具体内容的顺序要恰当，只用自然段划分，不用序号。

（3）写作“评估的依据和方法”这一部分时，几个方面的资产要用序号来划分。

4. 下面是一篇不规范的招标书，请予以修改。

××市交通局××大桥建造工程招标启事

为了确保我市公路建造质量并按期完工交付使用，特邀请符合桥梁施工规定的合格的投标者，对××大桥的建造工程进行竞争性投标。

所有参加投标的同志，请于2007年2月12～18日到××大桥建造工程指挥部报名。

地址：××大桥桥头

电话：（×××）8777××××

联系人：张三、李五

第六章　经济信息文书

第一节　经 济 信 息

一、经济信息的概念

经济信息是反映经济工作和经济活动的当前状态、变化特征及其未来发展态势的具有某种价值的新资料、新知识、新情况、新消息的总称。

经济信息作为一种文体概念有广义、狭义之分。广义的经济信息泛指反映经济工作和经济活动的经济新闻、经济文摘、经济消息、市场信息、经济工作简报等相关体裁；狭义的经济信息专指经济消息。

二、经济信息的特点

经济信息同时具有信息和新闻的特点，具体表现在服务性、真实性和时效性三个方面。

（一）服务性

经济信息要通过舆论传播手段，使受众的思想、文化观念和价值判断等水平有所提高，为经济发展提供思想动力。传播经济信息时，要体现或反映国家的财经方针、政策，反映人民群众在经济生活中的愿望、要求和呼声，为社会主义经济建设作舆论引导。它所报道的事实应当为企业和受众提供经济信息，用以沟通产、供、销等诸环节，或为问题的解决提供思路和出谋划策。

（二）真实性

真实是经济信息的本质特征之一。这一本质特征包含两方面的要求：一是具体事实真实，报道的时间、地点、人物、事件、原因、过程、数据、细节等，都要实在，准确无误，不得虚构和“合理想象”，也不能“基本真实”；二是概括事实的真实，特别是在综合新闻中这种情况较多。概括的事实要和实际情况一致，不能以点带面，以偏概全。既反对道听途说、牵强附会，也反对夸大渲染、拔苗助长，更不能搞有偿新闻：否则，报道的失实不仅会影响新闻本身的可信度，还会直接损害传播媒体的信誉。

（三）时效性

经济信息的传播要迅速、及时，讲求实效。这是由经济信息的性质决定的。经济消息既然是新近发生的事实报道，那么它就要用最快的速度向受众报道最新的消息。尤其是动态消息的传播离事实发生的时间越近，其新闻价值就越大，产生的经济效益和社会效益也就越大。

经济消息的时效性主要表现在迅速和适时两个方面。

三、经济信息的种类

经济信息按其性质和功能可分为动态性经济信息、预测性经济信息和反馈性经济信息三类。

四、经济信息的结构、内容和写法

经济信息一般包括标题、导语、主体、背景材料和结尾五个部分。

（一）标题

经济信息的标题应当概括和提示经济信息的内容，帮助读者尽快了解该信息的内容和意义，同时还应起到吸引读者、先声夺人的作用。

标题的写法有以下三种。

（1）多行标题。由引题、正题和副题三部分组成。引题也叫眉题或肩题，在正题之上，用于介绍背景、阐发意义、烘托气氛，以引出正题。正题也叫主题、母题，是一则消息的本题，用于概括和说明事实、中心内容和文章主旨。副题又叫子题、辅题，位于正题之下，用于注释、印证正题，或补充事实，或说明正题的根据、结果和消息的来源等。例如：

换手87%创近年新股换手之最距发行价上涨118%　　（引题）

北京华联昨高价亮相　　（正题）

该股高定位对市场有积极意义　　（副题）

（2）双行标题。双行标题有两种，一种是由引题和正题构成的双行标题。例如：

“的哥”忙学外语，商家纷纷打出入世价，入世图书成为宠儿　　（引题）

古城街头飘出浓浓“世贸味”　　（正题）

另一种是由正题和副题构成的双行标题。例如：

跨国公司外汇资金管理尝试改革　　（正题）

“九项措施”在浦东先行试点　　（副题）

（3）单行标题。也叫主题式标题，它用精练的文字概括信息的主旨。例如：

河南订单农业快速发展

以上三种标题，各有自己的特点和用途，在写作中，应当根据经济信息内容的实际需要选用。

（二）导语

导语指经济信息开头的第一段或第一句话，一般是用最精练的语言，写出经济信息中最重要、最新鲜、最有吸引力的事实，或者将信息事实的中心思想概括出来，从而统领全篇，引发读者的阅读兴趣。

导语的写法较多，常用的有以下几种形式。

（1）叙述式。一般用简练的文字把信息中最主要的信息事实概括地叙述出来。例如：

近年来，在全国各大城市的银行中，各种形式的理财项目令人眼花缭乱。然而，记者在采访中却发现，银行推出的理财服务项目虽多，口号虽响亮，但实际上是热而不火。

（2）描写式。通常是采用描写的手法，对信息中的主要事实或者环境进行生动形象的刻画与描绘，用以增强感染力。例如：

“三次，好！成交!”拍卖师一声锤响，慕绥新的防弹奔驰被以160万元的价格拍卖。

（3）提问式。先用设问句提出信息中所要解决的问题，以此展开下文。例如：

这个几百万人口的大城市，每天要产生2 700多吨垃圾，但街道却保持着常年整洁。这样大量的垃圾是怎样处理的？不久前记者随同垃圾清运车目睹了这个紧张战斗的过程。

（4）引语式。一般引用有关文件或者信息人物的谈话等，以准确、鲜明地表达主旨。例如：

许多消费者不无担心地说，任何产品的质量问题对生产企业来说或许只是百分之几，千分之几，然而对消费者来说却是百分之百。

（三）主体

主体是经济信息的主要部分，是紧承导语，并阐释、说明导语，具体、详尽地表述内容的部分。

主体部分涉及材料的组织和结构的安排。组织材料和安排结构可按以下几种方式进行。

（1）倒金字塔式。又称倒叙法，即按信息事实的重要程度或读者关心程度，打破按时间顺序安排层次的常规，把最重要的、最精彩的、最生动的、最吸引人的材料放在第一段写，或是以“信息提要”的方式呈现在信息的最前端。此种写作方式是目前媒体常用的写作方式，有助于媒体编辑子标题，亦有助于读者快速了解信息的重点。

这种写法源于美国新闻界迎合了受众的接受心理，于是得到了普遍的模仿，现在很多都市报所使用的都是这种格式。

（2）正金字塔式。此种写作方式刚好与倒金字塔式相反，是以时间顺序作为行文结构的写作方式，依次分别是引言、过程、结果，高潮，将新闻重点摆在文末，一般多用于特写。

（3）折中式。又称作新华体，此种写作方式为倒金字塔式和正金字塔式的折中，即信息中最重要的信息仍然在导言中呈现，接着按新闻的时间性或逻辑性叙述。

新闻报道一般是遵循时间顺序，但是这种“讲故事”的写法已经不适合受众的阅读习惯，因而新华体是在吸收中外新闻报道之长的情况下诞生了。

（4）平铺直叙式。此种写作方式注重行文的起、承、转、合，力求文字的流畅、精准。

主体的写作应注意以下两点。

（1）要扣紧主旨，紧紧围绕中心展开叙述，不管是进一步阐发导语的事实，还是补充和介绍有关的背景，都不能脱离主旨、节外生枝。

（2）要注意变换角度，避免重复导语。导语中要写入最重要的事实，主体部分又要对导语中提到的事实进行阐述，因此，写主体时一定要注意，所运用的材料不能与导语重复；必须补充的，应该变换叙事角度。

（四）背景材料

信息的背景材料指信息中与主体信息密切相关的历史情况、环境条件以及信息产生的原因等材料。从它的作用看，可分为说明性背景材料、注释性背景材料、对比性背景材料等。

说明性背景材料用于说明产生信息事实的历史原因、政治背景、地理环境、物质条件等材料。它的作用是帮助读者全面、完整地掌握信息事实，以便于理解信息事实产生的必然性。

在《经贸委废止十三件部门规章》一文中，下面的文字就属于说明性的背景材料。

据国家经贸委法规司有关人士介绍，此次废止的13件部门规章共分为两类。第一类是主要内容与法律、行政法规及国家方针政策不相适应的8件部门规章，这些规章的废止从侧面反映了我国法律体系的逐步健全。比如， 1993 年全国人大常委会通过并公布的《中华人民共和国公司法》颁布后，原来由国务院经济贸易办公室公布的《审批设立全民所有制公司暂行办法》的主要内容与《公司法》不适应，就要废止。此外，这些法规的废止有效地提高了政府部门的依法行政水平。另一类是适用期已过或者调整对象已经消失，实际上已经失效的5件部门规章。

解释性背景材料指对不易理解的内容进行注解和诠释的材料，如对专业性术语、技术性知识、产品的性质等所作的解释说明。这种背景的运用，可以使生僻艰深的内容变得浅显易懂，有助于读者理解主要事实。

在《韩国将增加向发展中国家的贷款》一文中，在说到“韩国发展协作基金”时就使用了注释性背景材料。

该基金是在1987年创建的，其宗旨是向发展中国家提供工程贷款。到1995年，该基金已将今年的4 751亿元增加到6 017亿元，该基金的贷款利率为2. 5%～5%，最长偿还期为25年，另有7年的延缓期。

对比性背景材料是用来同信息事实进行今与昔、正与误、是与非、此与彼等方面比较的材料。这类背景材料的作用在于通过对比，进一步突出信息事实的意义，衬托或强化主题。

在《汇款时兴电子提速，单据不再全国跋涉》一文中的一段文字就是对比性背景材料。

据邮政工作人员介绍，目前人们常用的普通汇款、电报汇款等已有百余年的历史，是国内居民小额资金往来的主要渠道。但因为其速度较慢，已逐渐不能适应人们的需要，如普通汇款同一城市要两三天，异地则需一周左右。而将取而代之的电子汇款则是依托邮政综合计算机信息网，从汇款交易受理开始，到汇款信息的传输处理，全过程均由计算机系统控制完成，速度要比普通汇款快上数倍。

（五）结尾

结尾是一则信息的收束部分，一般是信息的最后一段或最后一句话。结尾结得好，可以加深印象，加强信息的效果。一般来说，结尾只写次要的但又是不可缺少的材料。在有的信息中，意尽言止，就不必另加结尾。

例文一

实施“走出去、走进去、走上去”战略

海尔前三季出口超10亿美元

本报讯　记者刘成报道：10月8日记者在海尔采访时看到，一笔出口美国的彩电订单正在陆续下线装箱。据海关数据显示，海尔集团今年前三季度出口创汇已经实现10.08亿美元，超过去年全年的10.03亿美元。从产品结构看，海尔全线产品增幅超过两位数，其中海尔微波炉、电视机、滚筒洗衣机、空调的增幅分别高达155%、87%、65%和45%。从市场结构看，海尔传统优势市场欧美地区持续稳定增长，南亚、中东等新兴市场出口增幅超过100%。

海尔集团在海外市场的大幅攀升得益于海尔“走出去、走进去、走上去”的战略。“走出去”指的是进入主流市场；“走进去”指的是进入主流市场的主流渠道销售主流产品；“走上去”指的是创出本土化的名牌。

海尔集团充分发挥自身产品门类齐全的优势，针对不同的市场制定不同的产品组合方案。

例如，印度市场需求强劲，海尔通过在印度建立本土营销机构，并根据当地经常断电的特点，专门设计营销断电记忆保护的家电产品。在肯尼亚首都内罗毕，原经营韩、日家电品牌的当地最大家电经销商被海尔品牌的新气象吸引，加入了海尔的团队。由于海尔在发达国家的品牌影响力和产品齐全，海尔产品很快跻身当地主流家电品牌。

在海尔产品出口大涨的同时，海尔海外工厂当地生产当地销售的比例也在大幅提升，海尔美国工厂、意大利工厂等整合当地设计、制造资源，设计生产当地主流高端产品，形成合理有效的产品和市场布局，加快了海尔本土名牌的形成。

例文二

瓜分20亿奢侈品　成都人荷包在跳

近日GUCCI在成都开店，世界三大时尚品牌齐聚蓉城带来全新消费方式

近日，全球三大时尚巨头之一的GUCCI在成都美美力诚百货正式揭幕，随着GUCCI的落户，成都已不折不扣地成为世界知名时尚品牌在中西部地区的桥头堡。

以LV为例，顾客每天只有几个，但销售额却在10万元以上，而在成都市中心的各大百货商场，如果一个品牌日均销售额能够上万元，就已经算是非常不错的成绩了。

成都现有的著名品牌LV、GUCCI、PRADA，都是销售箱包、鞋子和配件，最能代表奢侈精神的顶级名牌服装在成都却并不多见，成都离一线品牌阵地还有一定的距离。

本报记者沈雨霖为您报道

第二节　简　　报

一、简报的概念和特点

简报是党政机关、人民团体和其他企事业单位编发的一种反映情况、汇报工作、交流经验的内部简要书面报告。简报又叫动态、简讯、要情、摘报、工作通讯、情况反映、情况交流、内部参考等。

简报具有简、快、新三个特点。

简即简洁，是简报的本质特点。它要求简报的内容要集中、简明扼要，切忌冗长。

快即快捷。简报的编写有严格的时限，要及时、迅捷地反映情况，交流信息，促进工作。

新即新颖。简报要反映最新情况，要善于捕捉最新的信息，才能最大限度地发挥其作用。

二、简报的类型

简报按其内容来分，可分为以下三种。

（1）综合简报。综合简报是全面、综合反映编发单位工作进展、思想动态、成绩缺点等概况的简报。综合简报多是常年定期编发的。

（2）中心工作简报。中心工作简报主要是为配合、推动当前某项中心工作，掌握思想动态、交流推广经验而编发的。中心工作简报多在一定时期内不定期编发。

（3）会议简报。会议简报用于报道会议概况，反映会议交流经验和探讨的问题，传达和贯彻会议精神和决议。会议简报用于大中型会议，视会期长短及规模在会议期间编发一期或多期。

三、简报的编写

（一）报头

简报的报头位于首页上端三分之一处，报头由以下四个必备要素构成。

（1）简报名称。通常用红字、居中排列，且比正文字号稍大。

（2）期数。印于简报名称正下方。

（3）编印机关。一般为制发简报单位的办公部门或中心工作领导小组及会议的秘书处（组），要求用全称或规范化简称，印于期数下面的左侧。

（4）编印日期。位于编印机关右侧，要求年月日齐全。

除以上四个要素外，视简报的内容、保密要求等，还可以增加简报编号、密级（或使用范围和要求）等要素。

（二）文稿

根据文体性质和文稿来源，简报的体式可分四种：一是报道体。它及时、简明、准确地叙述、报告部门、行业、系统、领域内最新发生的新情况、新动态，其文体类似动态消息、动态信息。二是汇篇体。这是在众多稿源的基础上剪辑而成的类似综合消息的简报文体，其信息量大，能做到点面结合地反映全局性情况。三是总结体。其内容有典型性、有推广价值，编入简报能发挥其指导性的作用。四是转引体，即将其他单位有参考借鉴意义的材料完整地摘编、转引。

简报的文稿一般包括以下几个内容。

（1）按语。按语是代简报编制机关立言，是对文稿及其使用作出说明、评价，如说明材料来源、转引目的、转发范围，表明对简报内容的倾向性意见及表示对所提问题引起讨论研究的希望等。

按语的位置是在报头下、标题前。按语并非每篇必有，一般是在总结体、转引体及重要的报道体、汇篇体简报中才使用按语。

按语可分为三种类型：一是题解性按语，它类似前言，主要是对文稿的产生过程、作者情况、主体内容作简要介绍；二是提示性按语，它侧重于对简报内容的理解、揭示或是针对当前的实践而应注意的事项的提醒；三是批示性按语，它往往援引领导人的原话或上级机关的指示，结合简报内容对实际工作提出批示性意见。

（2）标题。根据简报的体式，标题也有不同的写法。动态性较强的内容多采用单行式新闻标题，简短明快地交代事实、揭示中心。

（3）目录。简报通常是一期一篇，根据需要也可以是一期为一组性质接近的文章。如是一组文章，则须在报头下添加目录，将各篇文章标题先印于此。

（4）正文。因体式的不同，简报的正文格式也不尽相同。报道体、汇篇体往往前有导语，后有主体、背景等；总结体可完整地将总结的内容刊于简报；转引体则因所引文章的不同，正文可能是片断章节，也可能是整篇文稿。

（三）报尾

简报的正文完结之后，在正文的下方划两条平行横线，在线内注明简报的发送范围、印发份数，以备查考。简报的样式如下所示。

编号：

××简报

第×期

××××编　　　　××××年×月×日

按语：

××××××（标题）

正文

抄报：××××

抄送：××××

（共印××份）

例文一

2006年1～5月份经济运行简报

（2006）第4期（总第89期）

江西省信息产业厅　　　　2006年6月14日

五月份经济运行情况简述

一、生产快速增长，规模稳步扩大

全省电子信息产品制造业继续保持了快速增长的势头，5月止，全省电子信息产品制造业累计完成现价产值42.3亿元，同比增长37.9%；完成工业增加值9亿元，同比增长32.12 %，产业规模稳步扩大。

二、主要经济指标较快增长，经济运行的质量和效益稳步提高

5月止，全省电子信息产品制造业完成产品销售收入38.1亿元，增长39.45%；实现利税总额 1.76 亿元，增长 65.58%，其中实现利润总额 9 491 万元，增长53.03%。

三、电子信息产品出口大幅增长

5月止，全省电子信息产品制造业完成出口交货值11.18亿元，增长166.07%。

四、主要产品生产情况

1. 整机产品

电话单机生产4.17万部，同比增长21.22 %；程控交换机生产0.87万线，同比增长8.75%；显示器生产0.43万台，下降27.12%；彩色电视机生产21.73万部，下降10.83%；台式个人电脑生产0.57万部，下降85.96%。

2. 元器件产品

LED芯片生产23.14亿只，同比增长25.42%；电子元件生产3.16亿只，同比下降2.86%；半导体分离器件生产累计1.07亿只，同比增长0.41%。

3. 电子材料产品

光缆生产14 194公里，同比增长13.49%；电解铜箔生产649吨，同比增长1.41%。

例文二

重机行业经济运行简报

2006年5月　（第34期）

中国重型机械工业协会秘书处编印　　2006 年6月30日

编者说明：按照《国民经济行业分类》（GB/T 4754—2002）新国标和国家统计局统计分类，目前，重机行业归口的行业范围是：冶金设备行业（代码 3615）、矿山（采矿采石）设备行业（代码3611）、有轨工矿车辆行业（代码3712）等3个行业小类和起重运输设备行业中类（代码353）。其中，起重运输设备行业中类包括：起重设备（含汽车起重机、塔式起重机等）、连续搬运设备、工业车辆（含叉车、托盘搬运车等）、电梯自动扶梯等制造业，这在国际上通称为物料搬运设备行业。

2006年1—5月重机行业经济运行情况

一、2006年1—5月行业主要经济指标完成情况

1. 行业工业总产值（现价）

冶金矿山机械行业：372.55亿元，同比增长30.57%

其中，冶金机械行业：155.06亿元，同比增长30.80%

矿山机械行业：217.49亿元，同比增长30.41%

起重运输设备行业：629.02亿元，同比增长28.65%

重型机械行业合计：1 001.57 亿元，同比增长 29.34%

2. 行业产品销售收入

冶金矿山机械行业：323.32 亿元，同比增长 28.35%

其中，冶金机械行业：137.76 亿元，同比增长 27.11%

矿山机械行业：185.56 亿元，同比增长 29.29%

起重运输设备行业：592.11 亿元，同比增长 28.24%

重型机械行业合计：915.43 亿元，同比增长 28.09%

3. 行业利润总额

冶金矿山机械行业：13.51 亿元，同比增长 98.02%

其中，冶金机械行业：6.46 亿元，同比增长 150.04%

矿山机械行业：7.05 亿元，同比增长 66.30%

起重运输设备行业：36.08 亿元，同比增长 78.90%

重型机械行业合计：49.59 亿元，同比增长 84.49%

4. 产品销售收入利润总额率

冶金矿山机械行业：4.18%，去年同期 2.71%

其中，冶金机械行业：4.69%，去年同期 2.38%

矿山机械行业：3.80%，去年同期 2.95%

起重运输设备行业：6.09%，去年同期 4.37%

重型机械行业合计：5.40%，去年同期 3.75%

5. 行业主要产品产量

冶炼设备：15.62 万吨，同比增长 34.76%

金属轧制设备：15.62 万吨，同比增长 43.65%

矿山设备：65.86 万吨，同比增长 22.08%

水泥设备：13.16 万吨，同比增长−8.70%

起重设备：88.00 万吨，同比增长 30.08%

输送机械：73.82 万吨，同比增长 29.62%

叉车：4.06 万台，同比增长 38.63%

减速器：92.16 万台，同比增长 25.69%

二、2006 年 1—5 月行业经济运行特点

（一）冶金矿山设备行业

1. 行业生产销售继续保持较高增长态势

1—5 月，行业工业总产值 372.56 亿元，同比增长 30.57%；产品销售收入 323.32 亿元，同比增长 28.35%。

2. 行业经济效益指标水平继续提高

1—5 月，行业利润总额达 13.50 亿元，同比增长 98.02%；行业产品销售收入利润总额率为 4.18%，去年同期为 2.71%，同比增长了 1.47 个百分点。大型企业 21 个，利润总额为 5.03 亿元，同比增长 261.64%；产品销售收入利润总额率 3.82%，同比增长了 2.52 个百分点；全国有企业 141 个，利润总额为 4.35 亿元，同比增长 303.11%，其亏损面为 40.43%，同比减少了 4.96 个百分点。

3. 产品销售收入前50名企业，仍保持着本行业主要支柱企业的地位

1—5月份，产品销售收入前50名企业占行业企业总数5.05%，占行业产品销售收入59.28%，占行业工业总产值59.11%，占行业出口交货值72.78%，占行业资产总计61.17%，占行业利润总额58.67%，仍是本行业的主要支柱企业。

4. 行业主要产品进出口额高速增长，进口额下降，进出口逆差减少20%

1—5月份，冶金矿山机械产品出口额为3.53亿美元，进口额为9.97亿美元，进出口总额13.50亿美元，进出口逆差6.44亿美元。去年同期分别为1.87亿美元、9.99亿美元、11.87亿美元、8.12亿美元，同比增长分别为：88.77%、−0.20%、13.73%、−20.69%。

出口额大的产品类依次为：金属冶炼设备及零件类为1.08亿美元；金属轧机及零件类为0.99亿美元。矿物筛分、洗选与破磨设备类为0.84亿美元。

进口额最大的产品类依次为：金属轧机及零件类为4.63亿美元，其中轧辊及零件为3.35亿美元，板材轧机为1.01亿美元；金属冶炼设备及零件类为2.28亿美元，其中金属冶炼设备零件为0.77亿美元；矿物筛分、洗选、破磨设备类为1.62亿美元，其中破碎与磨粉设备为1.12亿美元。

5. 行业产品销售成本增长速度继续低于产品销售收入增长速度

1—5月份，产品销售成本同比增长27.66%，比行业产品销售收入同比增长28.35%，低0.66个百分点。

（二）物料搬运（起重运输）设备行业

1. 行业生产销售继续保持高的增长态势

1—5月份，工业总产值为629.02亿元，同比增长28.65%；产品销售收入为592.11亿元，同比增长28.35%。

2. 行业经济效益指标水平继续好转

1—5月，行业利润总额为36.08亿元，同比增长78.90%；行业产品销售收入利润总额率为6.09%，去年同期为4.37%，同比增长了1.72个百分点；大型企业12个，利润总额为18.71亿元，同比增长100.77%，产品销售收入利润总额率为7.43%，同比增长了2.67个百分点；全国有企业89个，利润总额为3.87亿元，去年同期则亏损了0.15亿元，其亏损面为48.31%，去年同期为58.43%，同比降低了10.12个百分点。

3. 产品销售收入前50名企业仍是本行业的主要支柱企业

1—5月，产品销售收入前50名企业占行业企业总数4.08%，占行业工业总产值65.99%，占行业产品销售收入66.79%，占行业出口交货值84.02%，占行业资产总计59.79%，占行业利润总额74.90%，仍是本行业的主要支柱企业。

4. 行业主要产品出口额继续增长，进口额下降，进出口顺差大幅度增加

1—5月，物料搬运设备产品出口额为16.85亿美元，进口额为10.12亿美元，进出口总额为26.97亿美元，进出口顺差6.73亿美元，去年同期分别为13.20亿美元、11.24亿美元、24.44亿美元、1.95亿美元，同比增长分别为27.65%、−9.96%、10.35%、245.13%。

出口额最大的产品类依次是：起重类为6.03亿美元，其中集装箱装卸桥为3.48

亿美元，龙门起重机为 0.85 亿美元；轻小起重设备类为 2.75 亿美元，其中千斤顶为 1.23 亿美元；电梯自动扶梯类为 2.26 亿美元；叉车及其他工业车辆类为 1.67 亿美元。

进口额最大的产品类依次是：连续搬运设备类为 4.60 亿美元，其中连续输送机为 2.69 亿美元，未列名升降、搬运、装卸机械为 1.19 亿美元；起重机类为 1.70 亿美元。

5. 行业产品销售成本增长速度低于产品销售收入增长速度

1—5 月，产品销售成本同比增长 27.51%，比行业产品销售收入同比增长 28.24%，低 0.73 个百分点。

具体情况可见：

表 1. 2006 年 1—5 月行业主要经济指标完成情况

表 2. 2006 年 1—5 月行业有关的主要产品产量情况

表 3. 2006 年 1—5 月行业有关主要产品进出口情况

表 4. 2006 年 1—5 月行业生产、销售前 50 名企业

第三节 商品广告

一、商品广告的概念和特点

商品广告指商品经营者或服务提供者承担费用，通过一定媒介和形式直接或间接地介绍自己所经营的商品或所提供的服务的商业广告。

商品广告要通过一定的媒介，把有关商品或服务的情报有计划地传递给消费者，因此，商品广告具有以下特点。

（1）真实性。这是商品广告的生命，又是广告最本质的特点。商品广告传播的根本目的是为了满足日益增长的人民群众物质文化生活的需要。这就要求广告必须实事求是地向社会传播信息，对信息的受众高度负责，反对言过其实，弄虚作假。

（2）艺术性。广告创作要讲究艺术，它要求广告能吸引受众，打动他们的心灵，刺激购买欲望，必须采用受众喜闻乐见的艺术形式传播信息。广告常将色彩、绘画、图片、装饰、视像、声音等要素有机地结合起来，综合运用多种艺术表现手法来创造出富有艺术感染力的广告，给公众以美的享受和精神的愉悦，从而产生购买欲望。

（3）创造性。广告没有固定的模式，贵在创新，不落俗套。

（4）鼓动性。商品广告通过艺术手段进行宣传，诱发消费者的感情，鼓动消费者产生购买欲望。

（5）浓缩性。广告在极短小的篇幅中所包含的内容很丰富，既要说明所要销售的商品，又要激起消费者的购买欲望。

小资料

广告的种类

广告的种类很多，按不同的标准，广告可分为不同的种类。

按传播的媒介来分，广告可分为路牌广告、报刊广告、广播广告、电视广告、网上广告等。路牌广告（包括橱窗、招贴和霓虹灯等广告）一般都设置在交通要道和繁华市区，鲜艳的画面配以简洁的文字，给人以深刻的印象，宣传效果显著。报刊广告以文字为主，有的也配上华美图像，特点是流传面广，容易事后查阅，反复观看。广播广告由播音员用悦耳的声音配上乐曲播出，有时还采取广告文艺的形式播放，特点是传播及时，覆盖面大。电视广告兼有上述三种形式的广告的特点，即有文字、有图像、有播音、有乐曲，是效果最佳的广告宣传形式。

按表现形式来分，广告可分为文字广告、以图画为主的广告和图文并茂的广告。

按内容来分，广告可分为介绍产品、介绍业务范围和介绍企业情况的广告。

不论采用哪一类广告，都要根据商品特点、宣传对象等实际情况而决定。

二、商品广告的创意和定位

（一）商品广告的创意

商品广告的创意是表现广告主旨的构思。它是通过形象塑造、文字撰写以及各种艺术手段和技巧的综合运用所创造出的一个与广告主旨相适应，为广告主旨服务的意境。商品广告的创意实际上是如何将产品观念化、情感化的一种表现方法。这既需要智慧，又需要产生智慧、表现智慧存在的多种想象力和表现能力。

商品广告的创意的形成过程包括以下四个阶段。

（1）搜集原始创作材料。一方面是眼前问题（产品信息和广告策略）需要的资料；另一方面是平时不断积累、储藏的生活经验和知识。

（2）围绕主旨对上述材料进行提炼、开掘、加工。

（3）运用发散思维法和集中思维法，寻找各种材料的聚焦点和最完美、最具有独创性的组合方式。

（4）分析、研究和验证。确定最恰当的聚焦点和最完美的组合方式，形成创意。

在这四个阶段中，知识积累、生活体验、丰富的想象力是创意的土壤和基础。特别是超凡脱俗的想象力，可以将旧的、现成的材料变成崭新的、充满活力的神奇材料，可以挖掘出材料间内在的本质联系，并且运用动人心魄的艺术形式将这种本质联系表现出来。

在创意过程中，作者不仅要有创新意识，而且要有创造性思维。

（二）商品广告的定位

商品广告的定位指广告题材要件的准确构成。商品广告的形式尽管千变万化，但其题材是由商品名目、商品性能和商品厂家三个基本要件构成的。

商品名目即广告（或劳务）的名称、商标、品种、规格等情况的简介。商品性能即商品（或服务）的性质特点、用途功效、适用对象、注意事项等情况的说明。商品厂家即厂家业务范围或企业情况的介绍等。

三、商品广告的表现形式

（一）格式

完整的商品广告通常由标题、正文、中心词和随文四个部分组成。

1．标题

广告标题可分为直接标题和间接标题两大类。

直接标题是将商品名称和销售目的直接告诉消费者，常见的写法有三种：一是记事式，如实点明广告要点；二是新闻式，如实报道广告信息；三是抒情式，以赞扬、感叹、祝贺等语调赞美商品或服务。

间接标题是用曲径通幽的笔法，吸引公众兴趣。常见的写法也有三种：一是提问式，从消费者的角度提出与商品或服务有关的问题，引起消费者的注意；二是祈使式，用祈使语调告知、请求、督促消费者购买商品或接受服务；三是悬念式，在标题中布下悬念，使人产生惊奇感。

2．正文

正文要写的内容分为四个方面：一是商品本身的性能、特点、功用的介绍；二是收购或销售方式、时间、地点、程序、价格、要求等的说明；三是产品的外观、型号、规格、使用方法的陈述；四是对用户所承担的责任，如供货、服务、保险方式等的承诺。

正文的写法一般有以下八种。

（1）布告体。常见的布告体广告有开业启事、招聘启事、服务信息、征订广告、征集广告、招生广告、技术转让广告、招商引资广告、联营广告、房产广告等。这类广告同一定的公众利益直接相关，因此表达要十分恰当，遣词造句要严肃、庄重，事由、项目、条件和注意事项等要写得清清楚楚。

（2）简介体。这类广告开门见山，简明扼要地向顾客推荐、介绍商品。它用朴实、简约的语言，直截了当地说出产品的名称、规格、用途、效果、价目等，为消费者认识和鉴别商品提供必要的知识。这类广告内容实在，适用于对新产品的宣传介绍。

（3）格式体。这类广告按照一些相对固定的格式和项目来撰写，甚至用一定的表格形式分项填写。这类广告应用范围比较广泛，一般影剧节目广告、供求分类广告、各类商品综合介绍、新书出版介绍等，都属这一类。

（4）论说体。这类广告的特点是：为宣传商品优点，摆开辩论姿态，用充分的论据和雄辩的逻辑，说服消费者选购广告中介绍的商品。

（5）问答体。这类广告的特点是：把广告宣传的内容通过一问一答或几问几答的方式表达出来。问答体广告一般是数问数答，针对性强，逐点答疑，层层剥笋，富有说服力。由于问答的交替，即使使用大段文字也不显得平板、沉闷，听起来比较亲切。这类广告常用于解释价值较高、技术性较强的商品和其他知识性较强的商品。

（6）证书体。说明广告宣传事实或许诺的正确、可靠，需要拿出权威方面的鉴定、评奖情况，或者是名人、可靠人士的赞扬、见证，这就是证书体广告。证书体广告文字可以是独立成篇的广告文字，也可以是插入广告正文中的一部分。

（7）新闻体。这是用类似新闻的样式来撰写的文字广告。这种广告主要在于发掘广告内容的新闻性或与新闻的联系。也就是说，当某种广告商品含有当前人们会感到新奇的新情况，或者它与重大新闻事件、新闻人物有联系，就可以借题发挥，写一篇新闻体的广告。

（8）文艺体。有的广告用诗歌、快板、顺口溜的形式宣传商品，有的广告用相声、小品等活泼逗趣的形式介绍商品，有的广告用动画、皮影、木偶等形式赞誉商品，这些都可归类于文艺体广告。文艺体广告形式多样，新颖别致，引人入胜，雅俗共赏，感染力强。

3．中心词

中心词又叫广告词、广告标语、广告口号、广告主题词，是广告主从长远销售利益出发，在一定时间内反复使用的具有警语、格言特点的宣传词语。中心语既要概括广告的内容，又要写得生动形象，朗朗上口，容易记忆，使人难忘，具有趣味性和鼓动性。中心词可以出现在广告标题中，成为标题的一部分或以中心词为标题，也可以出现在正文中，还可以出现在广告的末尾。有的广告其全文就是一条中心词。

4．随文

随文是正文之后用于介绍广告主的名称、地址、电话、传真、邮编、联系人等的文字。随文虽然简单，但写作必须认真、准确，绝对不能出差错。

四、商品广告的修辞技巧

商品广告用于促销，语言要追求新颖生动，常采用以下几种修辞手法。

（1）双关。在特定的语言环境中，借助语音和语义的联系，使语句同时关涉两种事物，达到言在此而意在彼（商品）的修辞效果。如“中意冰箱，人人中意”（长沙电冰箱厂）。

（2）比拟。根据表达的需要，故意把商品当成人或动物来描写，这是比拟手法的运用。如“白猫洗洁精，喜气洋洋进入千家万户”（上海合成洗涤剂厂）。

（3）比喻。就是打比方，它可以使商品形象化、具体化。如“金峰电视机像小溪一样清新明澈，像百灵一样悦耳动听，像鲜花一样色彩鲜艳”。

（4）夸张。指为了促销，故意扩大或缩小商品的特长和优点，如“车到山前必有路，有路必有丰田车”。夸张的妙处在于不似真实，胜似真实。但需要注意，夸张的基础是真实，运用夸张的手法要慎重。另外，夸张不等于夸大，夸大其词的虚假广告，绝对不可采用。

（5）对偶。对偶又叫对仗，它由结构上相对称、意义上相关联的两个句子构成，如“汇水仙佳品，迎四方嘉宾”（水仙牌洗衣机展销广告）。

（6）排比。意义相关、结构相似（或相同）、语气一致的三个或三个以上的句子排列在一起，不仅可以全面显示商品的众多特点，而且还可以使节奏鲜明。如“北京啤酒，给你带去美的享受；北京啤酒，使你感到放松自由；北京啤酒，让你勇敢地追求；北京啤酒，值得你信赖的好朋友!”

除了以上手法外，反问、对比、衬托、反复等修辞手法在广告中运用得也很普遍。

五、商品广告的创作要求

商品广告要为市场经济服务，为满足城乡人民的生活需要服务。随着市场经济的迅速发展，商品广告的设计和创作水平已走出简单化、公式化，向综合艺术与先进技术的结合发展。

（一）主旨突出，创意新颖

商品广告的创作必须把文学艺术和心理学上的某些原理交融在一起，做到主旨突出，立意新颖。主旨的选择可以根据产品本身的特点，可以针对竞争对手的优缺点，可以瞄准市场的需要，还可以抓住消费者的心理等。一则广告只能突出一个与众不同的特点，突出一个主旨，不宜面面俱到，样样都好。广告不仅要主旨突出，而且要立意新颖，以奇制胜，使人耳目为之一新，才能增强效果。

（二）内容切实，语言精确

商品广告的内容要实事求是，切合实际，不得弄虚作假，夸大其词，要杜绝虚假广告。真实是广告的生命。商品广告的用语是产品特定的“语言商标”，精彩独特的用语对打开产品销路有着举足轻重的作用。广告用语常使用修辞方式，语言表达要精炼、准确，使消费者入耳、入目、入心，并在感情上、心理上产生强烈的反映。

（三）图文并茂，协调美观

商品广告不论文字、图画，都要协调美观，给人以一气呵成之感，使人一注目就能一口气读完。因此，一则广告形式的确定、画面的选择、陈列装饰、高低疏密、层次结构、字体大小、色彩深浅、配诗插曲等，都要根据商品的特点、消费者的心理等因素加以考虑，精心构思，合理布局。这样，才能做到形式多样，生动活泼，图文并茂，协调美观。

（四）研究心理，提高效果

写作广告要研究广告对人的心理所产生的作用。研究心理要注意人的知、情、意、行的特性，具体地说，要注意研究由广告所引起的人们在认识上意象的清晰性、认知的确定性、记忆的稳固性、动机的强烈性、爱好的坚持性、信任的深入性、决策的果断性等特性。

（五）名实相符，利民守法

商品广告应该真实、合法，符合社会主义精神文明建设的要求，不得含有虚假内容，不得欺骗和误导消费者。对商品性能、产地、用途、质量、价格、生产者、有效期限和对服务内容、形式、选题、价格、允诺有表示的，都应当说明清楚。使用数字、统计资料、调查结果、文摘、引用语等，应当真实、准确，并标明出处。不符合真实的广告，要承担由此而产生的后果及其责任。广告发布之前要严格审查，以确保广告的真实性、合法性。

例文一

爱“嘉陵”

唐杰忠：老马，您在等谁呀？

马　季：我的那个“嘉陵”。

唐杰忠：嘉陵是您“爱人”呀？

马　季：我太喜爱“嘉陵”了，它有许多优点，容貌长得盖世无双，绝代佳人，风度潇洒，帅气，平地走路像仙女腾云驾雾，爬坡就如嫦娥奔月，唱歌优美动听。与“嘉陵”结为“伴侣”太幸福了。追求“嘉陵”的小伙子太多了，连姑娘们也都在追求“嘉陵”哪!

唐杰忠：什么，姑娘们也向您“爱人”求爱?

马　李：什么呀!你瞧，它来了。

唐杰忠：呵，原来是嘉陵牌摩托车呵!

例文二

外商独资泉州昌隆汽车配件工业有限公司
企业简介

昌隆公司系外商独资企业，推行ISO 9002质量管理体系，并通过英国SGS评审公司的认证。公司与日本、欧美技术合作，引进国外先进技术与设备，采用进口原材料，生产各种进口、国产重、轻型刹车片、离合器面片及高级黏合胶等五百余种产品，并经国家质量监督检验中心鉴定，产品质量完全符合国家标准。同时公司生产的“SSK”品牌，被中国石棉制品工业协会第一批列入“99摩擦材料推荐品牌”。特别是1997年新引进欧洲技术生产的北方、金龙、沃尔沃、韩国双菱、桂林大宇、凯斯鲍尔等豪华客车的金属、非金属非石棉制动片，用户反映更好，部分产品已得到配套厂家的技术认可，可以替代进口刹车片。目前，产品大部分外销。多年来，产品质量一直享有很高的信誉，深受国内外用户的好评。

公司自1985年建厂以来，多次被泉州市评为“外商投资先进企业”、“海关信得过单位”、“保税工厂”、“福建省纳税大户”等荣誉称号。

公司本着“质量第一，用户至上”的宗旨，竭诚为国内外用户服务，欢迎选购，同时接受特殊型号的订制。

请用户认准本公司商标“SSK”、“JTC”、“双宝”。

地址：泉州市区金山新村北区14幢103号

电话：（0595）238××××　238××××　238××××

传真：（0595）238××××

邮编：362000

E-mail：Lucky@public.qz.fj.cn

第四节　证券信息

一、证券的概念和种类

证券是证券票持有人享有某种特定权益的凭证。按其性质不同，证券有有价证券和凭证证券两大类。

有价证券又可分为以下三种。

（1）资本证券，如股票、债券等。

（2）货币证券，包括银行券、票据、支票等。

（3）财物证券，如货运单、提单等。

凭证证券则为无价证券，包括存款单、借据、收据等。

二、证券市场

证券市场是证券的交易市场，是股票、公司债券、政府债券等有价证券的交易场所。根据证券市场交易种类的不同，证券市场可分为股票市场和债券市场，且两者均由各自的发行市场和流通市场构成。

（一）发行市场

发行市场又叫初级市场，它是股份有限公司发行股票、筹集资金、将社会闲散资金转化为生产资金的场所。发行市场主要通过发行证券为上市公司筹集资金。发行市场由证券发行者、证券承销商（中介机构）和认购投资者三个要素构成。

（二）流通市场

流通市场又叫二级市场，是供投资者买卖已发行证券的场所，主要通过证券的流通转让来保证证券的流动性，进而保证投资者资产的流动性。目前，我国的证券流通市场主要是上海、深圳的证券交易所。

证券交易所的业务范围主要包括以下方面。

（1）组织管理上市证券。

（2）提供上市证券集中交易的场所。

（3）办理证券集中交易的清算交割。

（4）提供集中交易的上市证券的交易信息。

（5）对证券商进行管理，制定上市证券交易规则。

（6）办理集中证券过户。

（7）证券市场管理部门许可或委托的其他证券业务。

三、证券信息的概念和作用

证券信息是反映证券活动特征、规律及发展趋势的各种消息、情报、资料的统称。

在证券越来越被投资机构、企业集团和普通个体投资者看好的今天，证券信息是反映证券市场各方面的情况和变化的晴雨表，是投资者制定投资决策的基础，是推动证券价格运动的催化剂。

四、证券信息的种类

证券信息可以分成财务信息和证券市场信息两大类。

（一）财务信息

财务信息指与证券发行公司的经营活动及财务状况有关的信息。这些信息可以帮助投资者了解公司经营活动的经济环境、公司的经营成果、产品销售以及未来的发展趋势，并据此判断证券的投资价值。这些信息包括：宏观经济形势、政府经济政策、市场利率变动、产品市场的竞争、公司产品的市场份额、公司的销售收入、经营成本、税后利润、资产负债构成、股息分配以及资产、债务变动情况。此外，还包括有关兼并、改组、高层人事变动以及重大经营决策等信息。

（二）证券市场信息

证券市场信息指有关证券交易的资料。它可以帮助投资者了解证券的供求关系及其变化，以便选择合适的买卖证券的时机。证券市场信息主要包括：现行的委托报价、最新成交价格、最高价、最低价、成交量等即时交易行情和历史数据。大多数证券市场还提供前日收盘价和尚未执行的委托等信息。

五、证券信息的来源

证券信息的来源有很多，投资者获得证券信息主要有以下渠道。

（1）公开招股说明书。公开发行和出售其证券的公司向证券购买人说明该公司财务状况和发行证券的数量、价格的正式印刷文件。

（2）上市公告书。指上市公司按照证券法规和证券交易所业务规则的要求，于证券上市前，就其公司自身情况及证券上市的有关事宜，通过证券上市管理机构指定的报刊向社会公众公布的宣传和说明材料。

（3）公司报告。根据证券法规的要求，凡公开发行证券的公司应该用规定的格式向投资者公开报告公司的经营情况和财务状况。特别是在交易所上市的公司，必须定期在报纸等新闻媒体上公告任何可能影响证券投资价值的事件。

（4）证券公司的投资报告。证券经纪公司经常为其客户提供某些证券的投资报告。报告向投资者推荐一些现行价格低于内在价值，具有升值潜力的证券。也有个别的研究报告建议投资者抛售某些现行价格过高、缺乏投资价值的证券。

但是以赚取佣金为目的的经纪公司的利益与投资者的利益有时并不一致，因而，对于这种信息来源，还须结合其他渠道得到的信息综合起来进行客观地分析。

（5）新闻媒介的财经报道。市场上种类繁多的有关证券的报纸、杂志，一些综合性的报纸都辟有证券投资专栏，专门刊登证券投资的评价、分析文章，如每日述评、热点聚焦、走势分析、操作建议、后市研判及技术解盘等，电台、电视台及计算机网络的即时行情和评论专题等节目或栏目，都是颇有价值的证券信息来源。

（6）咨询公司的投资指南。在成熟的金融市场上，投资咨询业相当发达。一些投资咨询公司的专门出版物也是获取投资信息的重要来源。这些投资咨询公司本身并不介入证券交易，因而能站在比较公正的立场上，进行较客观的、中肯的证券分析，因此，信息来源比较可靠。

（7）计算机网络的即时行情。由于计算机多媒体技术的广泛运用，使得广大的证券投资者足不出户就能获得股票、债券的即时信息。只要进入证券网络，沪深市场大盘情况以及每一只股票的即时走势都一目了然。目前，国内证券投资机构以及一些软件制造公司，制作了很多优秀的证券信息软件。作为证券投资者，只要把任何一个证券信息软件安装到计算机上，就能通过计算机网络，了解到即时的证券信息。

六、证券信息的写法

（一）标题的写法

证券信息一般采用结论式标题，即用标题显示正文内容的中心，表明证券信息撰写者对证券市场的看法或所提供的信息的核心点。例如：

大盘逼近前期新高　　（主标题）

地产股纷纷放量回升　　（副标题）

（二）正文的写法

证券信息正文的写法有两种形式：一是证券市场信息；二是与财务有关的证券信息。其具体写法包括以下三点。

（1）开头。直截了当地概述证券市场特征，简单地描述证券市场的走势状况。

（2）主体。对证券市场特征、走势作进一步的具体分析，并提示要点。

（3）结尾。一般是展望证券市场的发展走势，提出具体操作对策等。

例文一

招商银行：资本金增厚促进公司未来成长

受发行65亿元可转债并转股、净利润增长和H股发行的影响，近期公司股东权益大幅增加，2006年9月末公司股东权益比上年同期大涨116.06%，资本金的增厚有利于公司未来发展。

2006年以来公司根据宏观调控的总体要求，结合自身情况，一方面合理把握贷款投放进度，另一方面继续加大资产结构调整力度。截至9月末，公司贷款比去年底增长14.39%，存款比去年底增长15.40%。

预计公司2006年存贷款增速将保持在20%左右。

在对贷款结构进行适度调整的同时，公司进一步巩固零售业务的领先优势，大力发展中间业务。目前公司信用卡发行数量已经超过800万张，占领中国国际标准双币信用卡30%左右的市场份额，而且开始实现盈利。公司中间业务收入保持快速增长。前三季度累计实现非利息收入23.69亿元，非利息收入占总收入的比例为13.89%。

公司已向国家税务总局申请境内员工费用于税前抵扣的法定限额调整的政策。国家税务总局原则同意公司在境外上市后，可按照“工效挂钩”办法税前扣除计税工资。目前该项政策的具体执行方案仍待进一步审批。预计将在2007年初落实，公司2006年净利润有可能受此利好影响而上浮。

公司资产质量处于继续改善之中。2006年9月末公司不良贷款率为2.30%，比年初下降0.28个百分点。准备金覆盖率达到124.17%，呈稳步攀升趋势。良好的贷款质量将会继续为公司减少拨备计提、增加净利润创造条件。

公司零售银行战略稳步推进，但是部分城市商业密集区的营业网点明显不足，柜台处于饱和状态，营业网点仍需扩充。

预计 2006 年公司净利润达 55.37 亿元，实现 40.87%的增长，折合每股收益 0.38 元。维持“长期推荐”投资评级。

2006-11-13　华泰证券有限责任公司　作者：刘晓昶

例文二

股市冲上 2000 点

昨日，上证指数冲上 2 000 点整数大关！这是自 2001 年 7 月 30 日跌破 2 000 点大关以来，大盘首次回到 2 000 点上方。引领市场上涨的依然是中国石化等大盘蓝筹股，上证指数最终收于 2 017.28 点，大涨 45.49 点。

与此同时，两市近 800 只股票下跌，如果没有及时转变投资理念，多数投资者依然是只赚指数不赚钱。

昨日，上证指数以 1 977.53 点开盘，较上周五跳空高开近 6 个点，随后指数在大盘蓝筹的推动下，缓缓向 2 000 点推进。

“今天能上 2 000 点吗？”看着稳稳走高的指数，这成为投资者最为关心的问题。

在 2 000 点关前经过了几番争夺之后，昨日 11∶13，上证指数一举突破 2 000 点大关，达到了 2 000.47 点，这是 2001 年 7 月 30 日跌破 2 000 点，阔别 5 年之后，重返 2 000 点大关。

重返 2 000 点，这带给市场极大的信心和鼓舞，随后股指涨势如虹，上证指数、深成指数最终大涨 45.49 点和 110.46 点，分别以 2 017.28 点和 5 177.97 点报收。

结构分化　6 成股票逆市下跌

周一迎来开门红，股指重见 2 000 点！

这原本应该是令市场开心的事，不过，个股的表现却难以让投资者开心。

早市上证指数突破 2 000 点之时，沪市竟然有 560 只个股下跌，这占到了沪市股票总数的 7 成以上。昨日收盘时，沪市 270 只个股上涨，469 只个股下跌，深市 179 只个股上涨，309 只个股下跌，下跌股票家数远远超过上涨股票家数。

到底是什么股票在上涨呢？抵消了更多股票的下跌，同时还将大盘托上 2 000 点。

工商银行上涨 3.16%，中国石化上涨 7.81%，招商银行上涨 6.55%，万科上涨 7.14%，大盘蓝筹股成为昨日上涨最为坚定的基石。

再看看跌幅榜的前列，时代新材下跌 7.17%，S 交科技下跌 8.23%，华润锦华下跌 9.77%，阳之光更是以跌停报收。

通过这样一组对比，我们可以得出结论：大盘蓝筹股是冲上 2 000 点的最大功臣，它们才是市场最为坚定的做多主力。

统计数据显示，沪市前 8 大权重股昨日拉动上证指数上涨了近 38 点。

未来市场　蓝筹股依然是中坚力量

大盘一举站上 2 000 点后，新的问题摆在了大家面前：未来究竟如何走？究竟是一个新的起点，还是一个转折点呢？

昨日，记者采访了多位券商和基金的业内人士，请他们谈谈对当前市场以及未来走势的看法。

二八结构是正常现象

记者：从近期市场的走势可以发现，虽然指数快速上涨，但是个股却十分惨淡，昨日站上2 000点时，仍有六成个股下跌，这难道是正常的吗？

中信证券程伟庆：近期，市场出现了明显的二八结构，大盘蓝筹股、绩优成长股上涨，但是大量题材股却在下跌，这反映出市场的一个全新的变化。从未来一个较长的时间来看，市场仍将延续二八结构的格局。当然从短期来看，当“八”这个部分出现了充分的调整后，也有望出现一波反弹。

基金经理：其实这非常正常，蓝筹股应该是市场的中坚力量，近期的上涨显然是各类资金合力的结果，对于蓝筹股的行情，相信市场已经达成了共识，而现在来看，蓝筹股并没有被高估，目前估值都还比较合理。

短期市场风险已大

记者：大盘已经站上2 000点，很多投资者想知道，行情还能不能延续，特别是年内剩下的一个多月时间，大盘是否还能创新高？

中信证券程伟庆：现在很多人都认为2 000点很高，但是，从分类指数来看，很多指数都没有怎么涨，涨幅更是远远落后大盘指数，因此，目前的2 000点，其实并不高，同时，随着大盘股的上涨，封杀了指数下跌的空间，未来即使出现回调，调整幅度也不会大。

基金经理：目前的上涨已经接近疯狂状态，调整随时都会发生，我们应该保持平和的心态，这次调整究竟是短期调整还是中期调整目前还难以判断，但目前的狂热气氛就是涨势尾声的信号。投资者应该注意控制风险。

同为两千点　市场大变样

对照5年前的2 000点，现在的市场已发生了翻天覆地的变化，可以肯定地说：此两千点非彼两千点。

总市值增长1倍

宝钢股份、中国石化……这就是当年市场的航空母舰级“人物”；现在再看看，这些当年的航母级公司现在根本算不了什么。

以市价总值计算，中国石化仅在上海排名第三，宝钢股份排名第五，排名第一的工商银行相当于两个中国石化，相当于9个宝钢股份。

5年之后，市场的规模也远远大于了当年。截至2001年7月31日，上海市场市价总值为27 518.2亿元；而现在的沪市总值已经一举突破了5万亿元，达到了创纪录的52 932亿元，这相当于当年的近两倍。

市盈率大幅下降

市盈率高企，这是2001年市场下跌的一个重要因素，因为截至2001年7月底，沪市的平均市盈率高达49.03倍。

5年之后，市场重返2 000点之时，市场的市盈率却出现了大幅的下降。截至上周五，沪市平均市盈率仅为25.14倍，深市的市盈率虽然略高，但也不过26.15倍。

虽然同是2 000点，但市盈率应该最能说明市场的投资价值，因为近50倍的市盈率，机构投资者肯定会避而远之，但20多倍市盈率的市场，自然有不少值得投资的好股票。

外部环境大不同

2001年，当时市场中的主要机构投资者是券商，他们的规模也很小。

2006年，股改成功进行，大股东与中小股东的利益趋于一致，合力做多，大盘突破2 000点。此时，基金、QFII已经取代券商，成为市场中最重要的机构投资者，他们的规模已经达到了数千亿元，足以对市场起到主导作用。

股价结构大变化

2001年，主导市场的公司是题材股：以清华同方、综艺股份为代表的科技股，以及其他一些靠题材炒作的股票，比如一些小盘股，这些公司的股价动辄几十元，至少也在十几元。

2006年，主导市场的公司则是大盘蓝筹股：以中国石化、招商银行、万科为代表，辅以贵州茅台、烟台万华、云南白药等绩优成长股，这些公司的股价虽然也在十几元甚至几十元，但是，市场的主流资金，依然看好他们，这表明：当前的市场结构整体是合理的。

摘自成都商报2006-11-21证券版 记者 毛晋楠 李凯

【习题】

写作题

1. 下面是一篇经济新闻的主体部分，请根据经济信息导语的写法，给它补写导语。

明年起　新增建设用地使用费增一倍

导语：

根据《国务院关于深化改革严格土地管理的决定》和《国务院关于加强土地调控有关问题的通知》的要求，为保护耕地，强化土地经济调控手段，控制固定资产投资过快增长，促进节约集约用地，财政部、国土资源部、中国人民银行日前联合印发了《关于调整新增建设用地土地有偿使用费政策等问题的通知》，对新增建设用地土地有偿使用费有关政策作出了重大调整。

首先，从2007年1月1日起，新增建设用地土地有偿使用费征收等别划分不变，各等别征收标准在原有基础上提高一倍。对于因违法批地、占用而实际发生的新增建设用地，一律按实际新增建设用地面积征收土地有偿使用费。

其次，新增建设用地土地有偿使用费提高标准后，仍实行中央与地方30∶70分成体制。但为避免部分地方不能足额征收新增建设用地土地有偿使用费的问题，从2007年1月1日起，地方分成的70%部分，一律全额缴入省级（含省、自治区、直辖市、计划单列市）国库。

此外，新增建设用地土地有偿使用费征收标准提高后，其收入仍然全部用于土地。其中，中央分成部分由财政部会同国土资源部主要参照各地基本农田面积和国家确定的土地开发整理重点任务分配给各省（自治区、直辖市、计划单列市），并向中西部地区和粮食主产区倾斜，专项用于基本农田建设和保护、土地整理、耕地开发等开支。　（据新华社）

2. 根据下述火灾材料，采用综合式写法，编写一篇简报稿供《消防动态》刊用。

9月26日凌晨4时多，位于××路177号2楼挂靠梅花街私人承包的大都夜总会发生特大火灾。烧毁彩电、投影机、音响设备、空调机和沙发等物品一大批。受灾面积达400多平方米，经济损失81万多元。幸好是在非营业时间起火，故未造成人员伤亡。起火原因待查。

10月3日，××医科大学东门小卖部，由于冰箱开关接触不良引起火灾，烧毁一台电冰箱，损失3 000元。

10月5日下午，南方××广场首层管理部由于60W的灯泡与临时堆放的纸皮箱接触，产生高温引起火灾。受灾面积12平方米。

10月5日19时许，××镇南街1号4楼民房由于电线短路引起火灾，受灾面积130平方米。

10月7日凌晨5时许，××路15号民房起火。受灾4户14人。烧毁建筑面积180平方米。火灾原因和经济损失在调查中。

10月8日晚上6时15分，××市第一人民医院急诊部4楼临时女工宿舍，由于女临时工在宿舍内用酒精炉煮饭不慎酿成火灾。受灾面积48平方米，损失约8 000元。

10月9日14时41分，××中路92号××菜馆厨房起火。消防部门共调出三个消防中队6台消防车到现场扑救，至15时将火扑灭。烧毁面积200平方米。

市第一人民医院继10月8日宿舍失火后，10月9日中午2时许，该医院厨房又发生火灾。

10月9日11时许，××中路11号601室一老人在使用煤气炉煮饭时，由于老人病发，昏倒在煤气旁，不省人事，导致窒息死亡，并且由于老人衣服被炉火烧着，火烧至腿部，烧伤面积达30%。至12时，其女儿下班回家才发现老人已死亡。炉火仍在烧，未烧着其他东西。

10月10日凌晨1时10分，××路农贸市场发生火灾。烧毁个体摊档7档的服装、粮油等。受灾面积70多平方米，经济损失初步统计为4万元。起火原因是金鱼缸加氧泵电线短路所致。

3. 下面的广告片断，犯有语法、逻辑错误，请指出来并加以改正。

（1）2004年2月某报在介绍洁银疗效牙膏的广告中说："洁银疗效牙膏是第一军医大学的科研成果。广州软管厂生产的中药牙膏对口腔中的各种细菌有抑制作用。"

（2）2005年2月某报题为"增白露"的一则商品广告说："青春粉刺露是经过中华医学会北京分会组织、北京友谊医院等六大医院皮肤科临床鉴定300例，有效率达91. 7%。"

（3）某报2003年12月刊登的一则广告写道："本厂在……门市部销售袖珍电子多用机全部配套原件，具有收音、助听等十几种功能。学生寒假期间在本市设立安装辅导站。"

（4）2001年3月某报的一则商品广告中说："××公司拥有强大的经济技术基础，工业生产门类齐全办理关键原料、零部件、专业设备、专用检测仪器的进口。"

4. 用下列材料写作一篇证券市场信息。

（1）去年10月，索尼宣布有20种型号的数码相机出现质量问题。前不久，由于索尼生产的笔记本电脑存在过热和起火隐患，全球范围内被召回电池总数预计将达到690万块，导致索尼承担了超过500亿日元的费用。

（2）日本索尼公司近日表示，已发现其部分数码相机存在缺陷。这是这家日本电子产品巨头又一次遭遇质量问题。

（3）索尼发言人称，存在问题的相机型号共计发货约 100 万台，目前为止已经有 0.4% 的相机报告发现问题。他拒绝对索尼为修理这些相机故障可能支出的费用置评。索尼在一份声明中表示，上述问题可能导致某些情况下无法拍摄照片，或者取景器中的图像会发生扭曲，共有 8 个型号的数码相机被发现存在此类问题，均是在 2003 年 9 月至 2005 年 1 月间在日本和其他国家售出的，型号为 DSC－F88，DSC－M1，DSC－T1，DSC－T11，DSC－T3，DSC－T33，DSC－U40 和 DSC－U50。

（4）索尼表示，将免费修理存在问题的相机。

（5）该发言人称，由于这并非产品召回，因此无法说明受影响相机数量。

（6）这是索尼一年内第二次承认其数码相机存在质量问题。

资料来源：2006-11-27　国际金融报

第七章　财经法规文书

第一节　经 济 合 同

一、经济合同的性质和构成要素

经济合同是合同的一个分支，它是平等主体的自然人、法人、其他组织之间设立、变更、终止民事权利义务关系的协议。

从经济合同的概念看，经济合同的构成要素包括以下几点。

（1）主体。包括自然人、法人和其他组织。自然人指因出生而获得生命的人类个体，不仅包括我国公民，还包括外国人、无国籍人。法人指经国家认可，有独立的财产或独立的预算，具有民事权利能力和行为能力，依法独立享受民事权利和承担民事义务的组织。

（2）内容。合同主体享有的权利和所承担的义务。

（3）客体。合同主体的权利、义务所共同指向的事物，即标的。

二、经济合同的特点

（一）平等互利

订立经济合同是合同当事人之间为实现一定的经济目的，为了明确双方各自的权利和义务，经过协商，在平等互利的原则基础上达成意见一致的行为，因此它具有互利性。

（二）约束性

经济合同一经签订，就具有法律效力，因此合同关系也是法律关系，要求合同双方当事人严格遵守合同条款，不折不扣地履行，否则就按违约处理。

小资料

合同的种类

按《合同法》的规定，有买卖合同、供用电水气热力合同、赠与合同、借款合同、租赁合同、融资租赁合同、承揽合同、建设工程合同、运输合同、技术合同、保管合同、仓储合同、委托合同等。

从文本形式看，有条款式合同、表格式合同和条款表格结合式合同。

三、订立经济合同的程序

（一）要约和承诺

1．要约

要约是一方当事人向另一方当事人提出订立合同的条件，希望对方能完全接受此条件的意思表示。发出要约的一方称为要约人，受领要约的一方称为受要约人。

要约的内容必须具体、明确。所谓“具体”，指要约的内容必须具有足以使合同成立的主要条款。如果没有包含合同的主要条款，受要约人难以作出承诺，即使做出了承诺，也会因为双方的这种意图不具备合同的主要条款而使合同不能成立。所谓“确定”，指要约的内容必须明确，而不能含糊不清，否则无法承诺。

《合同法》第十六条规定：“要约到达受要约人时生效。”即要约实际送达给特定的受要约人时，要约即发生法律效力，要约人不得在事先未声明的情况下撤回或变更要约，否则构成违反前合同义务，要承担缔约过失的损害赔偿责任。

2．承诺

承诺指受要约人同意要约的意思表示。承诺应当以通知的方式作出，但根据交易习惯或者要约表明可以通过其他方式作出承诺的除外。

承诺的主体必须是受要约人。这意味着，非受要约人作出的承诺的意思表示并非承诺，而是向要约人发出的要约；承诺的内容是同意要约，它强调承诺的内容与要约的内容应当一致。承诺的内容变更了要约的，为新要约。我国《合同法》对承诺与要约内容的一致性原则作了灵活处理，允许承诺作出大量实质性变更，承诺应当在要约确定的期限内到达要约人。

承诺通知到达要约人时生效。承诺不需要通知的，根据交易习惯或者要约的要求作出承诺的行为时生效。

（二）经济合同的条款内容

1．标题

写在第一行，居中，字体稍大。写清合同的名称，指明合同的性质。如订货合同、借款合同、供销合同、供电合同等。

2．写明双方单位的名称

写在第二行，顶格。前面写“订立合同单位”，后面写双方（或几方）单位（或人）名称。名称第一次出现时要写全称，为了行文方便，可分别在全称后加括号简化为“甲方”和“乙方”或“买方”和“卖方”。甲乙方注明后，下文使用时不可混淆。

3．正文

这是合同的主要内容，包括：引言；标的；数量和质量；价款或酬金；履行期限、地点和方式；违约责任；解决争议的方法等。

（1）引言。指合同的开头，主要写目的和依据。一般用一两句话说明签订合同的目的或双方应共同信守合同的条款等。如“兹因甲方向乙方订购下列货物，经双方协议，订立本合约如下”或“经双方协商签订本合同，并共同信守下列条款”等。

（2）标的。它是合同双方权利和义务共同指向的对象，是合同的中心内容，即合同双方要达到的共同目的。合同的标的可以是货物，也可以是劳务。如产品、劳务工程项目、租赁物等。标的应明确、具体。对产品来说，除品名外，还应标明规格、型号。如果是涉外商品交易，还要标明出产国和制造商。

（3）数量和质量。任何经济合同对转移财产或提供劳务，都应有明确、具体的量和质的要求。有些产品还应规定交货数量的正负尾差、合理磅差或超欠幅度等。

（4）价款或酬金。价款或酬金是取得产品、接受劳务或智力成果的一方所支付的代价，体现了商品交换关系的客观要求。要写明计算标准、结算方式和时间。

（5）履行期限、地点和方式。履行期限应明确、具体。工业品应写明交货月份或季度，不要写得太笼统。农副产品的交货期要考虑到季节性和产品性质的要求。确定履行期限时要考虑到履行的可能，无法按期履行的宁可不签约，也不要拖期，有时拖期不仅要被罚款，而且会给对方造成经济损失。履行地点直接关系到费用和包装，因而要写清楚。履行方式因合同性质不同而不同。签约时要规定合同一次履行或分期履行，可否由他人代为履行等。

（6）违约责任。违约责任又称罚则，是对不按合同规定履行义务的行为的制裁措施。合同中应规定当事人违约，根据何种法律承担责任，或依法商定应承担的违约责任。责任条款是促进履约的重要保证。

（7）解决争议的方法。指合同当事人事先约定的，在履行合同中双方发生争议时如何解决的方法，如协商、仲裁、法院调解、审理等。

此外，根据法律规定的或按合同的性质必须具备的条款，以及当事人一方要求必须规定的条款，也是合同的主要条款。如化学物品和危险物品的运输与保管，必须遵守国家有关法令，合同中应写上相关条款。合同的担保、合同的有效期等，也是合同的重要条款内容。

4．结尾

正文的下方写明双方单位的全称及代表姓名，并签名盖章。如需上级机关或鉴证机关的同意，应写明双方上级机关或鉴证机关的名称和意见，以及签订合同的日期并盖上印章。

合同如有附件，如图样、表格、实物等，应在正文后注明附件的名称及件数。

经济合同具有法律的约束力。签订合同的当事人，必须严格履行合同规定的义务，任何一方都不得擅自中止或废除。如果因情况变化必须有所变更、修改甚至废除时，须经过双方协商同意并承担应负的责任。

合同的写作须符合以下几点要求。

（1）内容、程序、形式及主体符合国家的政策法规。

（2）坚持平等互利的原则。订立合同必须贯彻平等互利、协商一致原则。当事人双方的权利义务应当是一致的，任何一方不得把自己的意志强加给对方。

（3）表达必须具体、明确。文字不能涂改，倘有错误、遗漏，必须改正或补充时，要在错的地方加盖双方的印章。有些说明或者补充，如不能在原合同上修改，双方可以互换函件，作为合同的附件，同样可以达到修改补充的目的。签订合同要一丝不苟。用字不规范，就容易招致不必要的损失。如将“定金”写成“订金”，将“罚款”写成“发款”，都会引起合同意义的改变，给合同的执行带来很大的麻烦。钱款数字要用汉字大写。

四、经济合同的格式样本

流动资金借款合同

立合同单位：

__________________（以下称“借款方”）

__________________（以下称“贷款方”）

为明确责任，恪守信用，特签订本合同共同信守。

一、借款种类：

二、借款金额（大写）：

三、借款用途：

四、借款利率：借款利率为月息千分之________按季计息，利随本清。如遇国家调整利率，按调整后的规定计算。

五、借款期限：

借款时间自_____年____月_____日至_____年_____月_____日止。借款实际发放和期限以借据为凭，分_____次发放和收回。借据应作为合同附件，同本合同具有同等法律效力。

六、还款资金来源及还款方式：

1. 还款资金来源：

2. 还款方式：

七、保证条款：

借款方请________作为自己的借款保证人，经贷款方审查，证实保证人具有担保资格和足够代偿能力。保证人有权检查和督促借款方履行合同。当借款方不履行合同时，由保证方连带承担偿还借款本息的责任。必要时，贷款方可以从保证方的存款账户内扣收。

八、违约责任：

1. 签订本合同后，贷款方应在借款方提出借据________日内（遇节假日顺延）将贷款划出，转入借款方账户。如贷款方未按期发放贷款，依法按违约数额和延期天数的贷款利息的___%计算，并向借款方偿付违约金。

2. 借款方如不按合同规定的用途使用借款，贷款方有权收回部分或全部贷款。对违约使用部分，按银行规定加收罚息。借款方如在使用借款中造成物资积压或损失浪费，或进行非法经营，贷款方不负任何责任，并有权按银行规定加收罚息或从借款方存款账户中扣收贷款本息。如借款方有意转移并违约使用资金，贷款方有权商请其他开户行代为扣款清偿。

3. 借款方应按合同规定的时间还清。如借款方需要将借款延期，应在到期前____日内向银行提出申请，有保证方的，还应由保证方签署同意延长担保期限，经贷款方审查同意后办理延期手续。如企业经营不善发生亏损或虚盈实亏，危及借款安全时，贷款方有权提前收回贷款。

九、其他：

除因《借款合同条例》规定允许变更或解除合同的情况外，任何一方当事人不得擅自变更或解除合同。当事人一方依据《借款合同条例》要求变更或解除合同时，应在____天内通知另一方当事人，并达成书面协议。本合同变更或解除后，借款方占用的借款和应付的利息仍应按本合同的规定偿付。

……

本合同经各方签字后生效，贷款本息全部偿清后自动失效。

合同的附件：

本合同正本一式三份，贷款方、借款方、保证方各执一份；合同副本___份，报送____________有关单位各留一份。

借款方（盖章）： 贷款方（公章）：

地址： 地址：

法人代表（签名）： 法人代表（签名）：

保证方（公章）：

法人代表（签名）：

开户银行及账号：

签约时间： 年 月 日

签约地点：__________________

例文一

借 款 合 同

立合同单位：

借款方：××市政建设公司

贷款方：中国人民建设银行××市支行

根据《××市轻轨线建设一期工程方案》，经借款方申请，贷款方审查同意发放贷款。为明确各方责任，恪守信用，特签订本合同，共同遵守。

一、借款方向贷款方借人民币叁仟万元。用于××市轻轨线建设一期工程，预计分年用款为：2001 年壹仟贰佰万元；2002 年捌佰万元；2003 年壹仟万元。

二、借款方在本合同规定的贷款总额内，根据批准的年度计划和建设进度编制年、季度用款计划，送贷款方审查，凭此供应资金。贷款方保证在核定的年度贷款计划内，按基本建设贷款的有关规定及时供应资金。如因贷款方责任资金供应不及时，由贷款方承担由此造成的经济损失。

三、借款方在贷款方开立账户，根据工程情况将贷款按月分次转到存款户支用，全部贷款由贷款方监督使用。借款方如不按规定使用贷款，贷款方有权停止发放和收回贷款。

四、贷款期限：自 2001 年 1 月起至 2008 年 10 月止，共为 7 年 9 个月。其中建设期从 2001 年 1 月至 2004 年 12 月，还款期从 2005 年 1 月至 2008 年 10 月。分年还款计划如下：

2005 年伍佰万元；2006 年捌佰万元；2007 年捌佰万元；2008 年玖佰万元。

五、贷款利息按年息 10.5% 计收；借款方不能按上述约定归还的，从次年开始未归还的贷款作为逾期还款加息 5%；挪用的贷款在挪用期间加收罚息 5%。贷款利息按实际支用数计息并计算复利。如因国家政策性的利率变动，本合同贷款利率根据政策相应调整。

六、还本付息的资金，经各方商定，同意用贷款项目的下列资金偿还：1. 企业自有资金；2. 基本建设收益；3. 交纳所得税以前的新增利润和经税务机关批准减免的税金；4. 新增固定资产折旧基金；5. 实行投资包干分成部分。（附：贷款项目预计经济效益表）

借款方对偿还贷款本息以 ×× 市公用事业管理局出让轻轨线运营所有权方式提供担保。担保协议作为本合同附件。

七、全部贷款到期，贷款方发出逾期通知 3 个月后，借款方仍不归还的，贷款方可以依据担保协议向借款方或担保方收回贷款。

八、如因国家调整计划、产品价格、产品税率，以及修正概算等原因需要变更合同条款时，由双方协商签订变更合同，作为本合同的组成部分。

九、本合同经各方签章后生效，至贷款本息全部还清后失效。本合同签订后借款方如果超过 3 个月以上不使用贷款，合同即自动失效。

本合同正本 2 份，借、贷双方各执 1 份；副本 3 份，借款方主管部门、担保方、×× 市经济纠纷仲裁委员会各执 1 份。

借款方：×× 市政建设公司（公章）
地址：×× 市 ×× 区 ×× 路 2 号
法人代表：××（签字）
开户银行及账号：（略）

贷款方：中国人民建设银行 ×× 市支行（公章）
地址：×× 市 ×× 区 ×× 大道 1 354 号
法人代表：××（签字）
开户银行及账号：（略）

担保方：×× 市公用事业管理局（公章）
地址：×× 市建设大道 ×××× 号
法人代表：×××
开户银行及账号：（略）
财税部门意见：（略）
省分行审查意见：（略）

签约日期：二〇〇〇年×月×日

评析：合同围绕轻轨线建设这一事项，将借款金额、用途、发放借款的具体操作方法，以及还款期限、方式、违约责任等作了明确规定。合同采用条款式结构，格式规范，逻辑性强，用语准确严密，有效地明确了合同双方的责、权、利。

例文二

建设工程承包合同

为了改善办学环境，提高教学质量，决定建设教学科研综合楼一栋，经双方协商一致，签订本合同，以资共同信守。

一、甲方委托乙方修建教学科研综合楼一栋。

二、本工程系钢筋混凝土框架结构七层楼房（详见设计图样，共3件；施工项目表1件），总面积8 000平方米。

三、本工程总造价（包括材料与人工等）为700万元，由乙方包工包料。

四、施工前甲方须提供给乙方全套设计图样与施工项目表，乙方须按甲方确定的图样施工，不得更改。如需变动，须经甲乙双方商妥后方可进行。

五、本合同签订之日，甲方预付给乙方工程总造价50%的款项，即350万元，其余部分在工程竣工验收后____日内全部付清。若逾期付款，由甲方偿付乙方每日拖欠总额0.1%的逾期违约金。

六、本工程工期为8个月，自2000年4月1日正式开工，至2000年11月31日完工。提前完工，经验收合格，按提前交付使用的实际天数由甲方奖励乙方每日500元。如延期交付使用，自2000年12月10日算起，每延期一天，则乙方偿付给甲方每天500元的逾期违约金。

七、乙方须按设计图样和施工项目表的要求采办材料、组织施工。如验收质量不符，由乙方负责修理和返工，由此造成逾期交付使用，由乙方向甲方偿付逾期违约金。（标准同第六条所定标准）

八、本合同未尽事宜，由甲乙双方另行商定。

九、本合同一式三份，甲乙双方各执一份，另一份存市公证处备查。

甲方：××市职业技术学院（盖章）

代表：刘××（签字）

乙方：××市第二建筑工程公司（盖章）

代表：江××（签字）

二〇〇〇年三月二十日

第二节　协议书和意向书

一、协议书

（一）协议书的概念和用途

协议书是单位之间或单位与个人之间，以及个人与个人之间为了确立某种关系、解决某个问题或达到某种目的，经协商取得一致意见后，供双方（或多方）共同遵守的条文，是一种契约性文书。

协议书的用途是肯定谈判或协商所取得的成果，为签订合同作准备。在签订合同的条件不具备的情况下，可先行签订协议书，待条件成熟时，再签订正式合同。有的协议书因已具备双方权利义务的明确规定，不需再另签合同，这时协议书就兼有合同的特性和作用了。由于协议书使用起来比合同更灵活、方便，它也有凭证、约束作用，因此，协议书在经济合作领域和其他领域都可以使用。

（二）协议书的类型

协议书可分为以下几种类型。

（1）婚姻、家庭协议书。指公民在处理家庭、婚姻关系时所签订的协议。如收养、财产分割、离婚财产处理等协议。

（2）赠与、捐赠协议。指赠与人一方自愿把自己的财物无偿地给予受赠人一方的协议。如房屋赠与协议、捐赠协议、遗赠书等。

（3）买卖、租赁、转让协议。买卖协议指出卖人将标的物所有权转移给买受人，买受人支付价款的协议；租赁协议是出租人将租赁物交付承租人占有使用，承租人支付租金的协议；转让协议是介于买卖与租赁协议之间的协议。买卖协议如二手楼买卖协议；租赁协议如私房出租协议；转让协议如酒楼转让协议。

（4）诉讼代理协议。常用的诉讼代理协议包括执行和解协议、民事授权委托协议、行政诉讼委托代理协议等。

（5）应聘、就业协议。应聘、就业协议是随着我国改革开放深入发展，劳动关系发生深刻变化而出现的一种新型的确定求职者与供职者双方权利、义务的契约。如外资企业员工劳动协议书、临时员工聘用协议书、普通高等学校毕业生应聘协议书、毕业生就业协议书等。

（三）协议书的写法

协议书由标题、正文和签署三部分组成。

1．标题

标题可以只用文种“协议书”，也可以用内容性质＋文种作标题，如赡养协议书、赔偿协议书等。

2．正文

协议书的正文包括开头、主体和结尾三部分。

开头写明协议各方的名称及其代表人的姓名、住址等项。

项目合作协议书的主体内容，写签订协议书的目的和商定的具体内容：合作的项目、合作的方式、双方的权利和义务、准备阶段的技术工作、工作日程、违约责任等。一般都是分条款列述。其他领域的协议书则按协商事项的具体内容、要求分条写即可。

结尾主要包括本协议书的份数、保存人或单位、有效期限等。

3．签署

在正文的右下方，协议各方依次签名，如果是单位，要加盖公章，负责人签字；若有中间人、证明人、调解人等，也要签字。再另起一行写明达成本协议书的时间。为了统一明确生效时间，各方签字应在同一天进行，若一方因故无法在同一天签字，则应约定协议书的生效时间。如果有公证处公证，还需写上律师的姓名，并加盖公证处公章。

小资料

订立协议书应遵守的基本原则

一、合法原则。即协议书的内容、形式和程序，均须遵守国家的法律，符合国家政策的要求，方能得到国家的承认和保护。凡违反国家政策、法令和危害国家与公共利益的协议是无效的，当事人须承担由此而产生的法律责任。

二、平等互利、协商一致、等价有偿的原则。平等协商、自愿互利是签订协议的前提和基础，不同的机关和经济组织在职能、规模和经营能力等方面各有区别，或有领导与被领导的关系，但在订立协议时，彼此的地位是完全平等的，应充分协商、互相尊重。任何一方不得以自己的意志强加于对方，任何单位和个人也不得从中非法干预。双方取得的权利和承担的义务应当是对等的。

三、履行规定的义务，信守协议书约束的原则。协议一经签订，即具有法律约束力。由于故意或自己的过失造成的违约，必须承担赔偿损失的责任。

二、意向书

（一）意向书的含义和特点

意向书是双方或多方就某一问题在进行初步接触后、进入实质性谈判之前所形成的带有原则性、方向性意见的文件。它往往是双方或各方希望达到某种目的的一种意图和打算，是正式签订协议一类文件的基础。

意向书具有以下几个特点。

（1）目标的导向性。意向书可为下一步磋商奠定良好的基础。因此，它只是一种导向性文书，合作目标只求总体轮廓清楚，不求描述具体；合作意向只求方向大体一致，不求进程具体和步骤明确。

（2）条款的原则性。意向书的各项条款必须是就一些重大问题作出原则性的确定，不求一些具体问题分项列款表述，更不涉及具体细节。这样才可能求同存异，取得较为满意的结果。

（3）行文的灵活性。意向书的行文措辞一般比较灵活、原则。

（二）意向书的格式和写法

意向书由标题、签订意向书双方的名称、正文、落款和日期组成。

（1）标题。一般写明事由和文种，如《开展多方面技术经济合作意向书》；或写明机关（单位）和文种，如《××厂与××公司意向书》；有的仅写明文种，如《意向书》。

（2）签订意向书双方的名称。一般要写明全称。为叙述的方便，可分别确定为甲方、乙方或丙方。

（3）正文。这是意向书的主体和核心部分。一般是写明双方或多方达成协议的各个事项，如合作的项目、合作的方式、合作的程序、双方的义务，等等。

（4）落款。写明签订意向书的机关（单位）名称及其负责人姓名，或签名盖章。

（5）日期。写明签订意向书的年、月、日。

例文一

合作协议书

甲方：北京中医药大学中药学院学生会

乙方：北京金山软件有限公司

经互相了解并友好协商，达成一致，双方自愿签订如下协议。

协议内容：

1. 甲方的权利及义务

甲方提供给乙方《风尚，我有——北京中医药大学第八届才艺大赛》的冠名权。

甲方将对大赛进行全程的DV录制，并在赛后将DV刻成光盘给与乙方。

甲方为乙方在校园内进行海报宣传（海报由乙方提供）。

甲方为乙方在校内做宣传，如有改动必须及时通知乙方并经双方协商同意。

甲方应该认真完成宣传，不得无故取消协议所定内容，并且不得做有损乙方利益的活动。

2. 乙方的权利及义务

乙方为甲方提供《风尚，我有——北京中医药大学第八届才艺大赛》所需奖品。奖品为金山公司开发的系列软件，价值1000元以上。

乙方为甲方提供大赛的彩色节目单500张，背面可印有乙方的宣传资料。

乙方为甲方提供具有乙方冠名的大赛横幅一条，横幅内容为“金山网游杯风尚，我有——北京中医药大学第八届才艺大赛”。

乙方需在甲方比赛开始前付清所有赞助物品。

附件

比赛当天如遇特殊情况（如会场设备、安全问题），使甲方无法顺利进行活动，甲方不负对乙方的责任。

如一方没有履行其义务，要对另一方进行赔偿。

比赛时间为2006年5月23日19：00。

本协议一式两份，甲、乙方各一份，未经双方同意不可任意改动本协议。

甲方：（签章）

乙方：（签章）

××××年×月××日

例文二

意 向 书

××厂（甲方）　　　　　　××××公司（乙方）

双方于××××年×月×日在××地，对建立合资企业事宜进行了初步协商，达成意向如下：

一、甲、乙两方愿以合资或合作的形式建立合资企业，暂定名为××有限公司。建设期为×年，即从××××年至××××年全部建成。双方意向书签订后，即向各方有关上级申请批准，批准的时限为×个月，即××××年×月×日~××××年×月×日完成。然后由××厂办理合资企业开业申请。

二、总投资×万人民币，折×万美元。××部分投资×万人民币，折×万美元；××部分投资××万人民币，折×万美元。

甲方投资×万元人民币（以工厂现有厂房、水电设施等现有设备折款人民币投入）；

乙方投资×万人民币（以美元折合成人民币投入，购买设备）。

三、利润分配：各方按投资比例或协商比例分配。

四、合资企业生产能力：……

五、合资企业自营出口或委托有关进出口公司代理出口，价格由合资企业定。

六、合资年限为×年，即××××年×月至××××年×月。

七、合资企业其他事宜按《中外合资企业法》有关规定执行。

八、双方将在各方上级批准后，再行具体协商有关合资事宜。

本意向书一式两份。作为备忘录，各执一份备查。

××厂（甲方）　　　　××××公司（乙方）

代表：　　　　　　　　代表：

××××年×月×日

【习题】

一、简答题

1. 简述合同与协议书的异同。

2. 意向书有何特点？意向书与合同的主要区别有哪些？

二、写作题

1. 第一节的例文二在写法上存在一些问题，请修改。

2. 某学校学生会与××劳动服务公司准备开展协作，内容涉及：社会实践活动、勤工助学等，请你拟写一份关于此内容的协议书。

第八章　经济诉讼文书

经济诉讼文书指刑事诉讼和民事诉讼中同经济活动有关的各种法律文书。本章所要讲的经济诉讼文书指同经济活动有关的起诉状、答辩状、上诉状和申诉状。

第一节　经济纠纷起诉状

一、经济纠纷起诉状的用途

经济纠纷起诉状指在经济纠纷中，原告或其法定代理人为维护自身的经济权益，用书面的形式向人民法院提出自己的诉讼请求和理由，并提出请求根据的一种诉讼文书。经济纠纷起诉状有以下一些用途。

（1）用来提起诉讼。任何国家机关、企事业单位、社会团体和公民，在认为自己或者受自己保护的人的经济权益受到损害或与他人发生纠纷、争执时，都可以写经济纠纷起诉状向人民法院提起诉讼。这是人民法院立案审理不可缺少的凭据。

（2）用来控告被告违法事实。经济纠纷起诉状的原告人要写清经济权益纠纷事实，将纠纷的由来、发生、发展过程以及双方争执的焦点写清楚，有利于法院及时调查研究，进行处理。

（3）用来要求追究有关方的法律责任。经济纠纷案件中的原告在经济纠纷起诉状中向人民法院提出请求解决事项。如解决损害赔偿，或履行合同，或清偿债务，或归还产权等事项。

二、经济纠纷起诉状的主要内容和写作方法

经济纠纷起诉状主要由首部、正文和尾部三部分组成。

（一）首部

首部包括以下几个组成部分。

（1）标题。居中写明“经济纠纷起诉状”。

（2）经济纠纷当事人的基本情况。分别写明原告和被告的姓名、性别、出生年月日、民族、职业、工作单位及职务、住址等。如果同案原告为两人以上，应一一写明；如果同案被告有两人以上，应按责任大小的顺序写明。如果原告或被告系无诉讼行为能力的人，应写明法定代理人的姓名、性别、职业、工作单位和住址，及其与原告或被告的关系。如果被告是法人或其他组织的，应写明其名称和住所，及其法定代表人（或主要负责人）的姓名和职务。如果有第三人，应写明第三人的姓名、性别、出生年月、民族、籍贯、职业、工作单位及职

务、住址等。如果第三人是法人或者其他组织的，应写明法人或者其他组织的名称和住所以及法定代表人（或主要负责人）的姓名和职务。如果原告委托律师代理诉讼，应在其项后写明代理律师姓名及代理律师所在的律师事务所名称。

（3）案由。写明经济纠纷案件的具体类型。

（4）诉讼请求。写明原告请求人民法院依法解决的有关经济权益争议的问题，即诉讼标的。

（二）正文

正文包括以下几个组成部分。

（1）事实部分。应写明原告、被告法律关系存在的事实，以及双方发生经济纠纷的时间、地点、原因、经过、情节和后果。一般应以时间为顺序，既要如实地写明案情，又要重点详述被告侵权或违约的行为后果。

（2）理由部分。要根据案情和有关法律、法规和政策，阐明原告对本案的性质、被告的责任以及如何解决纠纷的看法。

（3）证据。写明向人民法院提供的能够证明案情的证据的名称、件数、内容或证据线索，并写明证据来源。有证人的，应写明证人的姓名和住址。

（三）尾部

尾部包括以下几个组成部分。

（1）致送的人民法院名称。

（2）原告签名。如果原告是法人应加盖公章。如果仅委托律师为原告代书起诉状，可在经济纠纷起诉状的最后写上代书律师的姓名及代书律师所在的律师事务所名称。

（3）起诉时间。

三、写作经济纠纷起诉状应注意的问题

（一）主体是否合格

经济纠纷起诉状的制作主体是与本案有直接利益关系的公民及其法定代理人、法人或其他组织。原告可以委托他人代书，但经济纠纷起诉状必须以原告的名义提出。主体不合格，其起诉是无效的。

（二）诉讼请求要合法、可行、具体、完备

提出诉讼请求要有事实依据和法律依据；请求的项目、数额要具体写明；请求的事项要完备，不可遗漏。

（三）事实要客观、准确

叙述事实要经得起对方的反驳和法庭的调查质证。同时，当事人对自己的主张负有举证责任（倒置举证除外），因此，在陈述事实时要注意证据的运用。

（四）层次分明，内容集中

经济纠纷起诉状各结构层次均有各自明确的目的，一目了然。例如诉讼请求部分要具体，

即请求的项目、数额要具体，但不必急于摆理由，否则，反使请求内容庞杂，目的不明。事实与理由部分应围绕诉讼请求，围绕本案法律关系的各要素进行阐述，突出关键情节，与本案无关的内容不写。

四、经济纠纷起诉状的格式

格式一：公民提起经济诉讼用的起诉状格式样本。

经济纠纷起诉状

原告：

被告：

诉讼请求：

事实与理由：

证据和证据来源，证人姓名和住址：

此致

××××人民法院

起诉人：×××

××××年××月××日

附：起诉状副本×份。

格式二：法人或其他组织提起经济诉讼用的起诉状格式样本。

经济纠纷起诉状

原告：

法定代表人（或代表人）：　　　　职务：

住所地：

被告：

法定代表人（或代表人）：　　　　职务：

住所地：

诉讼请求：

事实与理由：

证据和证据来源，证人姓名和住址：

此致

××××人民法院

起诉人：×××

××××年××月××日

附：起诉状副本×份。

例文一

经济纠纷起诉状

原告：王×，女，30岁，汉族，北江市人，北江市电视机厂工人，住北江市绿园区文化路2号。联系电话：352××××。

被告：李×，女，32岁，汉族，北江市人，北江市第二小学教师，住北江市绿园区江河路10号，联系电话：353××××。

诉讼请求：

一、继承祖传的北江市江河路10号平房4间（共90平方米）;

二、继承母亲的全部存款10万元人民币;

三、诉讼费用全部由被告承担。

事实与理由：

我父亲早亡，我与母亲杨×、哥哥王××相依为命，一直居住在本市江河路10号祖传的4间平房。1995年，哥哥王××与被告李×结婚，1998年哥哥去世，由母亲维持我们三人的生活。2001年我结婚另过，被告与母亲一起生活。被告性情暴躁，经常与母亲吵架，平时只顾自己，毫无孝心。母亲身体不好，被告却叫母亲为她做饭、洗衣，操持家务。母亲每年都来我家住上3个月。2003年母亲病逝，留下全部的财产就是这4间平房和存款10万元，我要求继承全部遗产。考虑到被告与母亲共同生活过一段时间，我同意被告暂时居住在本市江河路10号的4间平房内，有房时迁出，但被告拒不同意，要求与我平分遗产。双方为此多次发生纠纷。

根据《中华人民共和国继承法》第十条的规定，配偶、子女、父母是第一顺序继承人。因此，我是遗产的唯一合法继承人。被告对公婆未尽赡养义务，且长期惹公婆生气，不享有继承权。特依法提出上述诉讼请求，请你院依法裁判。

此致

北江市绿园区人民法院

具状人：王×

2004年3月2日

例文二

经济纠纷起诉状

原告单位（全称）：××市××县××建筑公司

企业性质：集体

经营范围：工业与民用建筑

流动资金：169.5万元

何时经何部门批准开业：20××年××月份经××县工商局注册批准

地址：××县××乡××　电话：××××××××

开户银行：××××银行××分理处　账号：××××××××××

法定代表人姓名：×××　职务：××××

被告单位（全称）：××市职工教育培训中心

地址：××市××区××路××号

法定代表人姓名：××　　职务：×××

诉讼请求：

责令被告偿付工程款和赔偿原告经济损失：

（一）付清宿舍楼、教学楼拖欠款2万多元；

（二）结算零建工程款：107 638.57元；

（三）赔偿原告的经济损失：20××年至20××年度拖欠款的滞纳金54 595.88元；××年2月至6月设备闲置费57 979.30元。

以上三项合计，共24万多元。

事由：建筑安装工程承包合同拖欠工程款纠纷。

事实和理由：20××年12月10日，原告同被告签订了《建筑安装工程合同》，标的是原告为被告修建的教工宿舍楼两幢。承包方式是"议标形式，包工包材料"。承包额为495 125.74元。开工日期定为20××年12月25日；竣工日期定为次年9月31日，合同签订后，原告按时将设备机具等运进工地，但被告因工地、图样等原因没有同有关单位交涉好，直到20××年6月19日原告才正式开工。在长达177天之内，由于多种原因，造成原告开进工地的70余名职工无活可干，只有天天在狭窄的工棚里喝茶、打牌。机具设备长期闲置无用，基本锈蚀，给原告经济上造成了巨大的济济损失。被告虽然承担了一部分的误工费，但至今尚有很大一部分赔偿责任未承担。

两幢宿舍楼建筑安装工程竣工后，20××年6月25日，原告又同被告签订教学楼工程的施工合同书（附复印件）。教学楼工程于20××年11月1日完工。三幢楼均经××市建筑工程质量监督站校验合格交付被告使用，工程结算书经原告和被告双方审定后，交××市建设银行校准核定后，双方无任何争议。被告应依合同书之规定与原告结清工程款，但至今被告仍拖欠原告工程款2万多元。

从20××年1月开始，被告要求原告为其零建工程施工。经多次协商达成协议，原告又为被告修建了汽车房、锅炉房、坝墙等多项零建工程。但价值174 551.87元的工程款至今不与原告结算。因被告一再拖欠原告工程款，致使原告工人工资长期不能支付，被迫于20××年12月底撤离被告工地，从此，原告工人又只能回家务农，在家耐心等待被告良心发现，以拿到自己的血汗钱。

为了收回被告拖欠的工程款，原告组织专人多次与被告交涉。开始，被告以工程资料不全为由予以推脱，原告只得将自己的全部资料复印后交给被告，后来，被告又以有关建材差价不合理为由拒绝支付原宿舍楼、教学楼所拖欠的工程款，并推而广之，拒绝审核原告后期施工的全部零建工程价款的结算。

综上所述，原告认为被告违反合同书的约定，单方面推翻合同书约定的有关条款，无理拖欠原告工程款，给原告造成了很大的经济损失。《民法通则》规定："公民、法人违反合同或者不履行其他义务的，应当承担民事责任"。《建筑安装工程承包合同条例》第十三条第二项一至五款规定：未能按照承包合同的规定履行自己应负的责任，除竣工日期得以顺延外，还应赔偿承包方因此发生的实际损失；不按合同规定拨付工程款，按银行有关逾期付款办法或"工程价款结算办法"的有关规定处理。

起诉单位：××市××县××建筑公司（盖章）
20××年×月×日

附：1. 本状副本1份；
2. 书证28件。

评析：本篇经济纠纷起诉状是由法人提起诉讼的。其存在以下一些问题。

（1）格式方面，缺致送法院名称，该纠纷由谁处理不明。

（2）诉讼请求不明确、不具体。“2万多”等表述不当。

（3）语言表达存在问题，如“次年”、“巨大”、“基本锈蚀”等词语表意不准确，尤其是“只有……打牌”、“从此……血汗钱”等描述性文字使用不当，不仅没有说服力，反而影响了表达效果。

第二节 经济纠纷答辩状

一、经济纠纷答辩状的用途

经济纠纷答辩状指在经济诉讼活动中，被告人或被上诉人针对起诉的事实和理由或上诉的请求和理由进行回答和辩解的文书。答辩是针对起诉或上诉的一种应诉行为，是法律赋予民事诉讼中被告人或被上诉人的一项诉讼权利，而不是诉讼义务。不提出答辩的，即表明放弃这项权利，也不影响人民法院依法审判。但是，积极有效地行使诉讼权利，更有助于案件的正确审理。

答辩状有两种。一种是原告向一审人民法院起诉后，被告在法定期限内就诉讼（起诉状）提交的答辩状；另一种是案件经第一审人民法院审理后，一方当事人不服，提起上诉，被上诉人在二审程序上针对上诉状提出的答辩，称为上诉答辩状。

答辩状有利于人民法院全面地审理案件。法律赋予被告或被上诉人提出答辩的权利，允许他们反驳原告或上诉人的请求，法院能从答辩状中了解到两方面的理由和意见，这对于法院兼听各方面意见，全面查清案情，从而真正分清是非，作出正确的判决或裁定，具有重要的意义。

答辩状有利于保护被告或被上诉人的合法权益。在答辩中，被告人或被上诉人能够针对起诉状和上诉状的诉讼请求，充分陈述有关事实，明确提出自己的看法和理由，这可以澄清起诉状或上诉状中被歪曲、夸大的事实，驳倒对方一些似是而非的事实和论调，从而取得诉讼的胜利。

二、经济纠纷答辩状的主要内容和写作方法

经济纠纷答辩状主要由首部、正文、尾部和附项四部分组成。

（一）首部

首部包括以下几个组成部分。

（1）标题。居中写明“经济纠纷答辩状”。

（2）答辩人的基本情况。写明答辩人的姓名、性别、出生年月日、民族、职业、工作单位及职务、住址等。如答辩人系无诉讼行为能力人，应在其项后写明法定代理人的姓名、性别、出生年月日、民族、职业、工作单位及职务、住址，及其与答辩人的关系。答辩人是法人或其他组织的，应写明其名称和所在地址、法定代表人（或主要负责人）的姓名和职务。如答辩人委托律师代理诉讼，应在其项后写明代理律师的姓名及代理律师所在的律师事务所名称。

（3）过渡语。写明“答辩人因与××××一案，现提出答辩意见如下”，由此引出正文。

（二）正文

正文包括以下几个组成部分。

（1）答辩的理由。应针对原告或上诉人的诉讼请求及其所依据的事实和理由进行反驳、辩解。被上诉人的答辩主要针对上诉人的事实、理由、证据和请求事项进行答辩，全部否定或部分否定其所依据的事实和证据，从而否定其上诉理由和诉讼请求。一审被告的答辩还可以从程序方面进行答辩。但无论是被上诉人，还是一审被告所提出的答辩理由，都要实事求是，都要有证据。

（2）答辩请求。指答辩人在阐明答辩理由的基础上针对原告或上诉人的请求向人民法院提出自己的请求。应根据有关法律规定，请求人民法院保护答辩人的合法权益。一审民事答辩状中的答辩请求主要包括：要求人民法院驳回起诉，不予受理；要求人民法院否定原告请求事项的全部或一部分；提出新的主张和要求，如追加第三人；提出反诉请求。如果经济纠纷答辩状中的请求事项为两项以上，在写请求事项时应逐项写明，对上诉状的答辩请求应为支持原判决或原裁定，反驳上诉人的要求。

（3）证据。答辩中有关举证事项，应写明证据的名称、件数、内容、来源与证据线索，有证人的，应写明证人的姓名、住址。

（三）尾部

尾部包括以下几个组成部分。

（1）致送人民法院的名称。

（2）答辩人签名。答辩人是法人或其他组织的，应写明全称，并加盖单位公章。

（3）答辩时间。

（四）附项

附项包括以下几个组成部分。

（1）答辩状副本份数。答辩状副本份数应按原告的人数提交。

（2）其他有关证据及证明材料。

三、写作经济纠纷答辩状应注意的问题

在写作经济纠纷答辩状时，应注意以下几个问题。

（1）写作经济纠纷答辩状要有针对性，要有的放矢地予以说明、反驳和辩解。

（2）在答辩中同时阐明自己的观点、主张和根据。

（3）依法论辩，不能无理狡辩。如果对方的指控或者上诉的确有理，并有事实根据，不应当一概否认，需要解释的可以作解释性说明。

四、经济纠纷答辩状的格式

经济纠纷答辩状

答辩人：

地址：

答辩人××因××××一案，提出答辩如下：

此致

×××人民法院

答辩人：×××

××××年×月×日

附：本答辩状副本×份。

例文一

答　辩　状

答辩人：李×，女，32岁，汉族，北江市人，北江市第二小学教师，现住北江市绿园区江河路10号。联系电话：353××××。

委托代理人：刘×，北江市第一律师事务所律师。

因王×诉李×继承纠纷一案，现提出答辩如下：

1. 我对婆婆尽了主要赡养义务，依法有权继承遗产。原告诬告我不孝婆婆，事实恰恰相反。1995年我嫁入王家，一直与婆婆相处很好。丈夫去世后，全家靠我料理。我心疼婆婆年老体弱，小姑需要照顾，一直未再嫁。1999年原告出嫁，也是我一手操办。八年来，我与婆婆相依为命，对其照顾周到，从未发生过争执。主要家务由我来做，由于近三年来，我在学校任毕业班班主任，工作特别忙碌，有时婆婆帮我做些家务是正常的。我们婆媳和睦，街坊四邻皆知（证据1）。近两年，我家连续被街道评为五好家庭（证据2）。根据《中华人民共和国继承法》第十二条"丧偶儿媳对公、婆，丧偶女婿对岳父、岳母，尽了主要赡养义务的，作为第一顺序继承人"，我对婆婆尽了主要赡养义务，我有权作为第一顺序继承人，继承婆婆的遗产。

2. 关于遗产的分割。原告说，全部遗产由她一人继承，让我暂住本市江河路

10号的4间平房，找到房立即搬走。对此，我坚决反对。我与原告同属第一顺序继承人，我有权继承全部遗产的一半份额，即房屋45平方米，存款50 000元人民币。

总之，我与婆婆的关系一直很好，并对其尽了全部赡养义务，有权继承上述遗产。原告列举的情形纯属无中生有，目的是要独占遗产。请人民法院依继承法的规定，对我的继承权加以确认和保护，驳回原告的无理请求。

此致

北江市绿园区人民法院

附：1. 邻居毛×、陈×的证词；

2. 居委会出具的证词。

答辩人：李×

2004年3月11日

例文二

答　辩　状

答辩人：绍兴市××有限公司就陕西省××物资供应站（以下称原告）1995年12月19日向陕西省高级人民法院提起的起诉状，作以下答辩。

1. 原告认为因为《借款合同条例》只适用于企业、事业等单位（借款方）同银行、信用合作社（贷款方）之间签订的借款合同，原告既非银行、信用社，也非经人民银行批准的金融机构，根本不具备贷款人的资格。原告与江南公司所签订的“投资协议”，从内容、形式及主体各方面看，均不具备借款合同的条件。绍兴公司为其下属单位江南公司借款实行担保，根据《借款合同条例》第八条规定，当借款人不履行合同时，由担保人承担偿还本息的责任。这一理由显然是错误的。

2. 原告认为陕西省高院判决错误的理由是，合同（投资协议）无效，是指所签的高额利润无效，而所借款项按银行利息归还本息是有效的，认为一二审判决认定的协议无效，仅指高额利润部分无效，不影响其余部分的法律效力。所以原告认为绍兴公司主张“主合同无效，保证合同也无效，保证人不承担保证责任”是“无道理的”。原告的这一起诉理由更是极端错误的。因为原判认定的协议无效，并非部分条款无效，而是指整个协议“名为投资，实为借款，违反了国家有关法律规定，应认定为无效协议”。绍兴公司在起诉中所主张的“主合同无效，保证合同也无效，保证人不承担保证责任”正是最高人民法院“关于审理经济合同纠纷案件有关保证的若干问题的规定”的原文，而原告将绍兴公司的这一主张说成“无道理的”，正说明原告的这一理由是违背法律规定的。

3. 原告的意思是，原告与江南公司在订立投资协议前是“货款两清”，“不存在借款”，以否认省高院二审判决认定的“江南公司与供应站所签协议约定的投资款系协议之前形成的债权关系”这一基本事实。江南公司与供应站在签订协议前就存在230万的债权债务关系，是不允否认的客观事实；1992年江南公司积欠供应站30万元货款；1993年3月8日供应站又汇给江南公司200万元；230万元均发生在1993年3月27日“投资协议”之前。债权人和债务人隐瞒这一事实真相，在事后以“投资”为名签订协议，并骗取答辩人（绍兴公司）的担保，是明显的民事欺诈行为，这一担保理所当然地应认定为无效。

4. 认定该公司是否应承担保证责任的唯一法律依据是《最高人民法院关于审理经济合同纠纷案件有关保证的若干问题的规定》。这一规定明确指出：债权人一方或者双方采取欺诈等手段，或者恶意串通，使保证人在违背真实意思情况下提供保证的，保证合同无效，保证人不承担责任。同时规定，主合同无效，保证合同也无效，保证人不承担保证责任。陕西省高院民事判决认为绍兴公司不应承担保证责任，完全是根据上述《规定》所作出的公正判决，我公司完全同意，原告供应站的起诉理由是站不住脚的。

答辩人：绍兴市××有限公司

2000年6月2日

评析：本答辩是法人之间提起诉讼而进行的答辩状。本答辩存在以下一些问题。

（1）格式不规范。纵观全文，竟无答辩请求，答辩的意义也就没有了。

（2）叙述事实不清，逻辑混乱，尤其是其小标题1。

（3）用语不符要求。如“我公司完全同意其判决”，主观色彩太浓，可直接删去。

第三节　经济纠纷上诉状

一、经济纠纷上诉状的用途

经济纠纷上诉状是经济案件当事人或其法定代理人，不服一审法院的判决或裁定，依照法定程序和期限，向上一级人民法院提起上诉，请求撤销、变更原审裁判，或者重新审理而提出的书状。上诉是法律赋予诉讼当事人的一种权利。通过上诉和对上诉的审理，不仅可以保护当事人的合法权益，维护法律尊严，同时也有利于提高办案质量，避免或减少冤假错案的发生。

二、经济纠纷上诉状的主要内容和写作方法

经济纠纷上诉状主要由首部、正文、尾部和附项四部分组成。

（一）首部

首部包括以下两个组成部分。

（1）标题。居中写明“经济纠纷上诉状”。

（2）当事人基本情况。分别写明上诉人和被上诉人或原审原告和被告的基本情况，包括姓名、性别、年龄（或出生年月日）、民族、籍贯、职业、单位、住址等。分别注明上诉人、被上诉人在第一审程序中的诉讼地位。如果有第三人，应写明第三人的姓名、性别、年龄（或出生年月日）、民族、籍贯、职业、单位、住址等。如果当事人是法人或其他组织的，应写其名称、所在地址、法定代表人（或主要负责人）的姓名和职务。如果委托律师代理诉讼，则应在上诉人项后或者在上诉人的法定代理人项后写明律师姓名及律师所在的律师事务所名称。

（二）正文

正文包括以下几个组成部分。

（1）提起上诉的案由。应写明原审案件的案由；上诉人因何案，不服何处人民法院、于何时以何字、号的判决或裁定而提起上诉的。

（2）上诉请求。概括而明确地写明上诉人请求二审人民法院依法撤销或者变更原审裁判，或者重新审理，以及如何解决本案权益争议的具体请求。

（3）上诉理由。这是上诉状最重要的组成部分。应在认定事实（案情事实是否真实、清楚、准确等）、适用法律（适用法律是否恰当，应正确引用法律的依据）、适用程序（是否符合民事诉讼程序）等方面进行论证。

（三）尾部

尾部包括以下几个组成部分。

（1）致送人民法院的名称。

（2）上诉人签名或盖章。

（3）上诉人具状时间。

（四）附项

附项应写明上诉状副本份数，书证、物证件数。

三、写作经济纠纷上诉状应注意的问题

在写作经济纠纷上诉状时，应注意以下两个问题。

（1）上诉人和上诉对象必须符合法律规定。

（2）主要采用反驳法进行写作。反驳应讲究针对性、说明性和逻辑性。要针对上诉人对原裁判的不服之处，有的放矢地写；要针对反驳的论点，摆出客观事实和证据，摆出正确引用的法律条款，据理论证，分清是非；要根据论证所得出的结论，明确提出对原裁判的主张。

四、经济纠纷上诉状的格式

格式一：公民提出上诉用。

经济纠纷上诉状

上诉人：

被上诉人：

上诉人因××××一案，不服××人民法院××××年×月×日（××××）字第×号判决，现提出上诉。

上诉请求：

上诉理由：

此致
××人民法院

上诉人：×××
××××年×月×日

附：本上诉状副本×份。

格式二：法人或其他组织提起上诉用。

经济纠纷上诉状

上诉人名称：
所在地址：
法定代表人（或主要负责人）姓名：　　　　　职务：
电话：
企业性质：
工商登记核准号：
经营范围和方式：
开户银行：
账号：
被上诉人名称：
所在地址：
法定代表人（或代表人）姓名：　　　　　职务：
电话：

上诉人因××××一案，不服××人民法院××××年×月×日（××××）字第×号判决，现提出上诉。

上诉请求：

上诉理由：

此致
××人民法院

上诉人：×××
××××年×月×日

附：本上诉状副本×份。

例文一

经济纠纷上诉状

上诉人（原审被告人）：甲市发达公司

法定代表人：贺×，男，46岁，公司经理

诉讼代理人：朱×，男，甲市××律师事务所律师

被上诉人（原审原告）：丙县生活资料公司

法定代表人：胡×，生活资料公司经理

上诉人因与被上诉人购销合同纠纷一案，不服甲市人民法院〔2002〕法经字第13号判决，特依《民事诉讼法》第一百四十七条之规定，提起上诉，请求撤销原判，确认合同无效，判令被上诉人偿付我公司彩电保管费5 000元，并承担本案诉讼费用。理由如下：

一、刘×超越代理权与被上诉人签订的合同未经我公司追认，是无效合同。原审判决书认定：刘×与被上诉人订立的合同已经我公司的追认，视为部分有效，显然与事实不符。实际情况是，我公司派刘×到乙市农贸公司联系拖拉机业务，公司开出的介绍信明确注明持信人只能去特定地点（乙市农贸公司），办理特定事项（订购拖拉机）。但刘×接受贿赂，擅自与被上诉人订立彩电购销合同，刘回公司后也未向领导交代说明，公司方面对该合同一无所知，当第一批彩电由胡×押送到后，即明确告诉胡×，我公司未授权刘×签订彩电购销合同，不能收货。后应胡×要求，我公司表示可以先把货留下，看看有无销路再说，这原是考虑被上诉人的利益，为被上诉人妥善保管并为其寻找买主，被上诉人怎能以此为据将此视为对刘×越权代理的追认呢？被上诉人为推销自己的产品，明知刘×未按指定地点与项目联系业务，属无权代理，却与刘×签订合同，其后果应由被上诉人自负，与我公司无关。

二、被上诉人为推销自己的质次产品，违反社会主义的商业道德与有关法律规定，对刘×行贿，使刘×不顾公司利益，擅自订购大批劣质彩电，对此，被上诉人应承担法律责任。按照《合同法》规定，这种违反法律和超越代理权的合同是完全无效的，因无效合同不能履行而造成损失是被上诉人咎由自取。原审判决对被上诉人的违法行为未予处理，反要我公司履行部分合同，显属不当。

三、被上诉人利用违法手段与刘×签订合同，又未同我公司联系即盲目发货，而公司为了被上诉人的利益，对彩电给予了妥善保管，被上诉人应偿付我公司保管费5 000元。

总而言之，原审法院认定事实不当，处理显失公正，特提出前列上诉请求，请贵院根据事实和法律，作出公正的终审裁判。

此致

甲市中级人民法院

上诉人：甲市发达公司
2003年×月×日

例文二

经济纠纷上诉状

上诉人（一审原告）：赵阳，男，50 岁，汉族，白沙市人，市百货大楼售货员，住红旗路 39 号，电话：6492317

上诉人赵阳因借款纠纷一案，不服×省白沙市朝阳区人民法院〔2003〕朝民初字第 32 号判决，现提出上诉。

上诉请求：

1. 撤销朝阳区人民法院判决，判令归还上诉人 1 万元人民币；

2. 一、二审诉讼费用由被上诉人负担。

上诉理由：

一审判决认为：原告与被告之间从未达成过借款协议，原告所据的私下录音及被告邻居夏某证词皆不足采纳，原告主张的被告于 2001 年 3 月向其借款的事实不成立，判决驳回原告诉讼请求，一审诉讼费由原告负担。

上诉人认为一审判决认定的事实不当：

1. 一审判决认为上诉人提供的录音和夏某证词不足采纳是不妥的。上诉人若征得被上诉人同意进行录音是根本不可能的。上诉人除录音外还提供了被上诉人邻居夏某的书面证词，且夏某在同事中口碑极好，为人诚实，他的证词是完全可信的。一审法院以被上诉人的小孩与夏某的小孩发生过争吵，两家不睦为由，判定夏某证词不予采信。其实小孩的争吵虽导致过两家不愉快，但那已经是 5 年前的事了，两家早已和好，互有来往。一审法院忽视以上客观事实的存在，轻率否定上诉人的证据是错误的。2001 年 3 月 11 日，被上诉人因急事向上诉人借款 1 万元，当时口头协议，未及书面签约。日后上诉人多次催要，被上诉人以种种理由拖延不还，显然被上诉人有抵赖之意。

2. 上诉人 2001 年 5 月 9 日去被上诉人单位催款时，被上诉人答应尽快归还，当时李某、张某均在场（证据 1）。现上诉人在提供原证据的基础上，又补充新的证据，即被上诉人同事李某、张某的证词。

综上，一审法院认定事实不清，判决不当。被上诉人借款的事实无法抵赖，根据《中华人民共和国合同法》的规定，被上诉人应立即返还。特提出前列上诉请求，请贵院根据事实和法律，依法判决。

此致

白沙市中级人民法院

附：李某、张某证词。

上诉人：赵阳

2003 年 8 月 7 日

评析：本诉状是公民提起上诉的上诉状。其中存在以下几点问题。

（1）缺少被上诉人及其基本情况，致后面部分的被告指代不明，法院无从审理。

（2）上诉请求表达不清。

（3）事实及理由部分层次不清，逻辑混乱，致事实不清，没有说服力。

第四节　经济纠纷申诉状

一、经济纠纷申诉状的用途

经济纠纷申诉状也称经济纠纷申诉书，它是经济案件当事人及其法定代理人，对已经发生法律效力的判决、裁定不服，向原审人民法院或其上一级人民法院提出申请复查纠正的书状。申诉是人民法院再审案件来源之一。申诉状阐明申诉理由若有根有据，合情合理，接受申诉的司法机关经审查认为原审裁判确有错误，就可以通过审判监督程序提起再审，纠正错误或不当的裁判，使案件得到公正、合理的处理。因此，可以说申诉状对纠正冤假错案，维护当事人的合法权益，监督人民法院的审判工作程序具有重要的作用。

申诉状与上诉状的区别

一、使用范围不同。上诉状只限于尚未发生法律效力的第一审判决和裁定。而申诉状则不然，它的申诉范围比较广泛，不仅可以对已经发生法律效力的第一审判决和裁定的不当之处提出申诉，而且可以对二审终结的判决和裁定以及对正在执行和已经执行完毕的判决和裁定的不当之处提出申诉。

二、法律效力不同。上诉状递交之后即可发生法律效力，引起第二审程序的发生，即提出的上诉不管是否合理，二审人民法院都要对案件进行审理，依法作出裁判。申诉状则不然，它只能被作为决定是否提起审判监督程序的重要参考资料，经受理申诉案件的司法机关审查，认为原处理决定确有错误，申诉合理合法，就通过审判监督程序再审，否则，不能通过审判监督程序再审。也就是说，并不是递交了申诉状就一定会引起再审。

三、时间限制不同。上诉状只准在规定的时间内（判决的上诉期限为 15 天，裁定的上诉期限为 10 天），在未发生法律效力之前上诉才有效。而申诉状则不受时间限制，只要是判决、裁定已经发生法律效力后，什么时间申诉都可以。

二、经济纠纷申诉状的主要内容和写作方法

法律对经济纠纷申诉状的写作没有规定，经济纠纷申诉状的写作可以仿效民（刑）事再审申请书。经济纠纷申诉状通常由首部、正文、尾部和附项四部分组成。

（一）首部

首部包括以下两个组成部分。

（1）居中写明“经济纠纷申诉状”。

（2）申诉人和被申诉人的基本情况。在其身份或有关基本事项之后应注明其在原审或终审中的诉讼地位。

（二）正文

正文包括以下几个组成部分。

（1）案由。写明申诉的案件名称，作出生效判决、裁定的人民法院的名称，判决、裁定编号及制作日期，并表明对该裁判不服，提出申诉的态度。

（2）请求事项。概括写明请求人民法院解决什么问题。

（3）事实和理由。首先明确而具体地写出生效判决、裁定的错误，然后针对错误，全面、客观、准确地陈述案件的有关事实，具体列出有关人证、物证、书证以及其他主要的证据线索，也可以先简要阐述案情，然后依据事实指出原裁判的错误。根据有关法律条款的规定，在归结事实的基础上，简要剖析生效裁判在认定事实方面的不准确，在适用法律方面的不妥或在诉讼程序方面的不当，从而推出合理合法的请求事项。

（三）尾部

尾部包括以下几个组成部分。

（1）致送人民法院名称。

（2）申诉人签名、盖章。

（3）申诉日期。

（四）附项

附项应附上已经生效的判决书、裁定书，以及可以支持其申诉请求的有关证据材料。

三、写作经济纠纷申诉状时应注意的问题

在写作经济纠纷申诉状时，应注意以下几个问题。

（1）事实和证据必须真实可靠。

（2）应针对生效裁判的错误予以集中反驳，并引用适当、准确的法律条文来证明、分析申诉论点，不可无的放矢、论而无据。

（3）请求事项应合法合理。

四、经济纠纷申诉状的格式

经济纠纷申诉状

申诉人：

申诉人因××××一案，对××人民法院××××年×月×日××××字第×号民（刑）事判决（或裁定）不服，现提出申诉。

请求事项：

事实与理由：

证据和证据来源，证人姓名和住址：

此致

××人民法院

申诉人：××

××××年×月×日

附：1. 原审判决（或裁定）×份；

2. 证据材料×份。

例文一

经济纠纷申诉状

申诉人：唐×，女，××岁，××省××县人，××县××村××厂合同工，住××县××路30号。

申诉人唐×因房屋产权一案，不服××省××县人民法院（××）民上字第××号民事判决。现依法申诉如下：

1. 我和余××婚姻关系存续期间所住的房子，房款是我独自筹措，也是我独自承担偿还的，有债权人吴××、马××证明。

2. 买房子时，我的亡夫，对方当事人的父亲余××公开表态：不与我共买此房。我坚持要买，故请刘××代写了不愿共买房的声明。声明内容请见代写人刘××的书面证明。

3. 一审法院只是简单地认定了事实，援引法律条文。对我提出的证人、证据则不加调查，不作分析。这样主观武断地认定案件事实，作出的判决怎能使人信服呢？

4. 夫妻关系存续期间所得财产，应理解为包括双方或一方的劳动所得。如属这样的性质，其产权应归夫妻所共有。我买的房子虽在婚姻关系存续期间，但买房用款是由我个人借债来支付的，还债则是在我丈夫死后，靠我个人的劳动所得偿还的。一审法院引用我国《婚姻法》第十三条，只讲“夫妻在婚姻关系存续期间所得财产，归夫妻共同所有”，不提该条的最后一句“双方另有约定的除外”，是不适当的。

以上理由陈述，敬请地区中级人民法院按审判监督程序调卷审理，依法判处，以维护法制，保护公民合法财产。

此致

××地区中级人民法院

申诉人：唐×

20××年×月×日

附：1. 证明材料4份；

2. 房产影印本1份；

3. 一审判决书副本1份。

例文二

刑事申诉状

申诉人：何××，女，59岁，汉族，××省××县人，××县建筑公司合同工人，住××省××县××街10号。

被申诉人：孙×，男，28岁，汉族，××省××县人，××县商业局职工，住××省××县××街4号。

何××，不服××地区中级人民法院判决，特提出申诉，理由如下：

一、我和孙××（被申诉人之父）婚姻关系存续期间所买的房子，房款是我独自筹措的，事后也是我独自承担偿还的，我的姐姐、姐夫可以证明。

二、买房子时，我的亡夫孙××曾公开表态，不与我共买此房。我所有的邻居都可以证明是事实。

三、夫妻关系存续期间所得的财产，按婚姻法规定其产权应为夫妻共同所有。我买的房子虽在我们的夫妻关系存续期间，但买房用款是借债支付。还债又是在我亡夫孙××死后，由我亲自偿还。一、二审判决引用法律根据时，只引用《婚姻法》第十三条的前半段，即“夫妻婚姻存续期间所得的财产，归夫妻共同所有。”却不提“双方另有约定的除外”。而我所买的房子，应属于双方另有约定的，因此，我认为一、二审的判决把上述房产作为我们夫妻共同的财产判给被申诉人是没有法律根据的，是应该坚决改正的。

根据上述几点理由，请人民法院按审判监督程序调卷再审，以维护法律公正，保护公民的合法权利。

申诉人：何××

二〇〇三年十二月二日

附：1. 证明材料8份；

2. 房契影印件1份；

3. 判决书副本1份。

评析：这是一篇有问题的申诉状，其问题主要有以下几点。

（1）从申诉状的内容看，应属民事的经济纠纷，而不是刑事申诉状。

（2）格式不规范，首部缺“申诉人不服××……特提出申诉”，尾部缺致送法院名称。

（3）人证无说服力，如理由一中“我的姐姐、姐夫可以证明”等。

【习题】

一、简答题

1. 写经济纠纷上诉状的上诉理由时，应根据事实和法律，针对判决中的不当之处，进行辩驳。通常上诉理由有哪几个方面？

2. 经济纠纷上诉状与起诉状有什么区别？

3. 经济纠纷申诉状的正文包括哪些内容？

二、写作题

1. 请修改第一节中的例文二。

2. 评析下面这份答辩状的优缺点。

经济纠纷答辩状

答辩人：××省××市×××罐头厂

地址：×××市××区××街××号

法定代表人：鲁××，男，厂长

委托代理人：王××，男，×××市××××法律顾问处律师

被答辩人：××省××市×××实业公司

法定代表人：李××，总经理

案由：购销合同纠纷。

答辩目的：

1. 请求依法驳回被答辩人的诉讼请求，解除双方原签订的合同；

2. 诉讼费用全部由被答辩人承担。

事实与理由：

被答辩人诉称，双方与2003年7月11日就800吨午餐肉罐头所签订的购销合同，由于答辩人未履行合同而给被答辩人造成损失。答辩人认为2003年7月11日双方所签订的合同，并未规定履约期限和交货日期，仅有“凭电报联系”。签约时，答辩人确有罐头可供，系由答辩人生产交外贸出口未成，转内销的。合同规定“款到付货”。签约后，答辩人将一箱样品交付被答辩人，被答辩人收到样品后未作答，直到8月下旬找到买方后，才匆忙催促答辩人供货。却未按合同约定付款，以致答辩人难以向外贸进口公司提货。9月23日因价格变动，午餐肉罐头滞销转为畅销，外贸公司改变计划，致使无法履约。

答辩人认为，此合同未能履约，责任在被答辩人，既然合同规定“款到付货”，被答辩人无意恪守，当是违约无疑，无损失可言。鉴于此，答辩人敬请法院依据《中华人民共和国合同法》第六条、第三十八条规定，驳回被答辩人的诉讼请求，并解除双方原签之合同。

此致

×××市××区人民法院

答辩人：×××市××××罐头厂（盖章）

法定代表人：鲁××（盖章）

第九章　毕 业 论 文

第一节　毕业论文概述

一、毕业论文的概念

毕业论文是大学毕业生提交的有一定学术价值的文章。它是大学生完成学业的标志性作业，是对学习成果的综合性总结和检阅，是大学生在导师指导下所取得的科研成果的文字记录，也是检验大学生掌握知识的程度、分析问题和解决问题的基本能力的一份综合答卷。

毕业论文从文体上看，属于议论文中学术论文的种类。就其内容来讲，一种是解决学科中某一问题的，用自己的研究成果加以回答；一种是只提出学科中某一问题，综合别人已有的结论，指明进一步探讨的方向；一种是对所提出的学科中某一问题，用自己的研究成果，给予部分的回答。

毕业论文注重对客观事物作理性分析，指出其本质，提出个人的学术见解和解决某一问题的方法和意见。毕业论文就其形式来讲，具有议论文所共有的一般属性特征，即论点、论据和论证三大要素。毕业论文主要以逻辑思维的方式为展开的依据，强调在事实的基础上，展示严谨的推理过程，得出令人信服的科学结论。

二、毕业论文的特点

毕业论文虽属学术论文中的一种，但和学术论文相比，又有自己的特点。这些特点包括以下几点。

（1）指导性。毕业论文作为大学生毕业前的最后一次作业，离不开导师的帮助和指导。导师的帮助和指导主要体现在：帮助学生确定题目、指定参考文献和调查线索、审定论文提纲、解答疑难问题、指导大学生修改论文初稿等。大学生为了完成毕业论文，必须主动地发挥自己的聪明才智，刻苦钻研，独立完成毕业论文的写作任务。

（2）习作性。大学生在校学习期间，既要学好专业基础知识，又要写好毕业论文。学习专业基础知识是为写作毕业论文打好基础，毕业论文是对所学专业基础知识的运用和深化，是学生运用已有的专业基础知识，在导师的指导下独立进行科学研究活动，分析和解决一个理论问题或实际问题，把知识转化为能力的实际训练。写作毕业论文的主要目的是为了培养学生具有综合运用所学知识解决实际问题的能力，为将来作为专业人员写学术论文作准备，从这个方面来看，毕业论文实际上是一种习作性的学术论文。

（3）层次性。专业人员的学术论文，一般要反映某专业领域的最新学术成果，具有较高的学术价值，对科学事业的发展起一定的推动作用。由于大学生缺乏写作经验，有些甚至是第一次撰写论文，对撰写论文的知识和技巧知之甚少。加之多数大学生的科研能力还处在培养、形成之中，在学校学习期间主要是学习专业基础理论知识，缺乏运用知识独立进行科学研究的训练。大学生的毕业论文与学术论文相比，在文章的质量方面要求相对低一些。

小资料

毕业论文的种类

由于毕业论文本身的内容和性质不同，研究的领域、对象、方法、表现方式也不同，因此，毕业论文按不同的分类方法可以分为不同的种类。

按内容、性质和研究方法的不同，可以把毕业论文分为理论性论文、实验性论文、描述性论文和设计性论文。理论性论文又可分成两种：一种是以纯粹的抽象理论为研究对象，研究方法是严密的理论推导和数学运算，有的也涉及实验与观测，用以验证论点的正确性；另一种是以对客观事物和现象的调查、考察所得观测资料以及有关文献资料数据为研究对象，研究方法是对有关资料进行分析、综合、概括、抽象，通过归纳、演绎、类比，提出某种新的理论和新的见解。

按议论的性质不同，可以把毕业论文分为立论性论文和驳论性论文。立论性论文指从正面阐述、论证自己的观点和主张。一篇论文侧重于以立论为主，就属于立论性论文。立论性论文要求论点鲜明，论据充分，论证严密，以理和事实服人。驳论性论文指通过反驳别人的论点来树立自己的论点和主张。一篇论文侧重于以驳论为主，批驳某些错误的观点、见解、理论，就属于驳论性毕业论文。驳论性论文除按立论性论文对论点、论据、论证的要求以外，还要求针锋相对，据理力争。

按研究问题的大小不同，可以把毕业论文分为宏观论文和微观论文。凡属国家全局性、带有普遍性并对局部工作有一定指导意义的论文，称为宏观论文。它研究的面比较宽广，具有较大范围的影响。反之，研究局部性、具体问题的论文，就是微观论文。它对具体工作有指导意义，影响的面窄一些。

另外还有一种综合型的分类方法，即把毕业论文分为专题型、论辩型、综述型和综合型四大类。

第二节　选择和研究毕业论文的课题

一、选择课题

选择课题指选择毕业论文的论题，即在写论文前，选择确定所要研究论证的问题。选择课题是论文撰写成败的关键。因为选择课题是毕业论文撰写的第一步，选择课题实际上就是确定“写什么”的问题，亦即确定科学研究的方向，如果“写什么”不明确，“怎么写”就无从谈起了。

（一）要选择有科学价值和现实意义的课题

第一，要从解决现实问题入手去选题。因为学习专业知识的目的是用已掌握的专业知识，去寻找和解决工作实践中亟待解决的问题，选题就要去选那些工作实践中亟待解决的问题，论文的实际价值才大。第二，要善于寻找科学研究的空白处和边缘领域。科学研究总有没有被开垦的处女地，总有许多缺陷和空白，这些都需要填补，选题时如果能找到科学研究的缺陷和空白，就可以在某一领域独树一帜。第三，要从寻找前人研究的不足处和错误处选题。在前人已提出来的研究课题中，许多虽已有初步的研究成果，但随着社会的不断发展，还有待于丰富、完整和发展，这种补充性或纠正性的研究课题，也是有科学价值和现实指导意义的。

（二）要根据自己的能力去选择切实可行的课题

第一，要有充足的资料来源。在缺少资料的情况下，是很难写出高质量论文的。选择一个具有丰富资料来源的课题，对深入研究课题很有帮助。第二，要有浓厚的研究兴趣，选择自己感兴趣的课题，可以激发自己研究的热情，调动自己的主动性和积极性，能够以专心、细心、恒心和耐心的积极心态去完成。第三，要能结合发挥自己的业务专长，每个学生无论能力水平高低，都有自己的业务专长，选择那些能结合自己工作、发挥自己业务专长的课题，对顺利完成课题的研究大有益处。

二、研究课题

研究课题的一般程序是：搜集资料、研究资料、明确论点和选定材料、执笔撰写、修改定稿。

（一）搜集资料

搜集资料的途径有很多，如查阅图书馆的资料、作实地调查研究、实验与观察等。搜集资料越具体、细致越好，最好把想要搜集资料的文献目录、详细计划都列出来。

（二）研究资料

研究资料不仅要对所搜集的资料进行全面浏览，还要对不同资料采用不同的阅读方法，如阅读、选读、研读等。

（三）明确论点和选定材料

在研究资料的基础上，提出自己的观点和见解，根据选题确立基本论点和分论点。提出自己的观点和见解要突出创新性，不能只是重复前人或人云亦云。同时，还要防止贪大求全的倾向，不要担心不完整而大段地复述已有的知识，这样一来，就体现不出自己研究的特色和成果了。

根据已确立的基本论点和分论点来选定材料，这些材料是自己在对所搜集的资料加以研究的基础上形成的。组织材料要注意掌握科学的思维方法，注意前后材料的逻辑关系和主次关系。

（四）执笔撰写

下笔时要注意两个方面：拟订提纲和基本格式。

（五）修改定稿

通过这一环节，可以看出写作意图是否表达清楚，基本论点和分论点是否准确、明确，材料用得是否恰当、有说服力，材料的安排与论证是否有逻辑效果，大小段落的结构是否完整、衔接自然，词句是否正确妥当，文章是否合乎规范。

第三节　毕业论文的撰写

毕业论文一般由标题、摘要、正文和参考文献四部分内容构成。

一、标题

标题是文章的眉目。各类文章的标题样式繁多，但无论是何种形式，总要以全部或不同的侧面体现作者的写作意图、文章的主旨。毕业论文的标题一般分为总标题、副标题、分标题几种。

（一）总标题

总标题是文章总体内容的体现。常见的写法有以下几种。

（1）揭示课题的实质。这种形式的标题能高度概括全文的内容，往往就是文章的中心论点。它具有高度的明确性，便于读者把握全文内容的核心。诸如此类的标题很多，也很普遍。如《关于经济体制的模式问题》、《乡镇行政机构改革之我见》等。

（2）提问式。这类标题用设问句的方式，隐去要回答的内容。实际上作者的观点是十分明确的，只不过语意婉转，需要读者加以思考罢了。这种形式的标题因其观点含蓄，而容易引起读者的注意。如《家庭联产承包制就是单干吗？》、《商品经济等同于资本主义经济吗？》等。

（3）交代内容范围。这种形式的标题，从其本身的角度看，看不出作者所指的观点，只是对文章内容的范围作出限定。拟订这种标题，一方面是文章的主要论点难以用一句简短的话加以归纳；另一方面，交代文章内容的范围，可引起读者的注意，以求引起共鸣。这种形式的标题也较普遍。如《试论我国农村的双层经营体制》、《正确处理中央和地方、条条与块块的关系》、《战后西方贸易自由化剖析》等。

（4）用判断句式。这种形式的标题给予全文内容的限定，可伸可缩，具有很大的灵活性。文章研究的对象是具体的，涉及面较小，但引申的思想又须有很强的概括性。这种从小处着眼，大处着手的标题，有利于科学思维和科学研究的拓展。如《从乡镇企业的兴起看中国农村的希望之光》、《科技进步与农业经济》、《从“劳动创造了美”看美的本质》等。

（二）副标题

为了点明论文的研究对象、研究内容、研究目的，对总标题加以补充、解说，有的论文还可以加副标题。特别是一些商榷性的论文，一般都有一个副标题，如在总标题下方，添上

“与××商榷”之类的副标题。另外，为了强调论文所研究的某个侧重面，也可以加副标题，如《如何看待现阶段劳动报酬的差别——也谈按劳分配中的资产阶级权利》、《开发蛋白质资源，提高蛋白质利用效率——探讨解决吃饭问题的一种发展战略》等。

（三）分标题

设置分标题的主要目的是为了清晰地显示文章的层次。有的用文字，一般都把本层次的中心内容直接写明；有的用数字，仅标明“一”、“二”、“三”等，起承上启下的作用。需要注意的是，无论采用哪种形式，都要紧扣所属层次的内容，以及与上下文之间联系的紧密性。

二、摘要

摘要是对论文内容不加注释和评论的简短陈述，摘要的内容应包含与论文等量的信息，供读者确定有无必要阅读全文，也供文摘等二次文献采用。

摘要通常包含以下一些内容。

（1）从事这一研究的目的和重要性。

（2）研究的主要内容，完成了哪些工作。

（3）获得的基本结论和研究成果，突出论文的新见解。

（4）结论或结果的意义。

写摘要须注意以下一些问题。

（1）必须简练概括。

（2）不举证，不用图表、公式，不作自我评价。

三、关键词

关键词是用来描述毕业论文的主题和给出检索毕业论文的一种新型的情报检索语言词汇，主要是为了适应计算机检索的需要，以及适应国际计算机联机检索的需要。关键词要能表示论文主要内容的词汇，或出现频率较高且具有比较关键意义的词汇。关键词可以从论文的标题中选取，也可以从论文的内容中选取。

一篇毕业论文通常应选取3～5个词作为关键词。关键词间用逗号分隔，最后一个词后不打标点符号。以显著的字符排在同种语言摘要的下方。如有可能，尽量用《汉语主题词表》等词表提供的规范词。

四、正文

（一）引论部分

引论部分主要说明研究这一课题的理由、意义，要写得简洁。要明确、具体地提出所论述的课题，有时要写些历史回顾和现状分析，本人将有哪些补充、纠正或发展，还要简单介绍论证方法。引论部分常起到画龙点睛的作用。对一篇论文来说，引论写好了，就会吸引读者，使他们对你的选题感兴趣，愿意进一步了解你的研究成果。

（二）本论部分

本论部分是毕业论文的主体，主要阐述论文的观点及其论据，即表达作者的研究成果。这部分要以充分有力的材料阐述观点，要准确把握文章内容的层次、大小段落间的内在联系。篇幅较长的论文常用推论式（即由此论点到彼论点逐层展开、步步深入的写法）和分论式（即把从属于基本论点的几个分论点并列起来，一个个分别加以论述）相结合的方法。

（三）结论部分

结论部分是论文的收尾。毕业论文的结论部分应包括以下一些内容。

（1）写论证得到的结果。这一部分要对本论分析、论证的问题加以综合概括，引出基本论点，这是课题解决的答案。这部分要写得简要具体，使读者能明确了解作者的见解。

需要注意的是，结论必须是绪论中提出的、本论中论证的、自然得出的结果。毕业论文最忌论证得不够充分，而妄下结论。

（2）对课题研究的展望。个人的精力是有限的，尤其是作为学生对某项课题的研究所能取得的成果也只能达到一定程度，而不可能是顶点。因此，在结论中最好还能提出本课题研究工作中的遗留问题，或者还需要进一步探讨的问题，以及可能解决的途径等。

（3）对在整个研究过程中，给予自己帮助的人表示谢意。

五、参考文献

参考文献又称作参考书目，指作者在撰写毕业论文的过程中所查阅、参考过的著作和报纸杂志，它应列在毕业论文的末尾。列出参考文献有三个好处：一是当作者本人发现引文有差错时，便于查找校正；二是可以使毕业论文答辩委员会的教师了解学生阅读资料的广度，作为审查毕业论文的一种参考依据；三是便于研究同类问题的读者查阅相关的材料。

参考文献的标注采用顺序编码制，即按照参考文献在论文中出现的前后顺序标注，其表示格式有以下三种。

（1）著作。[序号]　作（译）者．书名．版本．出版地：出版社，出版时间。

（2）期刊。[序号]　作（译）者．文章题目．期刊名．年份．卷号（期数）。

（3）会议论文集。[序号]　作（译）者．文章名．文集名．会址．出版地：出版者，出版时间。

第四节　写作毕业论文的基本要求

毕业论文在内容上、形式上都有一定的要求，这也是考核论文成绩的基本依据之一。这里只说说写作毕业论文的一些原则性要求。

一、坚持理论联系实际的原则

撰写毕业论文必须坚持理论联系实际的原则。科学研究的任务就在于揭示事物运动的规律性，并用这种规律性的认识指导人们的实践，推动社会的进步和发展。因此，毕业论文在选题和观点上都必须注重联系社会主义现代化建设的实际，密切注视社会生活中出现的新情况、新问题。

坚持理论联系实际，就必须迈开双脚，深入实际，进行调查研究。这也是大学生认识社会、了解社会的基本途径。在我国改革开放的实践中，新情况、新问题、新经验层出不穷，需要研究的问题遍布生活的方方面面，只要我们对现实问题有浓厚的兴趣和高度的敏感性，善于捕捉那些生动而具有典型性的现实材料，通过深入的思考和研究，才能从中找出有利于社会主义现代化建设的规律性认识，从而提高毕业论文的价值。

二、立论要科学，观点要创新

（一）立论要科学

毕业论文的科学性首先来自对客观事物的周密而详尽的调查研究。首先，掌握大量丰富而切合实际的材料，使之成为“谋事之基，成事之道”。其次，文章的科学性通常取决于作者在观察、分析问题时能否坚持实事求是的科学态度。在科学研究中，既不容许夹杂个人的偏见，又不能人云亦云，更不能不着边际地凭空臆想，而必须从分析出发，力争做到如实反映事物的本来面目。最后，文章是否具有科学性，还取决于作者的理论基础和专业知识。写作毕业论文是在前人成就的基础上，运用前人提出的科学理论去探索新的问题。因此，必须准确地理解和掌握前人的理论，具有广博而坚实的知识基础。如果对毕业论文所涉及领域中的科学成果一无所知，那就根本不可能写出有价值的论文。

（二）观点要创新

创新是毕业论文的价值所在。毕业论文成功与否、质量高低、价值大小，很大程度上取决于文章是否有新意。所谓新意，即论文必须有自己的独立见解。有了较新颖的观点（即在某一方面或某一点上能给人以启迪），文章就有了灵魂，有了存在的价值。毕业论文的创新，就是要求不能简单地重复前人的观点，而必须有自己的独立见解。毕业论文虽然着眼于对学生科学研究能力的基本训练，但创造性仍是其着力强调的一项基本要求。

三、论据要翔实，论证要严密

（一）论据要翔实

一篇优秀的毕业论文仅有一个好的主题和观点是不够的，还必须要有充分、翔实的论据材料作为支持。作者每确立一个观点，必须考虑：用什么材料作主证、什么材料作旁证、对自己的观点是否会有不同的意见或反面意见、对他人持有的异议应如何进行阐释或反驳。毕业论文要求作者所提出的观点、见解必须是属于自己的，而要使自己的观点能够得到别人的承认，就必须有大量的、充分的、有说服力的理由来证实自己观点的正确。

（二）论证要严密

论证要严密、富有逻辑性，这样才能使文章具有说服力。从文章全局来说，作者提出问题、分析问题和解决问题，要符合客观事物的规律，符合人们对客观事物认识的程序，使人们的逻辑程序和认识程序统一起来，全篇形成一个逻辑整体。从局部来说，对于某一问题的分析、某一现象的解释，要体现出较为完整的判断、推理过程。

【习题】

结合自己所学的专业，尝试写作一篇毕业论文。

附录　国家行政机关公文处理办法

国务院国发〔2000〕23号

第一章　总　　则

第一条　为使国家行政机关（以下简称行政机关）的公文处理工作规范化、制度化、科学化，制定本办法。

第二条　行政机关的公文（包括电报，下同），是行政机关在行政管理过程中所形成的具有法定效力和规范体式的文书，是依法行政和进行公务活动的重要工具。

第三条　公文处理是指公文的办理、管理、整理（立卷）、归档等一系列相互关联、衔接有序的工作。

第四条　公文处理应当坚持实事求是、精简、高效的原则，做到及时、准确、安全。

第五条　公文处理必须严格执行国家保密法律、法规和其他有关规定，确保国家秘密的安全。

第六条　各级行政机关的负责人应当高度重视公文处理工作，模范遵守本办法并加强对本机关公文处理工作的领导和检查。

第七条　各级行政机关的办公厅（室）是公文处理的管理机构，主管本机关的公文处理工作并指导下级机关的公文处理工作。

第八条　各级行政机关的办公厅（室）应当设立文秘部门或者配备专职人员负责公文处理工作。

第二章　公 文 种 类

第九条　行政机关的公文种类主要有：

（一）命令（令）

适用于依照有关法律公布行政法规和规章；宣布施行重大强制性行政措施；嘉奖有关单位及人员。

（二）决定

适用于对重要事项或重大行动做出安排，奖惩有关单位及人员，变更或者撤销下级机关不适当的决定事项。

（三）公告

适用于向国内外宣布重要事项或者法定事项。

（四）通告

适用于公布各有关方面应当遵守或者周知的事项。

（五）通知

适用于批转下级机关的公文，转发上级机关和不相隶属机关的公文，传达要求下级机关办理和需要有关单位周知或者执行的事项，任免人员。

（六）通报

适用于表彰先进，批评错误，传达重要精神或者情况。

（七）议案

适用于各级人民政府按照法律程序向同级人民代表大会或人民代表大会常务委员会提请审议事项。

（八）报告

适用于向上级机关汇报工作，反映情况，答复上级机关的询问。

（九）请示

适用于向上级机关请求指示、批准。

（十）批复

适用于答复下级机关请示事项。

（十一）意见

适用于对重要问题提出见解和处理办法。

（十二）函

适用于不相隶属机关之间相互商洽工作、询问和答复问题，请求批准和答复审批事项。

（十三）会议纪要

适用于记载、传达会议情况和议定事项。

第三章　公 文 格 式

第十条　公文一般由秘密等级和保密期限、紧急程度、发文机关标识、发文字号、签发人、标题、主送机关、正文、附件说明、成文日期、印章、附注、附件、主题词、抄送机关、印发机关和印发日期等部分组成。

（一）涉及国家秘密的公文应当标明密级和保密期限，其中，“绝密”、“机密”级公文还应当标明份数序号。

（二）紧急公文应当根据紧急程度分别标明“特急”、“急件”，其中电报应当分别标明“特提”、“特急”、“加急”、“平急”。

（三）发文机关标识应当使用发文机关全称或者规范化简称；联合行文，主办机关排列在前。

（四）发文字号应当包括机关代字、年份、序号。联合行文，只标明主办机关发文字号。

（五）上行文应当注明签发人、会签人姓名。其中，“请示”应当在附注处注明联系人的姓名和电话。

（六）公文标题应当准确简要地概括公文的主要内容并标明公文种类，一般应当标明发文机关。公文标题中除法规、规章名称加书名号外，一般不用标点符号。

（七）主送机关指公文的主要受理机关，应当使用全称或者规范化简称、统称。

（八）公文如有附件，应当注明附件顺序和名称。

（九）公文除会议纪要和以电报形式发出的以外，应当加盖印章。联合上报的公文，由主办机关加盖印章；联合下发的公文，发文机关都应当加盖印章。

（十）成文日期以负责人签发的日期为准，联合行文以最后签发机关负责人的签发日期为准。电报以发出日期为准。

（十一）公文如有附注（需要说明的其他事项），应当加括号标注。

（十二）公文应当标注主题词。上行文按照上级机关的要求标注主题词。

（十三）抄送机关指除主送机关外需要执行或知晓公文的其他机关，应当使用全称或者规范化简称、统称。

（十四）文字从左至右横写、横排。在民族自治地方，可以并用汉字和通用的少数民族文字（按其习惯书写、排版）。

第十一条 公文中各组成部分的标识规则，参照《国家行政机关公文格式》国家标准执行。

第十二条 公文用纸一般采用国际标准 A4 型（210mm×297mm），左侧装订。张贴的公文用纸大小，根据实际需要确定。

第四章 行文规则

第十三条 行文应当确有必要，注重效用。

第十四条 行文关系根据隶属关系和职权范围确定，一般不得越级请示和报告。

第十五条 政府各部门依据部门职权可以互相行文和向下一级政府的相关业务部门行文；除以函的形式商洽工作、询问和答复问题、审批事项外，一般不得向下一级政府正式行文。

部门内设机构除办公厅（室）外不得对外正式行文。

第十六条 同级政府、同级政府各部门、上级政府部门与下一级政府可以联合行文；政府与同级党委和军队机关可以联合行文；政府部门与相应的党组织和军队机关可以联合行文；政府部门与同级人民团体和具有行政职能的事业单位也可以联合行文。

第十七条 属于部门职权范围内的事务，应当由部门自行行文或联合行文。联合行文应当明确主办部门。须经政府审批的事项，经政府同意也可以由部门行文，文中应当注明经政府同意。

第十八条 属于主管部门职权范围内的具体问题，应当直接报送主管部门处理。

第十九条 部门之间对有关问题未经协商一致，不得各自向下行文。如擅自行文，上级机关应当责令纠正或撤销。

第二十条 向下级机关或者本系统的重要行文，应当同时抄送直接上级机关。

第二十一条 “请示”应当一文一事；一般只写一个主送机关，如需同时送其他机关的，应当用抄送形式，但不得抄送其下级机关。

“报告”不得夹带请示事项。

第二十二条 除上级机关负责人直接交办的事项外，不得以机关名义向上级机关负责人报送“请示”、“意见”和“报告”。

第二十三条 受双重领导的机关向上级机关行文，应当写明主送机关和抄送机关。上级机关向受双重领导的下级机关行文，必要时应当抄送其另一上级机关。

第五章 发文办理

第二十四条 发文办理指以本机关名义制发公文的过程，包括草拟、审核、签发、复核、缮印、用印、登记、分发等程序。

第二十五条 草拟公文应当做到：

（一）符合国家的法律、法规及其他有关规定。如提出新的政策、规定等，要切实可行并加以说明。

（二）情况确实，观点明确，表述准确，结构严谨，条理清楚，直述不曲，字词规范，标点正确，篇幅力求简短。

（三）公文的文种应当根据行文目的、发文的职权和与主送机关的行文关系确定。

（四）拟制紧急公文，应当体现紧急的原因，并根据实际需要确定紧急程度。

（五）人名、地名、数字、引文准确。引用公文应当先引标题，后引发文字号。引用外文应当注明中文含义。日期应当写明具体的年、月、日。

（六）结构层次序数，第一层为“一、”，第二层为“（一）”，第三层为“1.”第四层为“（1）”。

（七）应当使用国家法定计量单位。

（八）文内使用非规范化简称，应当先用全称并注明简称。使用国际组织外文名称或其缩写形式，应当在第一次出现时注明准确的中文译名。

（九）公文中的数字，除成文日期、部分结构层次序数和在词、词组、惯用语、缩略语、具有修辞色彩语句中作为词素的数字必须使用汉字外，应当使用阿拉伯数字。

第二十六条 拟制公文，对涉及其他部门职权范围内的事项，主办部门应当主动与有关部门协商，取得一致意见后方可行文；如有分歧，主办部门的主要负责人应当出面协调，仍不能取得一致时，主办部门可以列明各方理据，提出建设性意见，并与有关部门会签后报请上级机关协调或裁定。

第二十七条 公文送负责人签发前，应当由办公厅（室）进行审核。审核的重点是：是否需要行文，行文方式是否妥当，是否符合行文规则和拟制公文的有关要求，公文格式是否符合本办法的规定等。

第二十八条 以本机关的名义制发的上行文，由主要负责人或者主持工作的负责人签发；以本机关名义制发的下行文或平行文，由主要负责人或者由主要负责人授权的其他负责人签发。

第二十九条 公文正式印制前，文秘部门应当进行复核，重点是：审批、签发手续是否完备，附件材料是否齐全，格式是否统一、规范等。

经复核需要对文稿进行实质性修改的，应按程序复审。

第六章 收文办理

第三十条 收文办理指对收到的公文的办理过程，包括签收、登记、审核、拟办、批办、承办、催办等程序。

第三十一条 收到下级机关上报的需要办理的公文，文秘部门应当进行审核。审核的重点是：是否应由本机关办理；是否符合行文规则；内容是否符合国家法律、法规及其他有关规定；涉及其他部门或地区职权的事项是否已协商、会签；文种使用、公文格式是否规范。

第三十二条 经审核，对符合本办法规定的公文，文秘部门应当及时提出拟办意见送负责人批示或者交有关部门办理，需要两个以上部门办理的应当明确主办部门。紧急公文，应当明确办理时限。对不符合本办法规定的公文，经办公厅（室）负责人批准后，可以退回呈报单位并说明理由。

第三十三条 承办部门收到交办的公文后应当及时办理，不得延误、推诿。紧急公文应当按时限要求办理，确有困难的，应当及时予以说明。对不属于本单位职权范围或者不宜由本单位办理的，应当及时退回交办的文秘部门并说明理由。

第三十四条 收到上级机关下发或交办的公文，由文秘部门提出拟办意见，送负责人批示后办理。

第三十五条 公文办理过程中遇有涉及其他部门职权的事项，主办部门应当主动与有关部门协商；如有分歧，主办部门主要负责人要出面协调，如仍不能取得一致，可以报请上级机关协调或裁定。

第三十六条 审批公文时，对有具体请示事项的，主批人应当明确签署意见、姓名和审批日期，其他审批人圈阅视为同意；没有请示事项的，圈阅表示已阅知。

第三十七条 送负责人批示或者交有关部门办理的公文，文秘部门要负责催办，做到紧急公文跟踪催办，重要公文重点催办，一般公文定期催办。

第七章 公文归档

第三十八条 公文办完后，应当根据《中华人民共和国档案法》和其他有关规定，及时整理（立卷）、归档。

个人不得保存应当归档的公文。

第三十九条 归档范围内的公文，应当根据其相互联系、特征和保存价值整理（立卷），要保证归档公文的齐全、完整，能正确反映本机关的主要工作情况，便于保管和利用。

第四十条 联合办理的公文，原件由主办机关整理（立卷）、归档，其他单位保存复制件或其他形式的公文副本。

第四十一条 本机关负责人兼任其他机关职务，在履行所兼职务职责过程中形成的公文，由其兼职机关整理（立卷）、归档。

第四十二条 归档范围内的公文应当确定保管期限，按照有关规定定期向档案部门移交。

第四十三条 拟制、修改和签批公文，书写及所用纸张和字迹材料必须符合存档要求。

第八章　公文管理

第四十四条　公文由文秘部门或专职人员统一收发、审核、用印、归档和销毁。

第四十五条　文秘部门应当建立健全本机关公文处理的有关制度。

第四十六条　上级机关的公文，除绝密级和注明不准翻印的以外，下一级机关经负责人或者办公厅（室）主任批准，可以翻印。翻印时，应当注明翻印的机关、日期、份数和印发范围。

第四十七条　公开发布的行政机关的公文，必须经发文机关批准。经批准公开发布的公文，同发文机关正式印发的公文具有同等效力。

第四十八条　公文复印件作为正式公文使用时，应该加盖复印机关的证明章。

第四十九条　公文被撤销，视作自始不产生效力；公文被废止，视作自废止之日起不产生效力。

第五十条　不具备归档和存查价值的公文，经过鉴别并经办公厅（室）负责人批准，可以销毁。

第五十一条　销毁秘密公文应当到指定场所由二人以上监销，保证不丢失、不漏销。其中，销毁绝密公文（含密码电报）应当进行登记。

第五十二条　机关合并时，全部公文应当随之合并管理。机关撤销时，需要归档的公文整理（立卷）后按有关规定移交档案部门。

工作人员调离工作时，应当将本人暂存、借用的公文按照有关规定移交、清退。

第五十三条　密码电报的使用和管理，按照有关规定执行。

第九章　附　　则

第五十四条　行政法规、规章方面的公文，依照有关规定处理。外事方面的公文，按照外交部的有关规定处理。

第五十五条　公文处理中涉及电子文件的有关规定另行制定。统一规定发布之前，各级行政机关可以制定本机关或者本地区、本系统的试行规定。

第五十六条　各级行政机关的办公厅（室）对上级机关和本机关下发公文的贯彻落实情况应当进行督促检查并建立督查制度。有关规定另行制定。

第五十七条　本办法自2001年1月1日起施行。1993年11月21日国务院办公厅发布，1994年1月1日起施行的《国家行政机关公文处理办法》同时废止。

（2000年8月24日）

参 考 文 献

[1] 马永飞，帅学华．公文写作方法与技巧．[M]．北京：高等教育出版社，2006．
[2] 杨忠慧，吴晓林．应用写作．[M]．北京：中国财政经济出版社，2005．
[3] 杨文丰．现代应用文书写作．[M]．北京：中国人民大学出版社，2003．
[4] 张中伟．应用文写作．[M]．北京：中国财政经济出版社，2007．
[5] 张德实．应用写作．[M]．北京：高等教育出版社，2004．
[6] 杨金忠，郭上玲．应用文写作．[M]．北京：中国轻工业出版社，2005．
[7] 洪文明．财经应用写作教程．[M]．北京：经济科学出版社，2004．